法律学・法社会学・比較法

山田卓生著作選集　第1巻

法律学・法社会学・比較法

山田卓生著作選集　第1巻

信山社

はしがき

これまで、四〇年を超える研究生活のいろいろな機会に論文を発表する機会を与えられ、論文とはいえないような解説的なものまで入れると三〇〇を超えるまでになった。

これらのうち一連のテーマで書いたもの、雑誌に連載したものは、『私事と自己決定』(一九八七年)、『日常生活のなかの法』(一九九〇年)、『続　日常生活のなかの法』(一九九二年)として本にまとめて出版(いずれも日本評論社)したことはあるがそれ以外のものはそのままになっていた。なかにはわたくしも忘れてしまっていた論文もあった。古稀記念論文集『損害賠償法の軌跡と展望』(円谷峻＝松尾弘編、日本評論社、二〇〇八年)を出していただくにあたって、それに載せる著作目録を整理したところ、信山社から、書いたものを領域ごとにまとめて本にしてはという申し出をいただいた。そこで現在再刊に値すると考えるものを選び、四冊に分けて刊行していただくことになった。単発のもののうち、とくに何人かの先生方への献呈記念論文集に掲載されたもの(合計一〇編)は、みずから選んだテーマについて、ある程度研究してきたものであるため、依頼されて書いた原稿よりは時間をかけ、力を入れて書いた思い出に残るものが多くある。

四冊のおのおのにはほぼ四〇〇頁前後で収まる位のもの(二五編前後)を選んだ。あまり長いものは収録しなかった(たとえば「借地法の生成と展開」(東京大学社会科学研究所の助手論文、社会科学研究、一八巻二・四号一九六六—六七)。

選択の基準は、いまでも何らかの意味があると考えられるものを中心にしているが、あくまで私の判断である。

(1)　講座・雑誌の特集に書いたものはテーマを与えられて書いたものであるが、独立性があるものを選んだ。

(2)　記念論文集に執筆したものは、上記のように、かなり力と思いをこめて書いたので収録した。

(3)　判例評釈は、編集者から割り当てられたものよりも、自ら興味深いと考えて選び、研究会で報告したものが多い。その際必ずいくつもの評釈が出る最高裁判決ではなく、これからも争われていくであろう問題についての下級審判決を取り上げている。問題があると考えて批判的検討をして書いたおかげで、上級審で変更された事件もいくつかある。わたくしは純粋な法解釈論より、時々の判例を素材として書くかたちが好きであるため（本格論文を書く時間がなかった）判例研究は単なる解説以上の意味を持つものとして書いている。

(4)　解説・判例解説的なものは独立の価値をもつと思われるものに限った。

古いものを再刊するにあたっての最大の問題は、どこまで手を入れ、加筆するかである。再刊の機会に、現在の時点に直して書き直すことも考えられるが、それははじめから書くよりも手間がかかるだけでなく、視点、問題点が変わってしまうので、最小限の補筆にとどめた。そのかわり論文のはじめに、公表年代を示し、最後に「付記」というかたちで、執筆の動機、背景とその後の発展についての簡単な補足を加えた。付記も書き始めれば、本文と同じくらいの分量になってしまうのでごく短く抑えた。四〇年近くにわたることを考えると、論文数は量的には決して多いとはいえないが、それぞれに時々の思いを込めて書いたもので、今回読みなおしてみて、恥ずかしさとともに懐かしさを感じた。

こうした個人的な価値しかないような論文集を出版していただけることになったことについては、袖山貴さん　稲葉文子さんはじめ信山社の編集ティームの方が、掲載物の探索、原稿の体裁、校正（さらには判例引用の誤りの発見）にいたるまでお世話いただいた。心から感謝申し上げたい。また校正については、教え子の何人かが手伝ってくださり、貴重な意見をよせてくださった。

2、3巻に続いて、1、4巻の校正をおえて、著作選集四冊をほぼ同時に出すことができた。最初の校正刷が出てから一年以上、旧稿を出す価値があるだろうかを考えつつ、アップ・ツー・デイトにすることはできなかったが、読み直し、簡単な付記を書き、加筆修正をしてきた。

自分の書いたものであるから当然かもしれないが、難解で意味不明というところはなかったことに安心した。『法律論文の書き方考え方』（広中俊雄・五十嵐清編、一九八三）の「民法」のところでも書いたことがあるが、これまで書くにあたって、なるべく分かりやすく、なるべく短く書くということに努めてきた。

ただ読み返してみて、全般にあまりポレミカルではないことに気がついた。これは意識していることでもあるが、人の論文や判例をこっぴどく批判して議論することが好きではないことによるのかもしれない。そのため解釈論も、学説を分類して書くことを避けてきた。

こうして今までまとめて読んだことがないものを、全体として通読してみて、なんとかまとまって意外にインフォマティブなのに、いささか感慨を覚えたりした。バラバラにあちこちに書き散らしていたものを本にまとめておけば、より多くの人に読んでいただけるかもしれないということで、自分ながら旧稿を出すことに納得した次第である。


1巻には、法一般に関するもの、法解釈学、法社会学、比較法、を収録した。川島武宜、来栖三郎先生のもとで民法を研究して、常に法解釈に関心を抱いて勉強してきたため、その時々に法解釈学の意味を考え、記念論文集にテーマとして書いた。

判例法については解釈学との関係でも昔から関心を持ってきたが、特に英米系の法を学ぶに当たっては判例による法の発展に興味を持ち、判例拘束性について考えたことを書いた。また民法と公法の関係　更に民事と刑事との関係についても　民法の意義を考えるために比較しながらまとめた。いずれも大きな問題でその後の研究が必要であるが、余り進んでいない。

法社会学、比較法については専門ではないが、民法の周辺の問題、方法論に関心を持ち、内外で調査、研究した。

法社会学ではFriedman（スタンフォード）Macaulay（ウィスコンシン）Gordon（スタンフォードからイエール）などと昔から交流して語り合った。いずれもウィスコンシンのリーガルヒストリーの大家Hurstのもとで学んだほぼ同世代の学者であり、Friedman以外は実定法（契約法）学者としても、著名で幾つかの注目すべき研究を公にしている。

比較法としてはvon Mehren先生『歩いてきた道』（二〇〇八）に回想を書いた）、Kötz（一九七七年ドイツ滞在のとき以来の交流、一九九〇年に日本に招請した）、Buxbaum（一九七三年にキャリフォルニアバークレー校に二ヶ月滞在したとき以来の交流）など古くからのKollegeがいる。他にもLangbein（イエール　刑事法、信託法）、Merryman（スタンフォード　イタリア法、比較法、美術法）、Gordley（キャリフォルニアバークレー校からチュレース）などと交流し、最近ではZimmermann（レーゲンスブルグからマックスプランク研究所）とこの一〇年の何度も会った。

比較法とはいっても、法規、判例の比較だけでなく法が社会においてどのような役割を果たしているか、他の社会規範とどのような関係に発つのかなどを研究し、調査した。アジアの幾つかの国を訪れた際は、法文化の把握を試み、開発法学の研究をした。比較法は、始めたらきりがないほど広範な領域に及ぶものであるから、日暮れて道とおしではあるが、これからも勉強してゆきたい。

二〇一〇年七月

山田卓生

目　次

法律学・法社会学・比較法

Ⅰ　法解釈・法源論

1 法解釈の主観性

（一九八二年）

一 はじめに

わが国において、法の解釈という作業について、もっとも根源的に問いかけ、その性質を洞察し究明されたのが、来栖三郎先生であることに異論の余地はない。それまで、きわめて素朴に、ときには意図的に、前提とされてきた、法解釈という作業のフィクショナルな性格について、とらわれのない、ニュヒテルンな視点から、問題を提起し(1)、その自覚的な究明に先鞭をつけられたばかりでなく、実り多い議論を誘発したのである(2)。来栖先生による問題提起は、多岐にわたり、要約しにくく、やや乱暴であるが、次のようにまとめられる(3)。

(1) 法の解釈の正しさを客観的に決定することはできない。

(2) 法の解釈は、複数可能であり、ある解釈は、そうした中からの個人の主観的価値判断による、選択である。

(3) 法の解釈には、一定の枠があるが、その枠も、唯一の解釈しか許さないというほど厳格なものではない。

(4) ある法の解釈の選択は、認識の問題ではなく、政策の問題であり、解釈者は解釈の結果に対して、政治的な責任をもつべきである。

(5) 法の解釈は、法規からの論理的演繹によるのではなく、実際の社会関係の観察・分析によって汲みとるべきである。

当時は、きわめてショッキングなものとして受けとられた、これらの命題も、今日では、学界の貴重な共有財産になっているといってよいであろう。

ところが、現在の法解釈をみるとき、法解釈の主観性ということがあまりに当然視され、次のような傾向がみられるにいたっている。

第一は、解釈の主観性が、直截に出され、法律のワクにとらわれない解釈が行なわれるようになっていることである。とりわけ、いわゆる利益衡量論においては、法規と無関係に結論が出るかのごとく理解され、法規は、事後的な説明としての意味しかもたないとさえ考えられていることである。

第二に、法の解釈における決断の契機が、意識されかつ重視されるようになってはいるが、とかく条文からかけはなれた注目をひく見解が、解釈の名のもとに、展開されるようになっていることである。解釈＝決断にともなう解釈者の責任——政治的責任とまではいわないまでも——の問題が、忘れられているのではないか、と思われる。

第三に、法の解釈は実際の社会関係の観察・分析によってなさるべきであるという提唱は、来栖先生による『契約法』[4]によって、見事に実現をみたが、一般的には、あいかわらず「自分はこう考える」という意見の開陳だけのものが多く、右の手法がいまだ必ずしも定着しているわけではない。個別的な解釈論では、右の手法を用いたものもあるが、体系的な解釈論としては、『契約法』以外に見当らない状況にある。

こうした状況を考えると、法の解釈の主観性について、若干の整理をしておくことは、無意味ではないと思われる。本稿は、来栖先生の問題提起を、わたくしなりに受けとめ、主としてアメリカの文献によりつつ、貧しいながらも、考えつづけてきたことを、まとめたものである。道遠きを憂えるばかりであるが、謹んで献呈させていただくことにしたい。

（1）　来栖三郎先生の法解釈に関する論文は多いが、代表的なものとしては、次のものがある。「法の解釈適用と法の遵守（一）、（二）

完」(法学協会雑誌六八巻五号、七号〔一九五〇、五一年〕以下、「解釈適用」として引用)、「法律家」(末川先生還暦記念『民事法の諸問題』〔有斐閣、一九五三年〕)、「法の解釈と法律家」(私法一一号〔一九五四年〕)、「法の解釈における制定法の意義その一・法と法源」(法学協会雑誌七三巻二号〔一九五六年〕)、「法の解釈における慣習の意義」(兼子博士還暦記念『裁判法の諸問題下』〔有斐閣、一九七〇年〕)、「『法における擬制』について」(我妻先生追悼論文集『私法学の新たな展開』〔有斐閣、一九七五年〕)。以上著作集Ⅰ巻所収

法の解釈について洞察のエッセンスともいうべきは、次の指摘である。

「あるときはそれは法文からは無理だよと異議を述べ乍ら、他のときには法文は大切でないと主張したり、また法典起草者の意見をよく自説の根拠にあげ乍ら、ときには起草者の意見は決定的でないとしたり、更にある場合には歴史的沿革をある解釈の理由づけに辿り乍ら、他の場合には歴史的沿革を無視したり、自分の望む結論に向って、都合のよい方法を選ぶあの遣り方」(「法の解釈と法律家」〔私法一一号〕一六頁。)

(2) 「最初の国産論争」(碧海純一「現代法解釈学の方法」〔『講座現代法15 現代法学の方法』(岩波書店、一九六六年)〕七八頁)である、法解釈論争(一九五三-五年)に関する文献を今回読みなおしたが、その際、論文がいつ発表されたものであるのかに、あまり関心が払われていないことに気づいた。論争においては、いずれが先であるかは、きわめて重要な意味をもつ。また、論争に関する整理の場合も同様である。論文の発表年が、付されていないものが大部分であるばかりか、明確に誤っているものもある(たとえば、川島武宜『科学としての法律学』の初版は一九五五年であるが、現在の版の序文には初版は昭和三七年であるとされ、そう引用されている。水本後掲注(37))。

なお、この論争の意義については、研究会(淡路剛久、北川善太郎、竹下守夫、利谷信義、星野英一、前田庸、好美清光)「私法における法の解釈」(『ジュリスト増刊 法の解釈』〔一九七二年〕)が、二〇年後のものとして興味深い。

(3) 甲斐道太郎『法の解釈と実践』(法律文化社、一九七七年)四〇頁以下のまとめによる。

(4) 『契約法 法律学全集21』(有斐閣、一九七四年)。

二 法の解釈――裁判・学説・当事者の主張

まず、法解釈とは何をいうのか、を考えておくことにしたい。来栖先生は、裁判官による解釈とともに、自らの作

業を含めた学者による解釈的提言を論じておられる。その後につづく、いわゆる法解釈の客観性をめぐる論争においても、もっぱら学者による作業について論じられていた。当時は、判例の占める地位が今日ほど大きいものと考えられてはおらず、判例も一つの学説として扱われていたこと(5)を考えると、このことは当然のことといえるかもしれない。

しかし、今日では、法の解釈のなかでも、裁判と学説とでは大きな差異のあることを指摘して、両者を別に考察すべきものとする見解(6)や、法の適用・解釈を、裁判を中心にして取扱う考え方(7)もある。裁判への関心が、法の解釈の問題においても強まっているといえるであろう。

そこで、まず法の解釈といわれるもののうち、裁判、学説、それと当事者の主張について、各々の特質をかんたんに検討しておくことにしたい。

(1)　裁　判

今日では、裁判を、法の解釈の代表的なものとしてあげることに、問題はない。かつては、学者と同じ作業を、裁判所もしているものとしかみられなかった。しかし、具体的な事件に対し、法律を解釈・適用してなされる裁判は、法の解釈そのものといってよいであろう。解釈・適用といっても、機械的なものではなく、何らかの創造的要素が入ることについては、次に検討する。

裁判には、学説と比較すると、次のような、決定的な相違点が存在する。

(a)　法律への拘束

まず、法律への拘束の強さである。裁判官は「この憲法及び法律のみに拘束される」(憲法七六条三項）とあるように、法律を厳格に遵守することが義務づけられている。この点は、立法論を展開することさえできる学者との大きな違いである。裁判官からは、学者は自由でよいと思われているようであるが、学者からは、裁判官の法規への拘束性は、意外に認識されていないように思われる。学説による裁判の批判も、この点に起因するものが多いと考えられる(8)。

ただ、現実には、裁判官といえども、都合の悪い法規の適用を、種々の手法で避けており、杓子定規的に法律に忠実というわけではないが、それでも解釈態度には、学者の想像する以上の拘束感があるように思われる。法律に対する拘束と比較すると、先例への拘束感は、あまり強くないようである。(9)

(b)　緊　張　感

次に、裁判には、学説とは比較にならないほどの真剣さ、緊張感があることである。判例集に書かれた「事実」から、事実関係を想像することしかできない判例研究者と、血の出るような生《なま》の事実に直面して、判断を迫られる裁判官とでは、自ずと緊迫感も異なると思われる。さらに、自分の気に入る事例だけをとり上げ、いやな事例を避けることのできる判例研究者と、いかに難しい問題、いかに嫌な事例も避けて通ることのできない裁判官とでは、解釈態度そのものに差が出てくると思われる。それは、責任感における相違ともいえるであろう。学者が、無責任だというわけではないが、関係者の生命や、生活をも左右しかねない難しい問題を現実につきつけられた裁判官の責任感は、強調されるべきであろう。

(c)　便　宜　性

右のような、裁判のきびしさの反面、裁判には、便宜的な面があるといわれる。それは、結論さえ定めれば、あとはどうにでもいえるというふうにいわれる。(10)学説の場合になされるような、詳細な理由づけは、裁判には必要とされない。「木で鼻を括ったような」とか「三下り半」と批判される、上告審の判決も、裁判であることにはかわりはない。法律の解釈・適用の結果であれば、その過程は、詳細にのべないのがむしろ普通である。決定的に重要なのは、結論である。(11)

(2)　学　説

学者による法解釈は、法の解釈そのものと考えられてきた。しかし、法の解釈がそのまま法的な妥当性をもつ裁判とちがって、学説は、たとえ通説・多数説であっても、法的な効力をもつわけではない[12]。とはいっても、学説は、法実務に対し、大きな影響力をもち、「法」であるとして学生に教えられるので、法の解釈の一つとして考察する必要がある。その際、裁判と比較すると、学説には、次のような特質のあることが、銘記されなければならないであろう。

(a)　抽　象　性

学説の第一の特色は、抽象性ということである。教科書、概説書中に展開された解釈論であれ、論文に展開されたものであれ、さらには判例研究というかたちをとるものであれ、具体的な事例に関する解釈論というよりも、一般的抽象的な基準定立というかたちをとるものが多い。これは、書かれたものを通じてしか、具体的な事例にアクセスできないことにもよるが、やはり学問として、一般性を志向することによるものといえるであろう。したがって、裁判におけるような具体性を欠くことは、学説の欠点というよりも、むしろメリットというべきであろう。

(b)　非　妥　協　性

次に、学説においては、妥協のない、整合性のある議論が展開される点で、便宜さに支配されることのある裁判と異なる。学説にあっては、解釈者の得意とするところを、十分に時間をかけて、納得のいくところまで、考えたうえで、議論が展開される。結論よりも、むしろ理由づけ（論理構成）に重点がおかれる。この点で、必要なことだけを、最小限度でという裁判とは異なる。

(c)　法規からの自由

裁判と比較した場合の、学説のもっとも特徴的な点は、その自由さ、あるいは法規による拘束力の弱さである。学説のすべてが、法規を無視しているというわけではないし、法規に拘束されていては、学説とはいえないというわけではない。しかし、裁判官と比べると、学者は法規の拘束からはるかに自由である。

「条文にはこう書かれているが」とか、「条文の文言をこう読みかえて」といったように、裁判においては、およそ考えられない、自由な議論がなされる。さらには、条文を無視すれば、それだけ、学説としての存在意義が高まるといわんばかりに、ユニークさをほこる解釈が生まれてくる。

こうした、自由な解釈は、直接裁判に役立つことはないが、広い視点からの批判として、法改革に役立つ。

(d)　法解釈学の任務

このように、学説を裁判と区別して考えることは、学者による法解釈を軽視することになりはしないかと考えられるかもしれない。しかし、法解釈学の任務は、次の点にあり、その意味で重要なものであると考える。

第一は、法令、判例といったかたちで、雑然として存在している「ある法」を、整理し、正確な法状態を知りうるようにすることである。法令はもちろん、判例自体も、種々の見方（解釈）が可能であるが、そうした複数の見方の可能なことを前提として法状態を正確にステイトすることである。これによって将来の裁判の予測が可能になるのである。

第二は、右の作業をふまえたうえでの、現在の法状態に対する批判的検討であり、「あるべき法」の提案である。立法的提案であることもあろうし、解釈的提言ということもある。裁判のコントロールといってもよいであろう。単に判例が間違っているとか、自分の意見に反するといったことではなく、当該の問題に関する社会関係の観察・分析にもとづくものでなければならない。その際、解釈の結果についての分析は不可欠であろう。

第三に、学説だけが論じていて、裁判上問題とならないような問題がある反面、学説上ほとんど論じられていないような問題が、裁判上争いになることが多くなっている。学説の任務が、判例を指導し「あるべき法」を説くことにあるとすれば、裁判が出たあとの二番せんじ（判例研究）ばかりでなく、未開拓の問題についての研究こそが必要とされるのではなかろうか。

(3)　当事者の主張

具体的な紛争における当事者の主張も、法の解釈といえるであろう。民事事件においても、刑事事件さらには行政事件においても、当事者は、最大限自己に有利な解釈を展開する。文字通りの目的的解釈といえるであろう。当事者ないし代理人による解釈は、「可能」な一つの解釈であるというにとどまり、学説と同じく現実に法として妥当するわけではない。

ただ、利害関係により、解釈がどのように影響されるかは、問題として論じられるべきであろう。[13] たしかに、利害関係者の場合には、自分の側に不利なことに触れず、有利なことだけを主張することは、インテグリティをそこなうことにはなっても、別に不思議がられたりはしない。それだからといって、利害関係者の主張は、必ず、自己の側にのみ有利な、一方的なものだと断言することはできないであろう。かたちは、損害賠償請求訴訟ということになっていても、公共的利害に関わることを主張する訴訟が登場しており、[14] そうしたところで展開される解釈論は、学説と似た普遍性をもつものであることもありうるであろう。また、検察官が再審請求をする場合（刑訴四三九条一項一号）も、同じことがいえるであろう。

しかし、大部分の場合、利害関係者の主張は、意識的にしろ無意識的にしろ、利害に色づけられているとはいえるであろう。また利害関係者からの依頼（注文）に応じた学説[15]についても同じことがいえるであろう。

（5）　たとえば、次のごとし、「此主観客観両標準ヲ用ヒテ『法律行為ノ要素』ノ意義ヲ決スルハ近時我国ニ於ケル多数説ニシテ判例亦之ヲ採ル」（鳩山秀夫『日本民法総論（四訂）』（岩波書店、一九三二年）三六七頁）。

（6）　川島武宜『科学としての法律学』（弘文堂、一九五五年、新版一九六二年）。なお、次の指摘も、権力の解釈の特殊性を端的に示すものといえよう。「この点に関し、権力（司法権を含む広い意味での権力）の法解釈と、われわれ国民一般の法解釈とでは性質が異ることに注意しなければならない。いうまでもなく、権力の解釈は、それ自体、ただちに法として国民を拘束する。われわれが死刑に値いすると判断してもだれも死なないけれど、裁判官が死刑の判決をすることによって一人の人間が具体的に死ぬのである」（渡

辺洋三『法社会学と法解釈学』〔岩波書店、一九五九年〕二三頁）。

（7）甲斐前掲注（3）『法の解釈と実践』三〇頁。

（8）裁判官は、何かにつけて法規に頼りすぎるとか、学説を軽視しているといわれることがあるが、裁判官としては、法規からあまりに自由な解釈を、尊重することができないことは当然のことであろう。

（9）拙稿「法律に忠実な裁判」（判例タイムズ四〇〇号〔一九八〇年〕）。

（10）ホームズ裁判官は「どんな結論にも論理的なかたちを与えられる」（J. Frank, Law and the Modern Mind (1930, pap. ed. 1963), p. 274による）とのべている。

（11）民事訴訟法三〇二条二項（旧三八四条二項）は「第一審判決がその理由によれば不当である場合においても他の理由によれば正当であるときは控訴を棄却しなければならない」としているのは、結論こそ重要で、理由は二次的な意味しか持たないことを示すものといえるであろう。刑事訴訟については刑事訴訟法三八〇条参照。

（12）スイス民法は、成文法、慣習法がない場合に、裁判官に、立法権を与えているが（注（21））、その際、「裁判官は確定した学説及び判例に従う」としている。

（13）J・マディスンは、『フェデラリスト』第一〇番で、次のようにのべているのが興味深い。「何人も自己の事件については裁判官となることは許されない。何となれば、彼の利益は必ずや、その判断を偏向させ、まちがいなく、そのインテグリティを腐敗させることになるからである」（The Federalist, No. 10.）。

（14）政策志向型の訴訟については、参照、平井宜雄『現代不法行為理論の一展望』（一粒社、一九八〇年）。

（15）「実際、何か解釈上の争が起ると、互に自分達と思想傾向を同じくする法学者のところにいって結構自分達の希望する解釈をしてもらって、それを宣伝しているのである」（来栖「解釈適用㈠」四四七頁）。

三　法の解釈と創造性

裁判、学説、当事者の主張といった法の解釈は、文字通りの「解釈」による法の発見、法の宣言ではなく、解釈の名において創造活動が行われている。そして、こうした創造の余地のあるところに、主観性の問題が生まれてくる。そこで、まず、法の解釈のもつ、法創造的作用についてみておくことにしたい。

法の解釈とりわけ裁判によって、法がつくられていくことについては、これまでにも、しばしば指摘されてきた。[16] 法をつくるのは、立法府の役割であり、裁判所は、立法府のつくった法を解釈・適用するにすぎないという公式の考え方に対しては、「立法府は法の『外囲』を造り、裁判所は其『内容』を作るのだ[17]」とか、「裁判官は、一般的法規なしに、あるいは法規に基づいて裁判するにせよ、いずれの場合にも裁判規範を形成しなければなら[18]」ないといわれる。

カードウゾ裁判官は、立法者と裁判官の、法形成的作用を比較して、次のように明確にのべる。「実は、立法者と裁判官も許された範囲内で、立法行為を行っているのである。尤も、裁判官に許された範囲が、立法者のそれに比べれば、狭いものであるのは、当然のことである。裁判官は、ただ、法の間隙を埋める程度の立法を行うに過ぎない。また、裁判官は、法に全く定めがない場合、その補充を行うのである。裁判官が、法の間隙という牆壁を超えないで、どの程度まで、立法を行うことができるものか、それを図表にしてみせるなどということは、とてもできることではない。それは、裁判官が多年、実際に裁判に当っている間に培われる習性、それから出てくるあの妥当感、均衡感を先ず体得し、それによって自分自身の力で習得する以外、習得の方法がない[19]。」

それでは裁判による法創造は、いかなる場合にどのようなかたちで行われるか。第一は、法の欠缺の場合、第二には、法は存在するがそのままの適用が不都合な結果をもたらす場合、第三に、法の内容自体が不明確な場合である。

(1)　法の欠缺

立法により、あらゆる利益対立についての法規をもうけることは、不可能である。概念法学の下においては、「無欠缺性」が前提とされたが、現在では法の欠缺があることは、あまねく承認されている。しかも、法の欠缺を理由とする裁判拒否は認められていない[20]。もっとも「この法律に規定がないときは、裁判官は慣習法に従い、慣習法もまた存在しない場合には、自分が立法者ならば法規として設定したであろうところに従って裁判すべきである[21]」という規定があれば、裁判官としても気楽である。しかし、そういう規定もなければ、裁判官としては、「ないそでをふれ」

といわれるに等しい。

実際には、裁判官は類推により、あるいは先例により、法を創造していくことになる。

(2)　不都合な法の回避――悪法論

次に、法規は存在するが、それを適用した結果が好ましくない場合、裁判官は、何とか当該法規の適用を回避しようとする。これは、適切な法規の欠缺として、論じられることもある。この問題は、もっとも典型的には、「悪法論」として論じられる問題である。[22]

建前からいえば、裁判官は、結果の如何を顧慮することなく、与えられた法律を解釈・適用すべきである。しかし、法律の不備を理由として、好ましくない結論の判決を出すことは、是認されえないであろう。[23] こうした場合、裁判官は「解釈」とか、フィクションとかいった手法によって、当該法規の適用を回避して、新たな法を創造するのである。

(3)　不明確な法――一般条項

法規が、いわゆる不確定概念[24]を含んでいる場合、その内容は、裁判官によって創り出されなければならない。民法でいえば「信義則」「権利濫用」(民法一条)「公序良俗」(民法九〇条)、「正当の理由」(民法一一〇条)等である。

こうした不確定概念を含む法律をつくることは、立法者としての任務の放棄であるといわれることもあるが、法律による規定には、限度があり、そのために、不確定な一般条項を用いることは、さけられない。

右にみたように、法の欠缺、不適当な法の場合、不確定概念の場合に、裁判所は、法の創造をすることになるが、裁判所による法の創造は、右の場合に限られない。あらゆる裁判が、ある意味で法の創造といえる。グレイにより三度まで引用され、フランクも好んで引用するホードリ司祭(Bishop Hoadly)のことばで足りるであろう。

「誰であれ、書かれ、話された法律を解釈する絶対的な権威をもつ者があれば、いかなる意味においても、その者が真の立法者であり、それを書いたり、しゃべった者ではない[25]」。

(16) とりわけ次のものは参考になる。Ch. Clark & D. Trubek, The Creative Role of the Judge, 71 Yale L. J. 255 (1961).

(17) 末弘厳太郎博士による『判例民法大正一〇年』の序文。

(18) 磯村哲『エールリッヒの法社会学上』六三頁（一九五三年、同『社会法学の展開と構造』〔日本評論社、一九七五年〕二一一頁）。

(19) B. N. Cardozo, The Nature of Judicial Process pp. 113-4 (1921). 守屋善輝訳『司法過程の性質』（中央大学出版部、一九六六年）一一五頁。

(20) 「法律の欠缺、不明確または不適切を理由として、裁判を拒む裁判官は、裁判拒否の罪によって訴追されるべきものとする」(Cardozo, The Nature of Judicial Process, pp. 134-5. 守屋訳一三六頁)。

(21) スイス民法典第一条。

(22) 悪法論については、来栖「解釈適用(二)」（法学協会雑誌六八巻七号）『来栖三郎著作集I』（信山社、二〇〇四年）所収を参照。

(23) 「法と道徳とか、複雑な政治的経済的条件のために、ある種の矛盾をおこしている現在、法的秩序の維持を任務としている我々（法＝検察官）は、まず国民の健全な道徳感情を基準にして、物事の善悪の判断をなしうる感覚を錬磨しなければならない。善悪のけじめは、形式的法律の条文に先行して判断されるべきものである。否むしろ法律の条文はこの判断の一つの資料であって、法律の形式的解釈が、善悪の判断に先行してはならないと思う。法律の条文に違反しても道義的に非難し得ない行為を罰することは、法の根本精神に反する。法律的には罰し得ない不義もある。ここに法律を運用する妙味と困難さがある」（出射義夫『検察と社会』二一一-二一三頁、来栖「解釈適用(二)」七七一-二頁による）。

(24) 一般条項については、とりわけ参照、五十嵐清「ナチス民法学における一般条項の機能」（同『比較民法学の諸問題』〔一粒社、一九七六年〕）。

(25) J. C. Gray, The Nature and Sources of the Law (rev. ed 1921), pp. 102, 125, 172; J. Frank, Courts on Trial (1949), pp. 294, 300.

四　法の解釈と主観性

右にみたように、裁判をはじめとする法の解釈が、法規の機械的な解釈適用によるものではなく、創造的要素を多分に含んだ作業であるとすれば、この創造作用の客観性を確保することができるであろうか。それとも、人により異なること＝主観性を免れないものであろうか。[26]

これについては、三つの考え方がある。第一は、客観性を確保しうるとするものであり、第二は、主観性を免れえないから、個人的見解をストレートに出すべきであるとするものである。第三に、個人的な見解の表出を避けるべきであるというものである。

個人による差異というものを考える場合、わが国の裁判においては、原則として裁判官個人の意見が表示されないこととの関係を、どう考えるか、という問題がある。すなわち、単独制の場合――地方裁判所（裁二六条）、家庭裁判所（裁三一条の四）、簡易裁判所（裁三五条）――は、裁判官の意見が、そのままわかるが、合議制の場合――最高裁判所（裁九条）、高等裁判所（裁一八条）、地方裁判所（裁二六条二項）、家庭裁判所（裁三一条の四但書）――最高裁判所の判決（裁一一条）を除いては、意見が表示されない。これは、評議の秘密（裁七五条）ということから来ているが、その当否には問題があるといわれる。[27]

もっとも、意見を表示しなければならないことになっている最高裁判所の判決においても、大部分が全員一致の判決で、[28]裁判官個人の見解を知ることは困難なことが多い。そのうえ、最高裁判所の判決は、一般にきわめて簡潔で、個性に乏しい。[29]裁判というよりも、行政的処理に近いとさえいえる。しかし、個性に乏しいことは、ただちに客観的であることを意味しない。[30]

(1)　客　観　説

まず、創造的要素を含んだ法の解釈の客観性を確保しうるとする考え方をみていこう。この中には、法の解釈の正しさは、科学的に確定しうるとする、いわゆる客観説の考え方がある。[31]かつては、この見解は相当有力であった。しかし、現在では、正しい解釈を客観的に確定しうるとする考え方をとるものは、殆どないといってよいであろう。

次に、客観性を、その背後で価値を共にする人々がいるという意味で理解する考え方もある。すなわち「立法および裁判の形で表われる法的価値判断は、単に個人の主観的な意欲や感情に依存するものではなくて、原則として当該の社会の中の一定の範囲の人々の利益の基礎の上に立つところの社会的な価値の体系を反映するものであり、そのかぎりでの客観性をもつものだ[32]」という考え方である。

しかし、法的価値判断を共にする人々がいるということは、個人による差異がないということにはならない。このことは、来栖教授による、次の指摘によっても明確である。「法の解釈は社会の現状に拘束される。社会の現状に即して妥当と考える結論を求める。しかし、何を妥当と考えるかに当っては、解釈するものの社会観という主観が影響するであろう。でも単なる恣意ではない。客観と不可分離に結びつけられた主観である。そして正にそれ故に解釈しているものは、自分の解釈が客観的に妥当な唯一の解釈でもあるかのように意識しがちなのである。しかし、そのことは法の解釈が主観的価値判断によって左右される、イデオロギッシュなものであることを否定するものではない[33]」。

(2)　主観説――利益衡量論

次に、法の解釈には、端的に個人の判断を出すべきであるとする見解がある。これは、いわゆる利益衡量論と呼ばれ、わが国近時の民法学に支配的な見解であるとされる。

利益衡量論といわれる考え方は、次のようにまとめられている[34]。

(1)　民法解釈のキメ手は利益衡量であり、解釈者が、いずれの解釈を選択するかは、利益衡量によって決定される。

(2)　解釈の選択にあたっては、既存の法規や法的構成は何ら基準として作用すべきでない。

(3)　法解釈にあたっては、結論の妥当性の検討、適用範囲の明確化、結論の説得力増加のため、法規による形式的理由づけがなされる。

利益衡量論の代表者といわれる加藤一郎教授は、最初の判断過程では、「既存の法規を意識的に除外して、全く白紙の状態で」どう処理し、解決すべきかを考えるとされ、既存の法規を意識的に除外するのは、これによって「判断が捉われ、法律家としての偏見や狭見に陥らないためである」とされる。ただ、「除外するといっても、法律家の血となり肉となっている部分は除外することができないし、それが入ってくることはむしろ歓迎すべきことである」とされる。

「具体的事実にそくした、なまの利益衡量あるいは判断をすべきである」という点については問題がある。まず法的判断というのが、法という判断基準に照らした判断をいうのであるとすれば、たとえ、あとから理由をつけられるにしても、「なまの」判断ではないのではないか、であり、次に、基準というものを考えないで結果の妥当性を論じうるか、も問題になる。

法という基準に照らした判断である以上、「なま」ではなく、やはり法的な判断といえるのではないか、である。[35]また、基準なしの妥当性ということであると、感傷法学――どちらがかわいそうかとか、どちらが救済されるべきか――になりかねない。こうした、その場かぎりの判断ではなく、あらかじめ示された基準にもとづいた判断をすることこそが、法的判断の特質だと思われる。

次に、いわゆる利益衡量論という方法論においては、はじめから、いずれが保護されるべきかを問い、それをいかに理由づけるかという、結果志向的な手法は、当然のこととされている。

法の解釈において、結果を志向することは、今日、当然のこととされている。しかし、結果を考慮することが許されるか否かは、現在でも問題になりうる。[36]少なくも、日本の裁判官は、結果を十分に顧慮した判決であることを正面から認めることは少なく、法の適用の結果であるという説明をすることが多い。

このほか、ある紛争類型における利益を種類分けして、利益衡量をするという手法も提唱されている。[37]

(3)　法の価値観を優先する考え方

個人の価値をストレートに出して選択すべきだという見解に対立するものとして、個人的な価値観によるべきではなく、法律の前提とする価値観を基準にすべきであるとする考え方がある。これは、法律意思説的な考え方ともいえるが、それよりもむしろ、法の解釈にあたって、解釈者の主観を表面に出すべきではないとするものである。(38)

わが国では、こうした考え方を展開したものはないが、裁判官は多かれ少なかれこうした考え方をとっている。別の面から見れば、自己の見解を、法律から出てくるものと説明する、逃げとも考えられる。しかし、それ以上に、裁判官は、法律に拘束されるということを、ギリギリまで問いつめた解釈態度と考えられる。こうした手法を展開している三人の裁判官についてみていくことにしたい。

(a)　カードウゾ裁判官の場合

すぐれた裁判官をもっとも多く生んだアメリカ合衆国において、ずばぬけて高い位置に位するのはカードウゾ裁判官である。(39)カードウゾ裁判官は、裁判官としての経験をふまえて、裁判にあたって、いかに、複雑な諸力が働くかを、自省、洞察し、比類なき著作、『司法過程の性質』『法の成長』をまとめた。(40)

ジャクスン裁判官により、「裁判所のために意見を書いて、しかも自己の立場を留保することができることを、カードウゾ裁判官が教えている」(41)とされたのは、一九三七年のヘルヴェリング対デイビス事件である。(42)

社会保障法八〇四条が、使用者に課している税が、憲法上、国会の権限内にはいるか否かが争われた。いわゆるニューディール立法の一つである社会保障法は、社会保障のため使用者に課税していた。これを課せられたエディスン電灯会社の株主の一人が、会社がこの税の支払うことの差止を求める訴を提起し連邦内国歳入局コミショナーのヘルヴェリングが参加した。一審では、使用者への課税は合憲であるとして、差止を認めなかった。第一巡回区控訴裁判所は、社会保障法第二編は、連邦憲法修正一〇条により州に留保された権限を侵害するものであり、無効であるとした。サーシオレーライが認められ、連邦最高裁判所は、原判決を破棄した。多数意見を書いたのがカードウゾ裁判官であり、そこで次のようにのべた。

「申請人（株主）の求めている救済手段については、税の支払が、取締役の裁量権の正当な行使であるか、回復できない損害の証明のない場合にも、争う適格があるか、等といった問題がある……」

「この意見の筆者は、救済手段は、拙劣に考えられたものであること、かかる論争においては、エクイティ上の訴訟原因が主張されていない場合には、裁判所はエクイティ上の救済を拒否しなければならないこと、さらに、そうした理由で、差止命令は棄却されるべきである、と信ずる。厳密な必要のないかぎりこうした憲法上の論点は、決定されるべきではないという一般原則に従って、このような考え方がとられなければならないと考える。その点で、ブランダイス、ストーン、ロバーツ各裁判官と意見をともにする。」

「しかし、多数意見は、異なった結論に達した。多数意見は、この事件において、特別の事情が給付と課税が有効か無効かを判断するのに適当であると考える。」

このようにのべて、自分の考えるところと異なる考え方を、裁判所の多数意見として書いたのである。

(b)　フランクファータ裁判官の場合

次に、フランクファータ裁判官についてみていこう。[43] フランクファータ裁判官は、きわめてコントラヴァーシャルな裁判官であって、その司法における業績については、評価が分かれる。とりわけ、その司法消極論は、今日においても賛否が分かれ、議論がつづけられている。

ここでは、裁判官と個人的な見解についての考え方をみていくことにしたい。この問題について、フランクファータ裁判官は、判決中、あるいは著作の中で、おびただしく書いているが、その代表的なものは、バーネット対ウエストヴァージニア州教育委員会事件における見解であろう。公立学校における国旗への敬礼を定めた教育委員会規則が、合衆国憲法修正一条に定める政教分離に反するか否かが争われた事件において、最高裁判所は、三年前のゴビーティス事件[44]における、合憲判決をくつがえし、当該規則を違憲であるとした。フランクファータ裁判官は、ゴビーティス事件におけるのと同じく、合憲とする意見を書いた。[45]その意見の中で、次のごとくのべている。

「歴史上もっともさげすまれ、迫害された少数派に属する者は、憲法の保障する自由に無感覚ではありえない。自分の純粋に個人的な態度が重要であるとすれば、わたくしは、心から時代の思想と行動を代表する本裁判所の意見中の自由主義的な見解に与するであろう。しかし、裁判官としては、われわれはユダヤ人でも非ユダヤ人でもないし、カトリック教徒でも無神論者でもない。われわれは、この国へ初期に来た移民であるのか、最近来た市民であるかを問わず、憲法に対して同等の愛着をいだいており、司法上の義務に等しく拘束される。この裁判所の一メンバーとして、いかに深く愛好するものであれ、ポリシーについての個人的な考え方を憲法の中に書くことは正当化されない。……ある法律の賢明さなり弱点についての自分自身の意見は、法廷における義務を果しているかぎり、ことごとく排除されなければならない。」

これは、ユダヤ人としての個人的見解と、裁判官としての任務をはっきり区別したものといえるであろう。

(c)　ブラック裁判官の場合

積極主義者《アクティヴィスト》といわれたブラック裁判官[46]も、最後の年に、裁判官の個人的見解の排除を力説している。離婚訴訟を提起するのに費用の支払を必要とするというコネティカット州法が、困窮者に、デュープロセスを拒否したことになるか否かが争われた事件[47]において、六名の裁判官は、右州法を違憲であるとしたが、ブラック裁判官は、実質的には名目的な費用の支払を要求しても、平等保護違反にならないという反対意見を書いた。その意見の最後で、次のようにのべた。「デュープロセスも平等条項も裁判官が憲法を時代に適応させることも、裁判官個人の公正感にもとづいて、法律を合憲なり違憲と判断することも正当化するものではない。……憲法に定められたルールは、何が政治的にフェアであり、何がフェアでないかを規定している。デュープロセスも平等保護も、裁判官の公正さに関する個人の見解といった非憲法的基準によって、州法を無効とすることを許容しない。裁判官ではなく、国民とその代議員が憲法を修正する権限を憲法上与えられている。裁判官は、自分自身の見解を展開するためにその権限を濫用することは許されない。」

このように、自己の見解ではなく、法律の趣旨を尊重すべしという考え方をとったとしても、法律の趣旨が何であるのかについては、個人により差が出てくることは、避けがたい。しかし、自己の考え方を、法律の中に読みこむのと、法律の建前を、法律からとり出すのとでは、やはり差がある。[48]そして、後者の方が、よりワク＝客観性のある判断を導きうるのではなかろうか。

カードウゾ、フランクファータ、ブラックというかなり毛色の異なった裁判官が、法の客観的意味をそろって強調している点は、大いに注目してよいと思われる。

(26)　碧海純一「戦後日本における法解釈論の検討」（恒藤恭先生古稀記念『法解釈の理論』〔有斐閣、一九六〇年〕、同『法学における理論と実践』〔学陽書房、一九七五年〕に再録）。
(27)　これについては、短く論じたことがある。拙稿「下級審判決と少数意見」（法学セミナー一九七四年五月号）。
(28)　昭和五〇年から五四年までの最高裁判所判例集（民集、刑集）に登載された事件のうち、意見のついているものは、左記の通りである。

年	民事		刑事	
	掲載件数	判決件数意見付	掲載件数	判決件数意見付
昭和50	62	6	27	3
51	42	3	24	7
52	39	7	23	1
53	47	6	35	1
54	28	6	37	9

最高裁判所における意見表示も、人によって意見が違うのは当然だという感じではなく、ある決意のもとにあえて「異を立てる」という感じがする。

(29)　裁判における個性とは何であろうか。松田二郎元最高裁裁判官は、後任の藤林益三裁判官の就任にあたって「個性ある意見の表明」という文を寄せられている（判例時報六一二号〔一九七〇年〕）。

個性と関連して、わが国の裁判においては、一人称がほとんど使われないことも注目される。わが国の裁判で、一人称（私、わたくし、われわれ等）が使われるのは、最高裁判所判決の少数意見、補足意見などの意見の中だけであって、下級審ではたとえ単独制の場合にも、一人称の使われることはない。なお、最高裁判所の判決のスタイルの比較法的考察をしたものとして、H. Kötz, Über den Styl höststrichterlicher Entscheidungen, 37 Rabel Z. 245（1973）が興味深い。

(30)　加藤一郎教授は、裁判官の思考様式を三つに分けておられる。第一は、判断過程において、法規が事実に適用されて唯一の正しい結論が引き出されるということを信奉し、法規の拘束力を絶対的と考える概念法学派ともいうべき人、第二は、法規の拘束力の絶対性を否定し、利益衡量による実質的妥当性に基づいて結論を求め、それを法規によって構成し、判決理由の中で、結論の実質的理由づけを明らかにする、自由法学派ともいうべき人、そしてその中間の、自由法学派と同様の判断過程と理論構成の過程とを経ながら、実質的な判断過程を隠蔽し、概念法学の説くようにあたかも法規から結論が演繹的に引き出されたかのように装う中間派の人である。そして、わが国で大多数を占めるのは中間派である、とされる（加藤一郎『民法における論理と利益衡量』〔有斐閣、一九七四年〕三二頁）。なお、田中二郎元最高裁裁判官による、結論を意に介しない奥野健一裁判官とあくまで妥当な結果をめざす横田正俊裁判官の対比が興味深い（「田中二郎先生に聞く（第四回）」〔法学教室一九八一年九月号〕六七頁、「裁判について」〔ジュリスト七五一号」七三頁)。

(31)「法解釈はイデオロギー上の問題であり、解釈者の立場や価値判断のちがいによって異った法解釈がうまれる。それにもかかわらず、さまざまに対立する解釈のうち、そのどれが(少くとも相対的に)一番正しいかということは、「理論的」に確立しうるものである。ただ、この場合の「理論」とは、経験科学的分析を基礎とした「理論」でなければならないのであり、従来の法律学がそうであったような単純な論理的「正当化理論」であってはならない」(渡辺前掲注(6)『法社会学と法解釈学』一四八頁)。

(32)川島前掲注(6)『科学としての法律学(新版)』六一頁。川島博士の考え方については、『ジュリスト増刊　法の解釈』一三頁以下で論じられている。

(33)来栖「解釈適用(一)」(法学協会雑誌六八巻五号)四四八頁。

(34)甲斐前掲注(3)『法の解釈と実践』九四頁のまとめによる(やや手を加えた)。

(35)川島博士は、裁判官のサイコロジーを次のようにのべておられる。「法律とか判例とかを全然無視して、ただ生まの事実から、誰を勝たせるとか負かせるということは、専門の法律家としてはあり得べからざることですね。専門の法律家にとっては、大きな枠が与えられている、すなわち、条文とか判例とかの巨大なシステムがあるわけです。判事はその枠の中で判決をしているのですから、事実を見てある結論を出すと言っても、じつは絶えずこういう結論をだしたら一体この条文判例のシステムとの関係はどうなるだろうか、ということをチェックを《ママ》せざるを得ない。これは、末弘先生が言われたように、結論と解釈と法規との三つが「三位一体三つ巴」になっているというのが、判事のほんとうの心理なのだろうと思います。ですから、そういう意味で、絶えずこれを気にしているという意味で、その限度で、これはやはり「拘束」しているわけです。」(日本法社会学会編『判例の法社会学的研究』〔一九六五年〕六四頁)

(36)イギリスの一九世紀以来の文理解釈は、徹底して結果志向型ではなかった。アトキンソン卿いわく。「制定法のことばが、平明で、唯一つの意味しか許さないものであれば、立法府は、それが平明に表現したことを意味し、意図したと考えられなければならない。そして明白なことばで制定したことは、それがバカバカしく、有害な結果をもたらすものであっても、執行されなければならない。もし、ある条文のことばが、この法律の他の条項により制約されていなければ、そのことばが平明であいまいさがないから、それは執行されねばならない、そして、裁判所としての貴族院は、法律の具現している政策が、賢明か否かそれが妥当な結果に導くか否か、有益な結果に導くか否かといった問題には関わらないのである。」(Lord Atkinson in Vacher & Sons, Ltd v. London Society of Compositers〔1913〕A. C. 107, 121-22. Hart and Sacks, The Legal Process (1958), 1144-45による)。なお、憲法における結果志向の問題についてのものであるが、ストーンの次の論文は参考になる。J.Stone, Result-Orientation and Appellate Judgment, in Perspectives of Law, Essays for A. W. Scott（1964）.

（37）　水本教授は、土地に関する基本的な利益を、所有利益と利用利益に分け、このほか、担保利益、取引利益、相続利益、時効利益等をあげられる。そして、「価値次元の優劣の点では、資本的利用利益でも、生存的利用利益でも、おしなべて利用利益は、所有利益に優先する」とされる（水本浩「取得時効と登記(1)」〔立教法学19号、一九八〇年〕二頁以下、なお、「不動産物権変動における利益衡量」〔我妻先生追悼論文集『私法学の新たな展開』、有斐閣、一九七五年〕二六九頁以下）参照。

（38）　このほか、自己の正邪の観念と、社会の正邪の観念が、明らかに異なる場合、裁判官は、いずれに従うべきかという問題がある。グレイは、自己のものに従うべきであるとする（Gray, The Nature and Sources of the Law（1921）, p. 287 ff.）。

（39）　カードウゾ裁判官については、参照、B. H. Levy, Cardozo and Frontiers of Legal Thinking（1938,［Wayne State Univ. Pr.］1969）; A Kaufman, B. N. Cardozo, in The Justices of the Supreme Court（L. Friedman, F. Israel ed.）（1969）。ハーバード、イェール、コロンビアは、三誌共同のカードウゾ追悼号を出した（52 Harv L. Rev. 353-489, 39 Col. L. Rev. 1-137, 48 Yale L. Rev. 371-507（1939））。カードウゾ裁判官の各法領域における貢献が論じられている。
カードウゾの著作は、次の本にまとめられている。M. Hall, Selected Writings of B. N. Cardozo［Fallon］（1947）. 邦文のものとしては、桜田勝義「裁判官としてのカルドーゾ(一)—(三)」（法学二三巻一・三号、二四巻一号〔一九五九—六〇年〕）。

（40）　いつのころからか、わたくしは、カードウゾ裁判官と来栖先生を比較して考えるようになった。二人には、私法中心、無類のキャンドゥア（Candour）、明晰な文章などといった共通点がみられるが、最大の共通点は、裁判や解釈に対する洞察力である。来栖先生は、カードウゾの著作を読んでおられるから、影響をうけておられるともいえるが、受容力、消化力あっての影響というべきであろう。

（41）　Jackson. J. in Wheeling Steel Corp. v. Grander, 337 U. S. 562. 576（1949）.

（42）　Helvering, Commissioner of Internal Revenue et al. v. Davis, 301. U. S. 619, 639（1937）.

（43）　フランクファータ裁判官についての研究は多いが、本格的な評伝はまだ出ていない。L. Baker, Frankfurter（Coward Mccann 1969）があるが、P. Kurland 編による著作を読むのがもっともよい。かんたんではあるが、要を得た評伝としては、P. A. Freund, Frankfurter in Encyclopedia Judaica（1971）。

（44）　Minersville School District v. Gobitis, 310 U. S. 586（1940）.

（45）　West Virginia State Board of Education v. Barnette, 319 U. S. 624（1943）.

（46）　ブラック裁判官については、参照、G. T. Dunne, Hugo Black and the Judicial Revolution（Simon & Schuster, 1977）.

(47) Boddie v. Connecticut, 401 U. S. 371, 394 (1971). この事件については、拙稿「私事と自己決定10 結婚と離婚」(法学セミナー一九八〇年三月号)、拙著『私事と自己決定』(日本評論社、一九八七年)の中で紹介した。
(48) 法律行為の解釈について、意味の発見と意味の持ち込みを論ずるものとして、穂積忠夫「法律行為の『解釈』の構造と機能」(法学協会雑誌七七巻六号、七八巻一号〔一九六一年〕)が、示唆に富む。

五 法解釈の主観性と正義の保障

このように、法の解釈には、個人による差異＝主観性がさけられないとすれば、主観性をどのように考えるべきであろうか。

法の解釈のうちでも、学説と当事者の主張については、個人的な差異こそが持味ともいえるであろうから、主観性についてとやかく問題にする必要はないであろう。しかし、裁判の場合には、極端にいえば、誰が裁判官であるかによって、人の運命が定まることになる。それも仕方がない、所詮は、人が人を裁くのだからともいえるであろう。しかし、裁判基準である法律をつくり、法曹教育を画一化しても、やはり、個人による差異をなくすことはできないというのが、否定できない現実である。

それどころか、個人による差異は、裁判そのものを左右するために利用されることさえある。裁判官に誰を任命するかによって、裁判を動かそうとすることは、とりわけ、最上級裁判所において行われる。わが国でも、公務員の労働基本権をめぐる裁判を左右するために、意図的に裁判官任命が行われたといわれる。

また、わが国における重要な判例変更のいくつかは、裁判官の交代によるものであることも想起されてよいであろう。利息制限法の制限超過利息を任意に支払った場合に、元本への充当が認められるか否かをめぐって、大法廷は、わずか二年半内に、否定説から肯定説にかわったが、これは、この間に八名の裁判官の交代があったことによる。(49)

ただ、裁判官による裁判に対して影響を与えるということは、必ずしも意図通りにはいかない。この点、独立に職務を行う裁判官と指揮命令権のある行政官の場合とはことなる。そのため、任命権者としては、ある人を裁判官に任命した場合に、いかなる裁判をするかを、何を基礎にして予測するべきかという問題がある。[50] 裁判歴のある者の場合には、ある程度予測はつくが、裁判歴のない者の場合には、しばしば予測がはずれることがあるといわれる。

このように、裁判そのものは主観性を免れないが、合議制と審級制により、個性を中和して、相当程度客観性を確保することができるのである。それにもかかわらず、エールリッヒの次のことばは、依然として真理である。

「正義の最終的な保障は、裁判官のパースナリティである」[51]。

(49) 最(大)判昭和37・6・13民集一六巻一三四〇頁は、最(大)判昭和39・11・18民集一八巻一八六八頁により変更された。

(50) チェーフィー教授は、ある裁判官の裁判傾向を予測する場合、それまでの依頼者のリストをみるよりも、所蔵図書をみる方がより明らかである、という注目すべき指摘をしている。(Z. Chafee, Charles Evans Hughes, 93 Proc. Am. Philo. Soc'y (1949) cited in P. A. Freurd, The Supreme Court of the United States (1961), P. 109.

(51) Cardozo, The Nature of Judicial Process (1921), 守屋訳一〇頁による。Ehrlich, "Freedom of Decision" in The Science of Legal Method (1917); Freie Rechtsfindung und freie Rechtswissenschaft (1903) in Recht und Leben (M. Rehbinder (Herausgeber)) S. 188.

〔付　記〕

法解釈論争の口火を切った来栖先生の古稀を記念するものとしてまとめた。来栖先生の問題提起を検証するものとして、英米の優れた法律家に学びつつ、法解釈の性質、法解釈が客観的なものとなしうるか、などについての考察。解釈は決断である以上、主観的たらざるを得ないが、だからといって意味がないというわけではない。

2 法的ルールの個別的適用

（一九九二年）

一　はじめに

裁判、あるいは法の解釈は、何らの制約なしに行われるものではなく、法令、先例などの与えられた基準にもとづき、一定の約束ごとのうえにたって、しかも、当該の事例にとって妥当と考えられる結論を提示するかたちでなされる。

その方法としては、二つがあげられる。第一は、与えられた基準からの論理的操作（三段論法）によって、結論を導くべきもので、具体的事情によって左右されるべきではなく、そこでこそ、予測可能性と法的安定性が確保されるとするものである。

他は、法的結論は、単なる論理的操作のみによって導くべきものではなく、与えられた基準にのっとりつつも、あくまで当該事案にとって妥当な解決をめざすべきものであるとする考え方である。

今日では、法の解釈は、結果はどうあれ、法的基準の論理的操作のみによって、結論を導き出すべきものとする考え方をとる者は、いないといってよく、多かれ少なかれ、結果の当否を考慮しつつなすべきものであるとする考え方が、とられるようになっている。しかし、程度の差に帰するかも知れないが、今日においても、二つの方法は、依然として、区別しうるものとして存在している。

加藤一郎博士の提唱された利益衡量論は、事案にとっての妥当性を志向する、右にいう後者の方法を正面から提示するものである。[1] 今日でこそ、法律を学び始めて間もない学生が「利益衡量」を語って[2]、自分なりに法解釈を行うようになっている。しかし、加藤博士が、利益衡量論を提示されたころ――一九六〇年代――は、それほど一般化しておらず、それ故に新しい手法として、注目をあびたのである。

ところで、利益衡量論、あるいは、事案に対する妥当性を重視する方法をとると、「法的ルール」をどのように考えるのかという問題が生じてくる。もっとも徹底すれば、個別的な事件ごとにルールが存在するという、ゴルドシュミット、ルウェリン以来の考え方（後述）に帰着することになるが、いずれにしろ、妥当性を重視すればするほど、ルールは細分化、個別化されていくことになる。

他方で、一般的な理解として、ルールに関しては、一般的（general）であるべきで、あまりに詳細であってはならない（not overly detailed）とされている。また、ルールは、論理的に整序できるものでなければならないともいわれる。[3]

以下では、妥当性の追求と法的ルールの関係について考えていくことにしたい。

利益衡量論とは何かについて、問題があり、また、それが方法論として望ましいかについて周知のような争いがある。[4] しかし、本稿では、これらの問題に立入らず、妥当性を追求する方法が、法的ルールに、いかなる意味を持つかの問題に焦点をあてて、若干の考察を行うものである。

こうした問題のたて方をしたのは、次のような関心から来ている。

一つは、具体的妥当性への関心が、きわめて高まり、利益衡量により妥当な解決をめざすということが、いわば当り前のことになってくるとともに、法規の拘束力、法文の意味が、ときには容赦なく無視される風潮さえ出て来ていることに対する疑問である。

たしかに、妥当性をめざすということに対して、異議を唱える必要はない。しかし、妥当性をあくまで追求していけばよいというわけではない。その際の制約ともいうべきものが考えられるか、考えられるとすれば、それはどんなかたちなのか、を考える必要があるのではないか。

第二に、ゴルドシュミット、新しくはドゥオーキンが、個別的事件についての法という考え方を唱えているのを読んで、利益衡量論との関係に関心をいだくにいたったことである。個別的事件は、それ自身の法をもつというふうに居直って考えれば、ある意味では、大変気楽である。しかし、「基準」にもとづく判断ということであれば、それほど、問題は簡単にかたづくわけではない。

以下では、妥当性の追求という法的ルールを、どのレベルで把握するかの問題について考察し、民法における利益衡量論の意義を考えることにしたい。

順序として、まず、法の解釈の妥当性とは何かについて考える。とりわけ、個別的な事情が、法的判断に、どのように影響するかの問題を考え(二)、次いで、判例を基準として考える場合に、何が先例的価値をもつかの問題、いいかえると、どのレベルで法的ルールを把握するかの問題を考える(三)、最後に、実務(裁判)と、主として学者による法解釈との差異を前提としつつ、利益衡量論と、法的ルールの意義を考えることにしたい(四)。

なお、以下では、次の三点を、議論の前提としていることをおことわりしたい。

第一は、法一般についてではなく、民法の分野における問題を中心に考えていく点である。加藤博士が民法学者であることによるばかりではない。厳格な罪刑法定主義に支配され、容易に類推、拡張といった解釈的操作が許されない刑法と対比した場合、民法においては、原則として私人間の利益調整を目的としているために、より柔軟な解釈の自由があり、事案の解釈のための、利益衡量が、正面から考えうる点である。

また、憲法と対比した場合、憲法上問題となる利益、価値が、政治的な色彩を帯び、それだけに価値や利益の対立が、先鋭かつ深刻である。そして、価値観により、問題のたて方そのものが異なることさえある。これに対し、民法における価値や利益の対立は、ややオーバーにいえば、トレード・オフが可能なものであり、金銭的調整になじむものであり、より利益衡量を語りうると考えるからである。

第二に、妥当性という場合、科学的に証明できる正しさをいうわけではなく、あくまでも、当該の事例において、いずれかの当事者にとっての妥当さではなく、いわば妥協的にならざるをえない事例の解釈として、妥当なものか否かをいう(5)。

「法の生命は、論理ではなく、歴史であった(6)」というホームズの有名な命題をひくまでもなく、法は、歴史的に生成されてきた、いわば経験の集積であるとすれば、合理性による当否ではなく、まさに、歴史―伝統との関係で、当否を判断すべきものとなる。

第三に、裁判官のなす裁判と、学者その他の者による法の解釈の明確な区別に立つことである(7)。裁判は、やや誇張していえば、権力行為(8)（act of power）であり、具体的事件について下された判断は、内容の当否と関係なく、有権的に（執行可能性をもって）なされるものである。したがって、学者あるいは法律実務家（裁判官を含む）が、意見として発表する見解とは、外観上の類似性にも拘らず、明確な差異が存在する(9)。権力の場からなされるものであるために、判断者（裁判官）は、いわば責任をもって、しかも多少とも妥協を強いられたうえで、なされるものである(10)。

（1）　加藤博士の利益衡量論の起点をどこに求めるかということ自体、一つの問題である。『不法行為』（法律学全集、有斐閣、一九五七年）において、すでに、利益衡量論の萌芽は十分にみられるが、決定的なのは、アメリカ留学（一九六二〜六三年）においてケース・メソッドを経験され、それを自覚的に、自己の方法論として、用いられるようになってからである（『民法における論理と利益衡量』はしがき〔一九七四年〕）。『現代法15』（岩波書店）所収の「法解釈における論理と利益衡量」（一九六六年）は、こうした法解釈実践のマニフェストというべきもので、出発点ではない。

（2）　利益衡量論は、まず事件について、法規を前提としないで、どちらを勝たせるかを考え、それを前提に法律構成していく方法という理解がなされることがある。一部で、そうした方法をとる人もいるようであるから、そうした誤解をする人がいてもおかしくはないが、利益状況をも考慮に入れることと、利益状況だけから結論を出すのとは異なる。

(3) Tunc: "The Grand Outlines of the Code" in B. Schwartz (ed.): The Code Napoleon and the Common Law World (1956) N. Y. U. Pr. 19.

(4) 利益衡量論に関する文献は、今やとうてい概観できないくらいになっている。代表的なものとして、星野英一「民法解釈論序説」、「同補論」『民法論集1』(有斐閣、一九七〇年)。

(5) 解釈として妥当かというのは、結果の妥当性といいかえてもよいかも知れない。しかし、結果が妥当かどうかは、あくまで帰結についての予測でしかないのであり、妥当と思われることが、実はきわめて不都合な結果をもたらすこともある。したがって、妥当かどうかは、証明可能な真理か誤りかというレベルのものではない。

(6) O. W. Holmes: The Common Law 1881.

(7) この点につき、拙稿「法解釈の主観性」加藤一郎編『民法学の歴史と課題』(東京大学出版会、一九八二年)。(本書***1***)

(8) R. West: Adjudication is not Interpretation 54 Tenn. L. Rev. 203. 277 (1987). フィスの表現を借りれば「(裁判所による) 解釈は、たとえ誤っていても拘束力がある」(Fiss: Objectivity and Interpretation, 34 Stan. L. Rev. 739, 758 (1982))。

(9) 意識的か、無意識かわからないが、裁判官、少なくも日本の裁判官は、ある結論を「正当」とか、「正しい」といった表現を避けている。これは、学者の法解釈が、一般に正面から正当か否かというかたちで議論されるのと対照的である。

裁判官から見れば、少なくも最高裁判決についていえば、新たなルーリングであって、あたかも法制定と同じ意味をもつからであろう。他方、学者から見ると、裁判は法を適用して結論を出す作業であって、学者が同じことをしたならばどうなるかという視点に立つことになる。裁判官は、あまりに、最高裁判決を、権威あるものと受けとるのに対して、学者は、あまりに、権威をぬきにして論評する傾向にあるように思われる。

実務家によるすぐれた判例の研究、判例についての解説において顕著なのは(中野次雄編『判例とその読み方』〔有斐閣、一九八六年〕)、判例であるか否かが判例の中味(内容)の当否とは別に、論じられていることである。これは、客観的に何が法であるかを論ずるものであるから、当然のことかも知れない、学者の場合、何が判例であるかよりも、それに論評的なものを加える点で、対照的である。

(10) こうした考え方からいえば、「誤った」判決はないことになる。判決であること自身、正しいか否かとは別に権威があるのであり、これを妥当でないと評することはできるにしても、判決そのものは、依然として一つの権威としての力を持つ。

二　判決・法解釈の妥当性

裁判、法解釈は、妥当なものでなければならないとしても、「妥当」とは何かである。判決の妥当さを問う場合に、二つの局面が考えられる。第一は、当該事案に対する解決としての妥当さである。第二は、当該事案に適用されたルールの妥当さである。両者は、密接に関連するが、矛盾することもある。つまり、結論は妥当であるが、ルールは妥当でない場合と、その逆にルールは妥当であるが、結論は妥当でない場合である。

(1)　事案解決の妥当性

まず、事案の解決そのものの妥当性である。これは、事件ないし紛争に対する解決としての妥当性を問題とするもので、ルールも裁判制度も知らないような一般人からみて妥当かどうかの判断といってよい。したがって、きわめて直観的なものであるが、そのかわり常識的である。もっとも、こうした妥当性が、一義的に、つまり意見をことにすることなく、存在するとは限らない。むしろ、争いである以上、妥当か否かについて見解が分かれることは少なくないであろう。[11]しかし、大方の見るところ、常識としても納得できる解決というものは存在しうるといってよいであろう。[12]

もっとも、常識として納得できることが、法規から導き出しうる結論と異なることはありうる。常識による判断と、法による判断の違いがもっとも明確になる例としては、一〇〇円手形事件をあげうるであろう（最判昭和61・7・10日民集四〇巻五号九二五頁）。洋数字では「￥1,000,000」と書かれていたが、和数字では「金壱百円」と「万」が落ちていた手形の金額をいくらと考えるかが争われたものである。

常識としては、「万」が落ちていたとして、一〇〇万円と考えるべきである。しかし、手形法六条の規定によれば、数字より文字が優先することになり、一〇〇円ということになる。

原審が、一〇〇円のために手形を振出すことは経験則上ありえないこと、金額一〇万未満の手形は印紙税非課税なのに、一〇〇円の収入印紙が貼付してある、「壱百円」は漢数字であって、文字ではないから手形法六条一項の適用はない、重複記載の誤記であるから、金額不確定ではなく、手形法六条二項の適用もない、として、一〇〇円とした一審判決を変更し、一〇〇万円の請求を認容した。

しかし、最高裁は、原判決を破棄し、壱百円の記載は文字にあたるとして手形法六条一項の「文字」優先のルールにより、一〇〇円の手形であるとし、経験則により、一〇〇万円の誤記と目することは、流通中の手形の所持人に、誤記という判断を要求することは、手形取引の安全性、迅速性を害し、一般取引界を混乱させるおそれがあるとした。もっとも、この判決には、谷口裁判官の反対意見（上告棄却）がある。

一〇〇円手形事件のように、常識としては、ほとんど一致した結論の出る問題についてすら、法律家の間では意見が異なる。そうなると「一般」に受け入れられる解決といったものが、存在するか否かは、依然として問題である。

これに関しては、法規による判断という問題を考える必要がある。つまり、法的判断というのは、まさに、法に照しての判断をいうのである。いかなる法に照して、判断するかによって、法的判断は当然のこととして、異なる。右の問題についていえば、手形法六条がなければ、自由に手形金額を判断することになり、おそらくは、誰もが一〇〇万円であると考えるであろう。

そうなると、手形法六条を前提としない常識的判断は、法的判断としては受け入れられないことになる。むしろ手形法六条を説明したうえでの、額はいくらかについて、の常識的判断が尊重されるべきであろう。

(2)　ルールの妥当性

妥当性については、事案解決に用いられたルールの妥当性の問題がある。このなかにも、ルール（の内容）そのものの妥当性をめぐるものと、ある問題のために、いかなるルールを用いるかをめぐる問題がある。前者は、過失を要するルールがよいか、過失不要とするルールがよいかといった問題であるのに対し、後者は、権限なき代理人への弁済の問題について、民法四七八条によるのか、表見代理によるのかといったような、ルールあるいは法律構成の選択の問題である。

法的判断が、ルールによってなされるものであるとすれば、ルールの内容が、きわめて重要な意味をもってくる。右の一〇〇円手形事件のようにいかなるルールを適用（基準と）するのかによって、結論が異なってくることは、あらためて指摘する必要はない。一片のルールの変更により、それまでとはまったく逆の結論が出される例は、枚挙にいとまがない。(13)

そこで、立法段階においても、解釈段階においても、いかなるルールを選択すべきかが問題になる。たとえば、「第三者に対抗できない」（民一七七条）というルールと「善意の第三者に対抗できない」（民九六条三項）というルールのいずれがよいかの問題である。当該事件についていえば、どちらかの方がいいはずであるが、一般的なルールとしては、「善意」が入っていた方がよいか否かである。善意が入ることにより、ルール適用の結果が大いにかかわるだけでなく、人々の行動をも大きくかえることになる。

ルール作成（立法）時においては、「善意」を入れるべきか否かは、きわめて慎重な考慮のもとに決定されるのであるから、解釈者が、勝手に字句を補ったり、無視したりすることは許されない。もっとも、ここでも、妥当な結果をもたらすために、解釈上の操作がなされることも珍しくない。

賃貸借の目的物を譲り受けた者が、賃料を請求するにあたって、登記を具備する必要があるか、という問題がある（大判昭和8・5・9年五月九日民集一二巻一一二三頁）。譲受人は、第三者である賃借人に権利を主張するのには、対抗要件を備えなければならないと考えるのか、それとも、譲受人と賃借人の間には、対抗関係はないから、登記で決する必要はないと考えるか、である。つまり、登記がないと対抗できないというルール（民一七七条）を、こうした状況にも適用されるルールと考えるか、である。

実際には、賃貸人が他人に賃借目的物を譲渡した場合、賃借人が、譲受人に登記があるか否かを確認することなく、譲受人が賃貸人となって、賃借人が登記の有無を問題にすることなく契約関係が承継されていくから問題になることは少ない。

以上のように、妥当性といっても、結果そのものの妥当性、ルールの妥当性、ルール内容の妥当性等を区別していく必要がある。以下では、主として、結果の妥当性、とりわけルール適用の結果を中心に考える。ルール（とくに法規）内容の妥当性については、ふれないことにする。

(11) もっとも、法解釈といっても、当事者の代理人のように、はじめから当事者的立場で考えるのであれば、こうした問題に悩む必要はない。いくら一般的には否定的でも、当該の事件において肯定されれば、一般的整合性と関係なく、歓迎することになる。示された判断が、例外的なものであっても、結論として、納得できるのであれば、とりあえずは満足といえよう。

(12) この問題については、脳死論議においてよく引合いに出される「社会的合意」が存在するか、それをどのように、誰が認定するかの問題が想いおこされる。何が常識か、社会的合意があるか否かの確認は、普通考えられるほど容易ではない。常識や社会的合意ということばは、一般にその内容に賛同する人々によって使われている。

(13) もっとも、何がルールの変更をもたらすかまで考えると、ルールが変わる時点においては、すでにルールの変更を受け入れる状況が出来ていて（事実の先行）、それほど、ショックを与えないということは、きわめて興味深い現象である（たとえば、有責配偶者の離婚請求）。

三 判例の先例的価値

裁判、法解釈の妥当性を、以上のようなものであると理解するとすれば、法的判断を導くにあたっての基準について考察しておくことが必要とされる。

判断の基準のうち、法規については、解釈の問題は残るものの、どこに見出すかについては、問題はない。ところが、判例については、どのようにしてどこに法的ルールを見出すかについて、法規の場合とは異なった問題が存在している。

(1)　判例の拘束力

この前提として、判例には、そもそも、法的ルールとして先例的価値があるかという問題がある。しかし、この問題は、本章では扱いきれない、別個に論じられるべきものであるので、先例には事実の積み重ないし存在が、一定の規範的価値をもつという意味で、拘束的な価値があることを前提として進めたい。(14)一点だけ強調しておきたいのは、裁判をする側、すなわち裁判所とりわけ最高裁判所は、判決が先例になることをきわめて慎重に考慮して、判断していることである。(15)つまり、判決を下すことは、未解決の問題に一定のポリシー(16)を、新たに示すものと意識されていることである。この点を、直接に示す根拠といったものをあげることは難しいが、ある意味では、当然のこととして受けとられているので、先例拘束性の一つの根拠といえるであろう。これに加えて、下級審の裁判官が、最高裁判所判決を、きわめて（ときには無批判的に）重視することも、判例の拘束性を示すものといえよう。(17)

(2)　判例と法的ルール

先例に拘束力があるとして、判決のどこに先例としての価値があるかを考える必要がある。(18)この問題も、判例研究の方法として、一九六〇年代盛んに論じられた。(19)それ以来、判例研究は、ますます隆盛をきわめ、判決（とりわけ最高裁判決）の数が、相対的に減少したことも手伝って、一つの判決に対して、一〇をこえる評釈研究が出ることも、珍しくはない。ホットな問題に対する関心という意味ではよろこぶべきことともいえるであろうが、量に比例した成果があるかは、問題の余地がある。

したがって、今更判例研究の方法を論ずる必要はないともいえるが、判例の見方、考え方は、時とともに変化していることは別としても、本章の目的からいって、判決からどのようにして法的ルールを導くかは、重要であるので、とくに新しい分析というわけではないが、判例から法的ルールを導く方法について考えることにしたい。

(3)　先例価値――結論か理由か

判例の先例的価値という場合にも、何に先例価値を見出すかについて、問題がある。

普通は、結論か、理由かという区別が論じられるが、そのほかに理由のなかでも、ルールなのか、解決事例なのか、も問題になる。

まず、結論か、それを導く理由のいずれに先例的価値を見出すかについて考え、次いで、理由のなかでの、先例としてのルールについて考えることにしたい。

ある事案に対して、ある判断が下されたこと自体、一つの事例として価値があるが、それとともに、それを導くにあたってのルールも重要である。

判決に理由が付されないのであれば、結論そのものが先例として扱われることになるが、結論の理由を示すことが要求されている場合には[20]、理由との関連で結論を理解すべきものということになる。もっとも、理由がない判断は、まったく恣意的というわけではなく、公表されない何らかの基準によっていることもあるし、その場合には、いくつかの例を集めて、判断基準を析出することはできる。

しかし、事例に対する判断そのものを、判例という必要はない。もっとも事例を類型化して、事例に対する判断傾向に、先例的意味を見つけることも可能である。たとえば、自動車事故における過失相殺率は、事故類型を分類すれば類型ごとに先例としての意味をもつといえるであろう。ただ、過失相殺率は、きわめて多くのファクターを考慮したうえでの判断であり、個々のファクターが、どれくらいの意味をもっているか（寄与割合）が、説明されていることは少ないから、先例的意味とまでいってよいかは、問題であろう。

そこで、裁判例からルールをどのようにして導くかについて考えたい。何を法的ルールと考えるかは、利益衡量の問題を考えるにあたり、きわめて重要である。

これに関しては、近時、実務家による関心も高く、すぐれた解説書[21]も出ているが、以下では、わたくしなりに、いくつかの論点を整理していきたい。

(4)　ルールの一般化

ルールは、事案を無視してきわめて抽象的に抽出することができる。たとえば、詐欺による取消を第三者に対抗するにあたって、第三者は善意であることのほかに、登記をも具備していることを要するかについて、最判昭和49・9・26民集二八巻六号一二一三頁は、「必ずしも所有権その他の物権の転得者でかつ、これにつき対抗要件を備えた者に限定しなければならない理由は、見出し難い」とした。
これによれば、民法九六条三項の善意の第三者は、登記を要しないというルールを導くことになる。しかし、そうした抽象的な言明をそのままルールと考えてよいかには、問題がある。この判決の事案では、第三者は善意であるが、目的物が農地であるため、農業委員会の許可がない限り、本登記ができないため、仮登記の附記登記を経由していた。結局、第三者は保護されたのであるが、善意であれば登記がなくても保護されるというルールの適用によってなのか、それとも、善意であるほかに、仮登記の附記登記を経由していたことによって保護されたと考えるのかについて、解釈が分かれ、見方の違いが生じている。[22]
次に、幼児について過失相殺をすることができるか、という問題については、最大判39・6・24民集一八巻五号八五四頁は、事理弁識能力があればよく、責任弁識能力まで要しないとしているが、この判決を、抽象的に、幼児についても過失相殺が可能であるとしてしまってよいかである。

このルールの場合には、事理弁識能力という、認定に広い幅のある概念が媒介項になっていて、幼児のうちでも、事理弁識能力があるか否かによって、過失相殺の可否がきまってくるという意味で、確定的なルールとはいえない。しかし、幼児についても過失相殺の余地があることを認めた点においては、先例となるものであり、現在でも踏襲されている。

ルールについての判断を、事案をはなれて抽象化してもよいようなものもある。たとえば、賃貸目的物（ビル）が譲渡された場合、目的物の賃借人が、旧賃貸人に支払っていた保証金の返還債務を、譲受人が承継するかについて、最判昭和51・3・4民集三〇巻二号二五頁は、これを否定した。この判決は、敷金返還債務については、承継されるというルールに対して、より高額の保証金に関しては、承継されないとしたものである。このルールは、保証金の承継に関しては、この判決だけで、不承継が確立したものとなったといってよい。もっとも、判決の中で論じられているように、利益状況を考慮すると、否定するのがよいかどうかは、争いになり、敷金については承継されるのに、保証金については承継されないというのでよいかは、問題になりうる。[23] しかし、当否とは別に、このルールの定立により、この問題については、争う余地がなくなったといえる。

同じく、抽象的なレベルでのルールを摘出できるものとして、賃貸借契約が債務不履行により解除された場合、賃借人は、買取請求権を行使できるかにつき、最判昭和31・4・6民集一〇巻四号三五六頁は、借家人の造作買取請求権はないとしていた。この判決は、借地人の建物買取請求権にもあてはまるかが問題になるが、最判昭和35・2・9民集一四巻一号一〇八頁は、解除された借地人の買取請求権を否定した。こうしたルールであれば、一度の判示で足りるといってもよい。しかし、ルールそのものが、争いえないものといえるか否かは別であり、解除された場合にも、買取請求権を認めるべきであると、議論は十分成り立ちうる。しかし、判例が否定したから、買取請求権はないというのが、当否とは無関係に、ルールであると考えればよい。

(5)　事案との関係

先例的価値に関して、もっとも問題となるのは、判決の事案とどの程度関連させて理解するか、である。

一つの方法は、当該事案に即して、判例のルールを抽出するものである。しかし、当事者、日時、場所などまでは、先例的意味はない(24)。しかし、いつ発生した事件であるかは、たとえふれられていなくても、重要な意味をもっていることがある。

また、当事者がどんな人であるかも、判決の結論に微妙な意味をもつことが少なくない(25)。たとえば、有責配偶者の離婚請求権の問題にしても、有責な夫からの事件のルール（最判昭和62・9・2民集四一巻六号一四二三頁）を、有責な妻からの先例となしうるかは、問題であろう。

同様に、配偶者と子のある男性と関係をもち家庭を破壊した女性が、子に対して不法行為責任を負うかについての判決（最判昭和54・3・30民集三三巻二号三〇三頁）は、男性が被告の場合についての先例となりうるかには、問題がある。

この問題に関しては、英米では、判例による拘束力からの自由の余地をひろげるために、一般に、判例のルールを、あまり一般化しないという扱いをしている。さらに、先例拘束性から免れるための、art of distinguishing というテクニックも発達している(26)。これは、当該事案に関しては、妥当かも知れないが、事案が異なれば、別のルールにもとづき、別の判断がなされるべきであるとする考え方に立つものといえるであろう。

(6)　一般条項・不確定概念と判例

これに対して、「一時使用」（借地借家法二五条・四〇条）にあたるかとか、公序良俗に違反するか、贈与を取消しえなくなる履行の終了（民五五〇条）とは何か、贈与の書面（民五五〇条）といえるかといったことについては、一般的なルールの定立も可能ではあるが、一回限りではすまない。先例の積み重ねがあったとしても、必ず当該事案がそれにあたるかという争いがでてくる。これに対する基準は、積み重ねられた事例であるが、事例が増えれば情報価値は高まり、これまでの基準とあわせて、より先例性は明確になっていく。

何が公序良俗違反になるかについては、判例によってはじめて明確になるものといってよいし、一九二〇年代の我妻博士のパイオニア的研究[27]以来、判例が整備されてきた。[28]しかし、公序良俗の内容が時代によって異なるとともに、当該法律行為の背景となる事情が、強く影響してくるため、判例にどれほどの先例価値を認めるべきかは問題になる。これらは、実は抽象的に判断されているわけではなく、たとえば、一時使用として借地法ないし借家法の保護を与えるべきか、公序良俗に反するとして無効にするのがよいか、履行が終了したとして、取消を認めないのがよいかといった、事件そのものについての判断であるといってよい。したがって、事案からはなれてルールを定立することは難しいといえる。

実務家により使われる、「事例判決[29]」ということばを借用すれば、判例のなかには、ルールとして重要なものと、事例として重要なものがあるということになろう。[30]

(7)　因果関係の先例性

不法行為における因果関係の存否は、先例としての意味をもつか、それとも因果関係は個別的なものであり、先例的価値があるとはいえないのかが問題になる。

たとえば、持病のあった者が交通事故のあと死亡した事案について、交通事故が死亡に寄与したか否かの判断は、当該事案についてのものであって、一般的なルールと考えることはできない。交通事故被害者の自殺についても、肯定判断にしろ、否定判断にしろ、先例的意味をもたない。

ただ、製造物による事故についての因果関係は、やや異なる。同種の損害が発生すれば、共通の原因（欠陥）の存在が推測され、欠陥が明確になるということは、しばしばあることである。したがって、Bという損害がAという商品の欠陥によって発生するという因果関係は、先例として援用しうるものといってよい。

(8)　矛盾する判例

ルールは、一つの判決から導きうるが、いくつかの関連する判決から帰納しなければならない場合もある。その際、相互に矛盾し、一貫性が欠けるのではないかと思われるような判決をどう扱うかという問題が生じる。これについても、もっとも単純な説明は、事案が異なるから、結論が異なっても当り前ということであろう。しかし、個別的事情の比較により、相当程度、ルールの個別化は可能である。

これの問題は、レンタカー業者の運行供用者責任をめぐる二つの判決をめぐって論じられた。これについては、篠田省二元裁判官の研究[31]があるので、詳論は避けるが、最判昭和39・12・4民集一八巻一〇号二〇四三頁が、責任を否定したのに対し、最判昭和46・11・9民集二五巻八号一一六〇頁が、右の判決の変更というかたちをとらずに、責任を肯定した。

四六年判決は、三九年判決とは、事案が異なるという理解のもとに、判例変更をせず、責任を肯定した。たしかに、三九年判決では、自動車貸渡業者と借受人との間に自動車貸渡契約が締結されていたという事実が認定されていないから、明確な契約がある四六年判決と区別することは可能である。しかし、「両判決の事案を対比しても、事実関係において結論を異にすべき有意的差異は認められないので、両判決の命題は矛盾し、四六年判決は、大法廷による判例変更手続を経ることなく、事実上三九年判決を変更したもの」という批判があり、この批判は正当であるとされる。

(9)　否定的結論とルール

ルールを導くにあたってのもう一つの問題は、抽象的な命題を定立しているが、その結果としては否定的な結論を出している判決のルールを、どうとらえるかである。

この例としては、いわゆる権利失効の原則をめぐる判決があげられる。最判昭和30・11・22民集九巻一二号一七八一頁は、解除権に関してではあるが、久しきにわたって行使せず、相手方がもはや行使されないものと信頼すべき正当の事由がある場合には、解除は許されないとしたが、現実には、そうした事情はないとして、権利の失効を認めなかった。[32]

この判決は、権利失効の原則を認めた判決とされるが、失効の原則をのべただけで、失効を認めたものとはいえない。

また、不動産物権変動と登記に関して最判昭和31・4・24日民集一〇巻四号四一七頁は、いわゆる背信的な第三者は、登記の欠缺を主張できないとしているが、当該の事例における第三者（国）はこれにあたらないとしている。この場合、先例として①背信的悪意者にあたらないとした事例とする、②背信的悪意者は登記の欠缺を主張できないというルールとして援用するかである。この判決は、最判昭和43・8・3民集二二巻八号一五七一頁が先例とされるようになってからは、あまり引用されなくなったが、背信的悪意者の問題を考えるにあたっては、重要な（歴史的にとどまらぬ）意味をもっている。

⑽　偶然的事情の評価

チャンス、偶然的な事情が大きな判決に及ぼす影響については、しばしば、指摘されてきた。同じような事件に、同じルールを適用するにあたっても、ささいな（偶然的）事情が、反対の結論をもたらすことは、しばしばある。[33] こうした場合、ささいなことは、もはやささいなことではなく、重大なファクターになるといってよい。そして、そうしたファクターが、結論を左右してよいのかが問われることになる。

たとえば、同じような不注意による事故が発生した場合、被害者がなければ、刑事責任を免れるのに対し、たまたま、多数の被害者がいた場合には、大きな責任が負わされることになる。[34]

民事責任については、結果の重大性により、責任が量的には大きくなるものの、重くはならない。[35] しかし、刑事事件となれば、重大な結果を生ぜしめれば、責任も重くなる。

事案の特殊性とルールの一般化に関しての興味ある事例として、民法の例ではないが、表現の自由の制限の問題がある。

一九六四年のニューヨーク・タイムズ対サリバン事件は、ニューヨーク・タイムズに掲載された警察長官（サリバン）を批判する広告について名誉棄損が争われたが、最高裁のブレナン裁判官は、公共問題についての議論は「抑制のない、たくましい、開かれた」ものでなければならず、「現実の悪意」がない限り、名誉毀損は成立しないというルールを定立した画期的なもので、今日でも名誉毀損法の出発点とされる判決である。

この判決に関して、最近、エプスタイン教授（シカゴ大）は、事件の事実関係がきわめて特殊なものであったことを強調し、特殊な事件に適用された法理を一般化すべきではないと主張する。[36] たしかに、この判決は、事案からいえば特殊なものであり、当時の公民権運動を見据えた政治的なものということもできるが、それにも拘らず、この判決の法理が、事案とはなれて独り歩きをするところに、次にふれる、判例の意味は、その判決の適切な位置づけとともに、その後の裁判所の援用により定まってくることを示すものといってよい。

わが国の同様の例としては、北方ジャーナル事件（最大判昭和61・6・11日民集四〇巻四号八七二頁）があげられよう。衆議院議員選挙の立候補者を誹謗する記事を掲載した雑誌の差止を求めた事件において、最高裁大法廷は、言論の事前差止は、憲法上も認められないが、被害者が重大な損害を被るおそれがあるときには、例外的に事前差止が認められるとした。もっとも、この判決は（幸いにも）、事案の特殊性から理解され、正面から事前差止を認める判決とは考えられていない。

(11) 先例の意義の事後的確定

このように法的ルールの確認をするとしても、ある裁判が、どのような先例として機能していくかは、後の裁判所ないしは判例解釈者の解釈にかかっている。つまり、いくら裁判官がある意図をもって、先例をつくったとしても、それがそのまま受け入れられるとは限らないのである。

個々の判決を検討してみると、事件の特殊性ともいうべきものが、結果に影響している例は、決して少なくない。つまり、本来ならば適用されてしかるべきルールが、適用されないでいるとか、本来ならば適用されるべきでないルールが、適用されるといったことは、少なくない。

訴訟の勝敗は、きわめて些細ともいえる事情により左右されることがありうる。そうした事情は、判断、心証形成に影響を与えてはいるが、必ずしもメンションされるとは限らない。判断を左右するほどの事情であれば、法律要件としてとりあげるべきであるともいえるが、必ずしも正面からとりあげにくいものもある。たとえば、訴訟当事者の一方が、社会的に芳しくないと思われている職業にある人であるとか、国または公共団体が当事者である場合には、多少とも影響がある。

こうした個別的事情を裁判において考慮に入れるべきかどうかという問題はさておき、そうした事情は先例として評価する場合に、考慮すべきである。

以上みてきたところから、判例からルールを導くにあたっても、問題の性質によって、ことなる。つまり、債務不履行により解除された賃借人には、建物または造作の買取請求権はないというように、法規のかたちにもなしうるようなルールであれば、先例性は、きわめて強い。これに対して、有責配偶者の離婚請求や、家庭破壊者への子の損害賠償請求権の場合には、肯定か否定かというレベルでは、先例といえるが、具体的には、適用の問題が残る。

ルールは、解決のための前提として定立されるものであり、当該事案に適切なものが定立される[37]。

裁判上争いになっているということは、既成のルールでは片づかないか、既成のルールがないと考えられていることを意味している。

(14)　先例拘束性の根拠として、筆者は、公平、安定性、便宜の三つで説明してきた（拙著『社会生活と法』（放送大学教育振興会、一九八六年）、山田卓生他著『民法Ｉ（Ｓシリーズ）』一三頁、（有斐閣、一九八七年））。

(15)　この点を、明確に示す根拠をあげるのはきわめて難しいが、いくつかの間接的な根拠はある。

第一は、最高裁の裁判官であった方が、半ば公的な研究会の席上で話されたことである。裁判をするにあたっては、判例になることにきわめて気をつかっていることをのべられた。

第二は、裁判についての補助者である調査官が、解説を書くにあたって、当該の判例の意味づけをするなかで、先例になることに気をつかった表現ないし姿勢が見られることである（法曹時報の判例解説、ジュリストの判例解説など）。

(16)　ポリシーの考慮が、政治的といえるか否かは、一つの問題である。法規が明確にしていない立場を明確にしたという意味では、法的とはいえないのかも知れないが、それがただちに、政治的というわけではない。

ＣＬＳ（批判的法学研究）の学者は、法的判断に、政治的契機を見ようとする。それは、憲法、刑法といった公法分野においては、ある程度相当といえるかも知れないが、私法においては、法のワクをこえたからといってただちに政治的とはいいがたい。

裁判における、ポリシーの議論についてはJ. Bell: Policy Arguments in Judicial Decisions. 1983 Oxf. U. Pr. がある。これは、司法過程における、ポリシーの考慮について、ネグリジェンス事件における注意義務、公益を理由とする証拠開示または強制的開示免除に関するルール、取引制限事件におけるパブリック・インタレストの三つのエリアについて、検討している。書評としてAtiyah 33 A. J. C. L. 342 (1985) 参照。

(17)　この点も、経験的な見聞によるもので、明確に示すものはない。しかし、たとえば裁判実務家による判例の扱い方は、明らかに判例の権威を承認しているものといってよい。また、司法所修所における法曹教育においても、判例がきわめて重視されているときく。

(18)　英米における権威ある研究として参照。R. Cross: Precedent in English Law. 1961. 3 ed. 1977. Oxf. U. Pr. Goldstein, L. (ed.): Precedent in Law 1987. Clarendon（巻末にくわしい文献目録がついている。）新しい研究としてSchauer: Precedent 39 STAN. L. REV. 571 (1987) がある。

(19)　日本における研究は、中野次雄編『判例とその読み方』（有斐閣、一九八六年）の巻頭（iii～vii）に、代表的なもの（刑事法関係が多い）が掲げられている。

(20)　判決に理由が明示されることの意味、およびその歴史については、とりあえず、M. Radin: Requirement of Written Opinions 18 CALIF. L. REV. 486 (1930).

(21)　中野編・前掲注(19)。

(22)　この判決についての見方の違いについては、鎌田薫「詐欺における善意の第三者の登記の必要性」『民法判例百選Ⅰ〔第三版〕』（一九八九年）参照。

(23)　とりわけビル（不動産）業者が、多額の保証金をとって倒産した場合に、ビルを別の業者が買う場合を考えればわかる。購入者にとっては、保証金返還義務を承継するのでは大変だともいえるが、保証金を支払っている側からいえば、倒産による損害になる（もっとも、賃料債務との相殺が可能であればよい）。

(24)　この問題を、もっともよく論じていて、参考になるのは、田中英夫『実定法学入門』（東京大学出版会、一九七四年）二〇二頁とくに二〇九頁以下である。

(25)　やや誇張したいい方であるが、ジェローム・フランクは『法と現代精神』の中で、当事者が、男か女か、美人かどうかによって、裁判が違ってくるとのべている（フランク（棚瀬訳）『法と現代精神』（弘文堂、一九七四年）。

(26)　新井正男『判例の権威』一四七頁以下（中央大学出版部、一九八七年）。Benditt: The Rule of Precedent in Goldstein: op. cit, 89, 98 ff.

(27)　我妻栄「判例より見た『公の秩序善良の風俗』」法協四一巻五号（一九二三年）『民法研究Ⅱ』。

(28)　新しい整理としては、『注釈民法(3)』（高津幸一執筆）、幾代通『民法総則』（青林書院、一九六九年）。

(29)　事例判決ということばは、判例時報、判例タイムズの判例解説にしばしば登場する。もっとも何が事例判決かは、問題がある。

(30)　一九六八年以来民事交通事件裁判集の編集（主として選別と要旨執筆）を続けてきた経験からいうと、交通事件は、大部分が事例判決であって、ルールのようなものを見つけるのはきわめて難しい。そのため、具体的事実をなるべくくわしく書いて、裁判所がいかなる事実に対して、いかなる法的評価をしたかというかたちで要旨を書くことにしている。

たとえば、過失相殺についていえば、幼児の過失を斟酌した判決については、幼児何歳の過失を斟酌できるというのがルールであり、横断歩道外を渡った不注意を何パーセント過失相殺したというのが事例ということになる。

また、同乗者が被害にあった場合に、自賠法三条にいう「他人」にあたるか否かの判断の基準としては、運行支配と運行利益、あるいは、運行の、直接―間接、顕在―潜在、具体―抽象というものがあるが、現実には、このルールよりも、ルールによる判断そのものに先例性があると考えることになる。

(31) 篠田省二「レンタカー業者の運行供用者責任についての判例」中野編・前掲注(19)三二五頁。

(32) 成富信夫『権利の自壊による失効の原則』(有斐閣、一九五九年)は、この判決をもとに、ドイツ法の失効(Verwirkung)の原則を研究したものである。

(33) 判決における偶然的要素(fortuity)について、きわめて興味深い議論をするノートとして参照、Note: The Luck of the Law. 102 Harv. L. Rev. 1862 (1989). なお、刑法における論文として、Smith: The Element of Chance in the Criminal Law, 1971 Crim. L. Rev. 63. がある。

(34) 刑事法に関してであるが、結果重視の考え方を批判する大論文として参照。Schulhofer: Harm and Punishment, 122 U. Pa. L. REV. 1497 (1974).

(35) 責任法における運(luck)の役割を論ずるものとして参照。Honoré: Responsibility and Luck, 104 L. Q. R. 530 (1988). ここでは、不運にも大きな事故をおこした者に責任を課する根拠が、きわめて含蓄深く論じられている。

(36) Epstein: Is New York Times v. Sullivan Wrong? 53 U. Chicago L. Rev. 782 (1986).

(37) どこで読んだのか思い出せないが、ハーバードの不法行為の大家シーヴィー教授(一八八〇～一九六六)は、ある問題について、尋ねられたとき、具体的な事件としてきいてくれないと考えられないと答えたという。いかにも、コモン・ローのローヤーらしい思考である。また、考えてみれば、単にとっさの答ではなく、きわめて明確な立場(フィロソフィー)に立つ発言ともいえる。われわれは、何気なく、かなり抽象的なレベルでルールを教えたり、書いたりしているが、実際には、そのルールの機械的適用だけで片づくわけではない。

四　個別化的判断

妥当性をどう考えるか(二)と、何が先例となるか(三)は、一見結びつかないように考えられる。しかし、いずれの議論においても、妥当をいかに確保するかという関心から出ている。何が妥当な判断であるかは、まさに妥当性追求そのものといってよいが、先例の発見も、何とか妥当な先例を発見しようとする試みである。

もっとも、ルールを問題に関する限り、一般的な適用が予定されている。しかし、妥当性を追求する限り、個別性への考慮が必要である。

判例法をどのレベルで把握するかに関して、事件ごとに法が存在するとする考え方がある。これは、個別化の極ともいえるものであるが、事案との関係で、法的ルールを導くべきであるとする考え方からいえば、きわめて親近性のあるものともいえる。

そこで、ゴルドシュミット以来の「個別事件ごとの法」という考え方の系譜をみておくことにしたい。

ドイツの商法学者L・ゴルドシュミット（一八二九～一八九七）は、法は具体的事件ごとにあるという、極端な考え方を展開している。

ルウェリンによる英訳から訳せば、ゴルドシュミットは、次のようにのべている[38]。

日常生活のあらゆる事実類型は、法制度がとり入れる限りにおいて、それ自身の中に適切で、自然のルール、その正しい法ともいうべきものを、持っている。これは想像上のものではなく、現実の自然法である。それは、単なる理性の産物ではなく、理性が、人間と時と所の条件の性質中に認めうるものについての堅固な基礎をなしている。それは、永遠のものではなく、変化しないものではなく、どこでも同じものではなく、いわば人生の状況中に存在している。立法の最高の使命は、この内在的な法を見つけ出して、豊かにすることにある。

かなり、抽象的ないい方で、しかもこの法が、ルールなのか、ある事実パターンへの解決そのものをいっているのかが明確ではない。しかし、個々の事実類型には、それにふさわしい法があるという見方は、先に見た事案との関係でルールをとり出し、妥当性を判断するにあたっては、きわめて共感を呼ぶものである。また、こうしたルールが、理性の産物ではなく、時と場所によって異なり、変わりうるものであるとする点も、判例を扱うにあたっては、きわめて示唆的である。

「これ以上見事にのべられたことはない」とゴルドシュミットの右の言明を援用する、アメリカのリアリストのルウェリンも、法を具体的レベルでとらえるべきであるとしている。その際、状況事実とか、タイプ・シチュエーション・ファクツということばを使っている。(39) ルウェリンは、「状況事実の重いプレッシャー」のもとに形成されたルールを分析している。

さらに現代の指導的法哲学者のドゥオーキンは、『法の帝国』の中で「あらゆる法律問題は、原則の上で、ユニークな正解を持っている」という趣旨のことをのべている。(40) 必ずしも、ゴルドシュミット、ルウェリン的な意味においてではないが、問題ごとにルールないし解決を考えようとするものといってよい。

もし、ゴルドシュミット、ルウェリン、ドゥオーキンの考えるように、個別事案ごとにルールがあるとすれば、個別的妥当性の徹底ということになり、事案の特殊性とか、偶然性の強調といった問題も、それほどの問題ではなくなる。

問題は、事案の特殊性にあったルールを、誰が、どのようにして発見するかである。そうした個別的事情にまで立入っていけば、誰もが「ユニークな正解」を見出せるのであれば問題はない。しかし、結論そのものについても、ルールの適用の仕方についても、争いになっている以上、一致するとは限らない。

これについては、ルールを見出すにとどまらず、つくり出すという視点に立てば、困難さは少しは緩和される。より遡って考えれば、裁判は、基準がなくても、権威ある裁判官がその事件に即して、裁判所の直観（正義感、公平感）をもとに判断していくことも可能である。

M・ウェーバーのいう、カーディ裁判（Kadi Justiz）である。ウェーバーは、必ずしも、裁判が、カリスマ的裁判から合理的裁判へと進化していくものとは考えていないが、個別化的正義というものを強調すれば、カーディ裁判を、過ぎ去ったものとして斥けることはできない。

法人類学者のL・ローゼンは、ウェーバーのいうカーディ裁判の考え方をもとにして、イスラム社会における裁判について、実際に、モロッコにおける裁判を観察した成果をまとめた『正義の人類学』において、イスラム式裁判を評価している。[41] モロッコにおける法廷は、きわめて、個別化したかたちで行われ、当該問題についての個別的事情を、隣人、関係者などから徹底的に聴取し、当該状況にあった判断がなされるという。これは、まさに個別化的裁判であり、[42] 事案は、それぞれの法をもつという考え方、そして利益衡量論に通ずるものといってよい。

事案ごとの法というのは、中世以来、西洋哲学、神学において論じられたモラル・リーズニングにおけるいわゆるカズイスティク（決疑論と訳される）と関連する。道徳上の問題は原理、原則を基準にして、その適用として導くのが権威的なものとされ、ひたすら普遍的かつ不変の原則が強調された。[43]

これに対して、事件や状況の文脈と分類にもどつく、事例ごとの理由づけ（case reasoning）を重視したのが、カズイスティクであった。

しかし、カズイスティクは、知的雰囲気の中においては、きわめて不評判で、これほど悪評をあびた知的活動はないとさえいわれた。しかし、真理よりも、妥協を前提とする妥当性を目的とする実践的な倫理においては、モラル・フィロソファーが無視するカズイスティクは不可欠である。こうした視点から、ジョンセンとトゥルミンは実際の事件の具体的状況と、現実のモラル・ディレンマに対処するにあたり、「原理の暴政」を批判し、カズイスティクの方法「新しいカズイストリー」「ケース・エシックス」の必要性を、説得的に説いている。[44]

個別化的裁判、利益衡量による判断に対しては、あまりに主観的になりすぎるという批判もある。しかし、法令や先例のような権威ある基準による判断であるというだけで、説得性をもちえた時代であればいざ知らず、裁判、法的判断が、法律の専門家のみならず、一般市民にとっても説得力を持つことが期待されるようになってくれば、個別化的裁判への要請は強まるであろう。裁判が、いわば日常化し、裁判所も、社会や市民を意識するようになっていると思われる。

そうなると、ゴルドシュミット、ルウェリンのいう、個別事案ごとの法というものが、利益衡量によって探求されていくことになる[45]。

しかし、それで、妥当性が担保されるかである。裁判官によって決まってしまうことになりかねない。そうした恣意性が入りこむかたちであって、公正な裁判といえるかという問い直しがなされるかも知れない。

ただ個別化とはいっても、まったくフリーというわけではなく、法令や先例による拘束はあるわけであり、その限度で、社会の期待する判断との食い違いが生ずるのは、むしろノーマルなものともいえる。

この問題については、ルール適用の結果であれば、その限度で妥当性が犠牲になってもやむをえないという考え方に傾いている。また、裁判所の判断は、最後の審判ではなく、あくまでも種々の制約の下において下された、「裁判所」の判断であるという位置づけをすれば、裁判に憤慨したりする必要はない。むしろ、裁判所の判断を、とりあえず妥当なものと（仮定）して、議論し、批判していくべきであろう。こうした裁判の受けとり方がなされるようになれば、より妥当な判断がなされるようになるであろう。

以前、「法解釈の主観性」の論文を、エールリッヒの「正義の最終的保障は、裁判官のパースナリティである」ということばで結んだ。今回も、ある事案に対するルールは、裁判官のパースナリティを拠り所とするほかないということで、再びカードウゾも引用している、エールリッヒのことばを援用したい。

（38）　L. Goldschmidt: Preface to Kritik des Entwurfs eines Handelsgesetzbuchs, Krit. zeitschr. f.d. ges. Rechtswissenschaft, Vol. 4. No. 4（1857）Llewellyn: The Common Law Tradition（1960）122. による。なお Krit. Zeitschr. f. d. ges. Rechtswissenschaft という雑誌は、チューリッヒ大学図書館で調べてもらったが見つからない。

（39）　Llewellyn: The Common Law Tradition 1960.

リアリストであり、またＵＣＣ（統一商法典）の帝王といわれたルウェリン畢生の大著の一部のみを問題とするのには、問題があるかも知れない。

この点は、契約法の大家コービン（イエール）もルウェリン追悼論文のなかで論じている（71 Yale. L. J. 805, 812〔1962〕）。

（40）R. Dworkin: Law's Empire（1986）.
T. R. S. Allan: Dworkin and Dicey: The Rule of Law as Integrity, 8 Oxf. J. Leg. St. 266（1988）.
なお、妥当な結果についてのマッコーミックとラデンの論争について参照。Rudden: Consequences, 1979 Juridical Review 193.

（41）L. Rosen: The Anthropology of Justice: Law as Culture in Islamic Society. Cam. U. P.（1989）.
この本のすぐれた書評として S. E. Merry: 90 Col. L. Rev. 2311（1990）がある。

イスラム法文化については、参照拙稿「法文化の比較」（講演）比較法雑誌二五巻二号（一九九二年）（本書***14***）。

しかし、カーディに言及したフランクファータ裁判官の次のことばは、きわめて示唆的である。

「ここは、審理の法廷（a court of review）であって、ルールにしばられない審判所（tribunal）ではない。われわれは、木の下で、個別的便宜の考慮によって正義を行なう、カーディのように座しているわけではない」（Frankfurter. J. dissenting in Terminiello v. Chicago, 337. U. S. 1. 11〔1949〕）。

（42）もっとも個別的な法は、イギリス、アメリカにおける private act である。ある特殊な事例を救済するためにつくられるものである。これについては参照、田中英夫「英米における Private Act（個別法律）」『英米法研究Ⅰ』一二四頁以下（一九八九年）。

（43）中世神学における、カズイスティクの問題を論じられている研究として、参照 A. R. Jonsen & S. Toulmin: The Abuse of Casuistry: A History of Moral Reasoning. U. Calif. Pr.（1988）がある。

（44）Jonsen & Toulmin: op.cit. なおやや違った観点からであるが、J. Coons: Inconsistency 75 Cal. L. Rev 59（1987）が参考になる。

（45）こうした方法は、最近再びアメリカで論じられているプラグマティズムの方法ということもできる。本章では、立入ることはできなかったが、63 S. Cal. L. Rev. 1659（1990）以下に、特集がある。とくにＭ・レイディンのフェミニズムとの関係（1699 ff）、ポズナーの論文（1653 ff）、ローティのコメント（1811）は興味がある。

五　むすび

「例外のないルールはない」とか「あらゆる状況をカバーできるルールはない」といわれるように、おこりうるあらゆる紛争について、妥当な結論を出すことができるようなルールというものは、——結果の当否を問わないのであれば別であるが、——おそらくはありえないであろう。ルールを前提とする限り、個別的適用にあたっては、事実を加工する（フィクション）か、ルールそのものに手を加えることにならざるをえないであろう。

その際の、個別的判断は、忌避されるべきものではなく、俗にいうケース・バイ・ケースの方法としてむしろ正面からとりくまれるべきものである。利益衡量論は、その方法であると位置づけることができる。

〔後記〕　個別的事情が、法的ルールのとらえ方とどのように関連するかについて、かねて考えていたが、加藤博士への献呈の機会に、自覚的にふりかえってみたいと考えをまとめてみた。結果は、独自の考察といったものもなく献呈するにはまことに貧弱なものになった。本稿で論じたのは、加藤博士のホームグランドである不法行為、消費者問題ほかの新しい分野における議論においてもっともよくあてはまるように思う。複雑な社会的問題についての、「絶妙のバランス感覚」に学んで来た一人として謹んで献呈させていただく。

〔付　記〕

利益衡量論の主唱者の加藤一郎先生の古稀記念論集に書いたもの。法解釈はルールの個別的適用なのか、個別的に適用されたルールをいうのか、という問題を、ドイツやアメリカの議論を参考に考えた。極端にいえば、個別状況（situation）ごとに法があると考えることになりかねない。しかしそれでは法とはいえなくなってしまう。結局は結論を大切にしつつ、一般的なルールを定立していくことになるであろう。

3　公法と私法

（一九八四年）

一　はじめに

公法と私法という法の分類は、民事法と刑事法、実体法と手続法と並ぶ実定法の主要な区別として広く使われてきた[1]。また、公法(学)、私法(学)は、刑事法(学)と並んで、実定法学の主要な学問分野をなしている[2]。ただ、裁判実務上は、公法、私法はあまり区別されず、民事（部、局）、刑事（部、局）が主要なもので、公法にあたるものとしては、行政（部、局）があるにすぎない。

従来「公法と私法」として論じられてきたのは、公法と私法を対比しての、それぞれの法の区別ないし特色づけの問題ではなく、両者の差異を前提としたうえで、公法と私法がいかなる関係にたつのか、より具体的には、公法関係に私法が適用されるのか、という問題である。

明治憲法下では「コノ所民法入ルヘカラズ」（穂積八束）に象徴されるように、国または公共団体の法律関係は、私人間の法律関係とはまったく別個のもので、私法との対比を論ずることはできても、公法にとって、私法がいかなる意味をもつかを論ずる必要も意味もないと考えられていた。極端にいえば、公法秩序と私法秩序は、相互に関連することのない、別個のものと考えられていたのである。こうした考え方は、学問分野における問題であるだけでなく、法制度そのものが、行政裁判所を設けていたことに伺われるごとく、公法と私法を截然と区別していたことによっていた[3]。もちろん、こうした截然たる公法私法二分論に対しては、はじめ美濃部達吉博士[4]、つづいて田中二郎博士[5]による批判があったが、法制度そのものが、右のような前提をとる以上、公法と私法とは異なるという考え方に対する批判には、自ずと限界があった。

戦後、新憲法が制定され、それとともに行政裁判所が廃止されて司法の一元化がはかられるとともに、従来のような二分論は維持されえなくなり、公法関係が、私法関係といかなる点で異なるかというように、両者の相違を前提とした議論がなされるようになった。さらに、国または公共団体の行政活動が広範になり、私人と同様の多様な経済的活動（住宅供給、交通事業、土地開発、各種の融資等）が行われるとともに、(6) 国または公共団体であるから私人と異なる法規制を必要とするという考え方はとりえなくなる。いわば公法と私法の混合領域といったものが登場してきているのである。

公法と私法という問題は、これまでほとんど独占的に行政法学者によって論じられてきた。(7) 民法学者によるものとしては、渡辺洋三教授による法社会学的な研究(8)のほか、近時星野英一教授により理論的整理(9)がなされているにすぎない。公法と私法という問題が、公法関係における私法の適用という行政法＝公法の問題であることからいえば、当然ともいえる。

しかし、この問題は、私法にとって意味がないというわけではない。公法と私法という問題が、従来のように公法と私法とは別個のものであるという考え方にたつのであれば別であるが、国または公共団体の法律関係において、私法がいかなる意味をもつかというものであるとすれば、私法の側からも論じられるべき問題である。ただ、何といっても、この問題が、行政法の主要問題の一つとして、行政法学者によって論じられてきたことを無視することはできない。行政法学者による研究業績は膨大であるが、できるかぎり、それらを参照して、この問題を、民法の側から考えていくことにしたい。

このように、公法と私法という問題は、民法の領域の問題としては、殆ど論じられてこなかった。したがって、本講座の共通の手法である民法学者による学説の歴史的展開をフォローし、現時点における学説を輪切りにするといったことはできない。そのため、本章では、この問題をかなり自由な視点からとらえ、今後の民法学における議論のための整理をすることにしたい。また、公法と私法という問題は、通常の民法解釈学の問題ではなく、むしろ民法制度の基礎についての考え方の問題でもあるので、こうしたやや異なった扱い方も許されるであろう。

とはいっても、この問題は、きわめて多面的な検討を必要とし、論ずべき問題点もきわめて多く、とうてい本章で論じつくすことはできない。おそらく、優に一冊の書物を必要とするであろう。したがって、以下では、つぎのような視角から、つぎの順序にしたがって、この問題を考えていくことにしたい。公法学からのみ論じられてきた問題に対する、私法からの一試論になればと願いつつ。

まず、公法と私法の区別の歴史をたどり、ついで、区別の基準と目的を考え、続いて、公法（関係）と私法（関係）についての私法学者とりわけ民法学者による扱いを検討する（以上第二節）。つぎに、公法と私法が争われるいくつかの法律関係について検討し（第三節）、最後に、今日における公法と私法の問題点を指摘することにしたい（第四節）。

（1）　公法と私法、民事法と刑事法といった区別は、普遍的で、区別の基準に問題がないように考えられるが、後にみるように、公法と私法の区分基準には、争いがある。同じことは民事と刑事についてもいえる。わが国では、比較的截然と区分されているが、たとえば英米法では、両者は未分離ないし、統合的に用いられている（懲罰的損害賠償、弁償制度〔Restitution〕など）。

（2）　公法という法律も、私法という法律もない。ただ、公法ということばは、法律には出てくる（行訴四条）。このほかの法律に出てくる場合は、大部分が、「公法」上の法人、「公法」人というものである。「公法」ということばが用いられている法律は、塩野宏「公法と私法——日本国憲法下における学説の変遷と課題」『法学協会百周年記念論文集(二)』（有斐閣、昭和五八年）の二一七頁以下の別表参照。ただし、この別表中の日本専売公社法は、昭和六〇年に廃止され、たばこ事業法、日本たばこ産業株式会社法等にとってかわられることになった。

これに対して、私法ということばが法律に用いられているのは、司法試験科目としての国際「私法」（司試六条二項）だけのようである。（追記　現在では「国際関係法（私法系）」になった（司法試験法施行規則一条八号））。

（3）　行政裁判所の存在について、つぎのように説明される。

「何となく国の行政部と云うものを、普通の裁判所から隔離致しまして、行政部が脇から侵略されないで、謂わば行政部の自己の小さい殻を特殊な司法の範囲内に納めて置いて、一般の裁判所からは批判をされないようにしよう、斯う云う意図が積極的に加わって発達して来たものではないかと思う」（清水伸『逐条日本国憲法審議録(三)』四七三頁（金森徳次郎国務大臣）〔有斐閣、昭和三七年〕）。

（4）　美濃部達吉『公法と私法』（日本評論社、昭和一〇年）。

（5）　田中二郎『公法と私法』（有斐閣、昭和三〇年）に所収の諸論文、同『行政法総論』（有斐閣、昭和三二年）、同『行政上の損害賠償及び損失補償』（酒井書店、昭和二九年）。

（6）　成田頼明「非権力行政の法律問題」公法研究二八号（昭和四一年）。

（7）　公法と私法に関する学説史としては、つぎの三部作が詳細で信頼できるものである。塩野宏「公法と私法――その学説史的考察」国家学会雑誌八三巻五＝六号（昭和四五年）、同「公法と私法――第二次大戦前における学説の課題と展開」田中二郎博士古稀記念論文集『公法の理論(上)』（有斐閣、昭和五一年）、同・前掲注（2）。

このほか、行政法の歴史的な生成過程の比較法的研究として、鵜飼信成『行政法の歴史的展開』（有斐閣、昭和二七年）が参考になる。

（8）　渡辺洋三「公法と私法――契約を中心として(1)～(14)」民商三七巻五号、六号、三八巻一号、二号、三号、四号、六号、四〇巻一号、二号、四号、六号、四一巻一号、三号、六号（昭和三三～三七年）、同「現代福祉国家の法学的検討(1)～(6)」法律時報三六巻四～九号（昭和三九年）〔『現代国家と行政権』（東京大学出版会、昭和四七年）所収〕、同『法というものの考え方』八三頁以下（岩波書店、昭和三四年）。

（9）　星野英一『民法概論I』（良書普及会、昭和四六年）、同「民法の意義――民法典からの出発」我妻博士追悼論文集『私法学の新たな展開』（有斐閣、昭和五〇年）、同「民法とは何か(2)、(3)民法講義――総論」月刊法学教室二号、三号（昭和五五年）、同「民法学習の入門」書記官研修所報三〇号五頁（昭和五五年）。

ほかに、田中耕太郎『法律学概論』二九三頁以下（学生社、昭和三三年）で公法と私法の性格づけがなされている。

二　公法と私法に関する学説

(1)　公法と私法の歴史的展開

公法と私法という区別は、今日ではごく普通に用いられているが、実際にはきわめて歴史的なものである。[11] イギリスでは、長く公法は存在しなかったといわれたし、西洋中世においても、公法と私法は区別されていなかった。つまり、公法と私法というものが、ア・プリオリに存在するわけではなく、一定の法制度を前提とした場合、公法と私法というべきものが看取されるというにすぎない。それにもかかわらず、およそいかなる法律制度においても、私人間の関係を規律する法律（私法）と、国家と国民（市民、私人）との間の関係を規律する法律(公法)が存在していることもたしかである。[12] 法律関係の種類によって異なった法律が適用されている点では、あらゆる法制度にあてはまる普遍的なものともいえる。

そこで、以下では、公法・私法という区別の普遍性とともに、法制度による個別性（歴史規定性）をみるために、公法・私法の考え方の歴史的な展開を、ごく簡単にみておくことにしたい。[13]

(a)　欧　米

ローマ法においては、公法（ius publicum）と私法（ius privatum）ということばは、国家によりつくられた法と、私人が私的自治によりつくり出した法を意味したが、後に、公法は国家の事柄、私法は個人の事項を扱うものと考えられるようになった。ただ、公法─私法の二分法は、当時から学問的議論の対象になっていたが、この分野が、法の全分野を通じてもっとも重要なものとなったのは、中世ローマ法においてである。

中世においては、単一法制度（Einrechtsystem）が行われ、公法か私法かによる裁判管轄の分化はなかった。公法は、私法の形式をとり、裁判権すらも、領主に属し、移転され、売買され、交換され、分化され、相続された。王権、兵役義務、課税、官職といったものも、契約、相続といった一般的な法カテゴリーのもとに扱われた。法令集（カロリンガ・パピトゥラリア、ザクセンシュピーゲル等）にも、公法と私法の分類は登場していない。ただこの二分法は、ローマ法の影響のある場合には生き続け、ブルガルス、アゾなどの注釈学派や、バルトルス、バルドゥスなどの著作では用いられている。

フランスにおいては、(14)中央集権国家の登場とともに、公法と私法に分類することは、新たな推進力を得た。絶対君主の下においては、立法、執行権、裁判権といった主権の諸機能は、君主その人に属し、彼の勅令、命令、指示が、公法という特別法を生みだした。行政的機能は、裁判所から独立の機関によってなされたが、公法と私法という形式的区別はなされなかった。通常の裁判所であるパルルマンは、行政事項に干渉し、コンセイユ・デタは、行政事項に加えて通常の司法事項の事件をも裁判した。

モンテスキューは、行政権と司法権の厳しい分化を要求した。これは、フランス革命後の裁判官の行政権への介入を禁止した一七九〇年の法律により、権力分立の原則として実現された。

ドイツでは、(15)地方分権が強く、集権化が進まなかった。領主は、種々の法的権限から派生した権利を保有し、これは公共の利益のためにのみ行使しうるものとされた。領主は、領民を保護することが義務づけられ（ポリツァイ国家）、人民の福利をはかる義務が、市民の私的事項への干渉をもたらすことになった。たとえば、ある家族に招かれる客の数とか、消費できるビール量といった些事についてまで規定がもうけられた。ポリス・パワーは、君侯の裁量により行使され、命令、指令、勅令等々といった名前で指示がなされた。行政を司法から分離することは、一八世紀には知られていなかった。プロイセンにおいては、司法と行政の分離は試みられたが、一七四九年に、私的な訴訟を扱う司法部と、王領と公益的な事柄を扱う帝室（Kammern）がつくられた。一八〇八年に帝室の管轄は廃止されたが、フランスのような意味での私法と公法の厳格な分離はなされなかった。この間いわゆる国庫説が登場し、財政的な事項については国を訴えうることになり、国の関係する法律関係にも私法の適用がなされるようになった。こうした発展が、正義の保護者は民事裁判所であるとする一九世紀初頭の支配的な学説（オットー・ベール）[16]と符号した。市民的法治国家（立憲国家）の到来により、司法権は、立法権にのみ従属する独立のものとなった。しかし一八六三年のバーデンをはじめとして、行政裁判所が創設され、行政と司法の分離と私法と公法に二分する考え方がもたらされたが、国庫説の影響で、財政的事項は通常裁判所で扱われたため、裁判所の管轄はそれほど鋭く分化されなかった。

イギリスにおいては[17]、コモン・ローが支配するものとされ、国といえどもコモン・ローの適用があり、国だからといって、特殊な法の適用をするという考え方はなかった。こうした考え方をもっとも強く主張したのがダイシーの「法の支配」の考え方であり、イギリスにはフランスのような行政法はないとか、イギリスにおける「公法の欠缺」といわれた。しかし、ダイシー自身が一九一五年の論文でフランスの行政法に類似した法の存在を示唆した。

アメリカ合衆国においても[18]、イギリスと同じく行政法はないとか、不要だとかいわれたが、一九世紀から二〇世紀にかけて行政委員会制の導入により、行政法の考え方の必要が説かれ、E・フロイントやフランクファータにより行政法の考え方が展開された。その際も、公法と私法に二分するのではなく、行政に特有の制定法の必要を説くものであった点に注目しなければならない。

(b) 日　本[19]

明治維新によって、近代国家としての体制固めがなされるわけであるが、徳川幕藩体制を打破し、王政復古、天皇統治の政治体制がとられた。その際、国情が近似していたとされるプロイセンの法制がとり入れられ、立憲君主主義的、中央集権的国家体制がとられるにいたった。こうした法体制の下においては、公法関係の特殊性を強調し、国家・公共団体の特権的地位を保障するため、公法関係には私法は侵入しえないものとする考え方がとられた。そのイデオローグともいうべきは穂積八束博士であり、ついで上杉慎吉博士であった。

法制度上も、司法裁判所のほかに行政裁判所がもうけられ、「行政官庁ノ違法処分ニ由リ権利ヲ傷害セラレタリトスルノ訴訟ニシテ別ニ法律ヲ以テ定メタル行政裁判所ノ裁判ニ属スヘキモノハ司法裁判所ニ於テ受理スルノ限ニ在ラス」（旧憲六一条）とされ、法律の列記事項についてのみ、行政裁判所への出訴が許されたにすぎなかった。[20] こうした制度の下においては、行政裁判所で扱われる行政事件には、公法が適用され、民事事件については、私法が適用されるとして、公法と私法との区別がきわめて重要な意味をもった。[21] このようにして明治憲法下では、国または公共団体の法律関係は、きわめて特殊な法（公法）が支配するものとされ、行政権の恣意がまかり通った。[22] しかし、戦後、新憲法の制定とともに行政裁判所が廃止され、これまでのような行政権には公法、行政裁判所、私人には私法、司法裁判所という考え方をとることはできなくなり、またその必要もなくなった。

現在では、公法と私法の区別をする意義は、基本的にはなくなっているが、それでも、行政に特有の法としての公法の必要性はあるとされている。

（10）公法（ius publicum, öffentliches Recht, droit public）と私法（ius privatum, Privatrecht, droit privé）は、ローマ法、ドイツ法、フランス法等で用いられている。

このほか、英語で public law, private law が用いられることがあるが、アメリカ合衆国では、この区別は、一般的に適用される法律と、特定個人に適用される法律の意味で使われることが多いので注意を要する。英米法における private law（act）については、田中英夫「英米における private act」『法学協会百周年記念論文集㈡』参照。

なお、最近では、わが国や独仏法におけるような public law, private law の使い方もなされている。たとえば、Chayes, The Role of the Judge in Public Law Litigation, 89 Harv. L.Rev.1281（1976）; T. Rakoff, Contracts of Adhesion, 96 Harv. L.Rev. 1173, 1215（1983）; W.Friedmann, Law in a Changing Society, 2nd ed., 1972, Pt. 4 Growing Role of Public Law, p.373.

（11）大陸法における公法と私法については、Ch. Szladits, The Civil Law System, in International Encyclopedia of Comparative Law, 1969（以下 Szladits で引用）が詳細で、きわめて見事に整理されている。筆者はハンガリー出身でコロンビア大学の比較法の名誉教授である。

(12) 「私法と公法に分けることは、大陸法(Civil Law)法系に属するあらゆる法制度において、基本的な区別である」(Szladits 15)。
(13) 以下はSzladitsによる。
(14) フランスについては、神谷昭「フランス行政法成立史」『フランス行政法の研究』(有斐閣、昭和四〇年)参照。
(15) ドイツについては、村上淳一『近代法の形成』、第三章私法と公法(岩波書店、昭和五四年)参照。
(16) オットー・ベールについては、藤田宙靖『公権力の行使と私的権利主張』(有斐閣、昭和五三年)参照。
(17) 鵜飼信成『行政法の歴史的展開』第六章(有斐閣、昭和三〇年)。なおダイシーについては同一〇〇頁以下。
フリードマンによると、ダイシーの仮説の誤りは、法の支配は、政府と市民のあらゆる点において完全な平等が必要とされるという主張であるという。「政府はあらゆる点において被治者と平等というわけにはいかないことは、統治ということに内在している」(Friedmann, op.cit., p.380)。
(18) 鵜飼・前掲注(8)二〇五頁以下。
(19) 田中二郎『行政法総論』七六頁以下。よりくわしくは、前掲注(7)に掲げた塩野教授の三論文参照。
(20) 和田英夫「行政裁判」『講座日本近代法発達史(3)』(勁草書房、昭和三三年)に行政裁判所に関する重要な事項が網羅されている。
(21) 田中二郎「民事事件と行政事件」『公法と私法』所収。
(22) わが国における公法学を、ドイツと対比した、塩野教授の左の指摘に注意。
「一九世紀ドイツ公法学の成立は、まさに、すでに構築された私法学からの自立を意味し、かつ学者自身が、私法学の研究から出発したこと、これに対して、わが国においては、公法学の成立は、私法学のそれと時期をほぼ一にし、その限りにおいて、穂積〔八束〕が、完成した民法学のそしてまた私法制度との対抗関係の中で公法原理を生み出すのではなく、極言すれば、少なくとも穂積の主観においては白紙の上に公法の領域を画す作業を行なうことができた」(塩野宏「公法と私法――その学説史的考察」国家学会雑誌八三巻五＝六号一六三頁)。

(2) 公法と私法の区別の基準と目的

これまで、公法と私法ということばをとくに定義することなく使ってきた。公法といえば、憲法、行政法を意味し、私法といえば、民法、商法等を意味するというように、一般にかなり自明のものとされている[23]。しかし、いざ、公法と私法がどのように違うのか、両者をどのように区別するかを考えると、それほど簡単ではない。それどころか、公法と私法の区別をめぐっては、以前から激しい論争がなされてきた。

まず確認すべきことは、あらゆる法律が公法と私法に分けられるわけではないことである[24]。つまり、公法でなければ私法、私法でないものが公法といったことはいえないということである。法の中には、私法と公法とに分けることができるものがあるという意味でしかないということである。公法でもなく私法でもないものとしては、経済法、労働法、社会保障法などがあげられるが、こうした法は、公法・私法の混合領域とか中間領域と呼ばれている。

つぎに、公法と私法は、法の分類であるが、これと並んで公法関係と私法関係、公物と私物、公権と私権、公法人と私法人といった分類がある。これらはすべて公と私の対立で、対応するものと考えることもできるが、本稿ではそうした対応するものとは考えない。公法と私法という法の局面と、公法関係と私法関係という関係の面にだけ注目していくことにしたい。

(a)　公法と私法の区別の基準

公法と私法の区別の基準としては、これまで定説といったものはない。区別の基準自体、一七あるとか[25]、二〇あるとか[26]、さらには二七あるとまでいわれる[27]。区別の対象となっている法そのものが、きわめて多様化し、複雑化し、中間的、雑種的なものが増えてきている以上、一つの基準だけでは、区別しきれないであろう。その中でも代表的なものとしては、つぎのようなものがある[28]。

まず、法の規律する目的あるいは規律の対象となる生活関係に注目する実質説と、規律の形式に注目する形式説に分けられる。実質説に利益説と生活説があり、形式説に主体説と性質説がある。

利益説は、全体の利益を目的とするのが公法であり、個人の利益を目的とするのが私法であるとする。利益説はローマ法以来の考え方であるが、私法といえども公益をも目的としている点から、正当な区別でないとされる。

生活説は、規律の対象である生活関係の相違に注意し、政治的生活に関する法が公法であり、民事的生活に関する法が私法であるとする。しかし、政治的生活か民事的生活かがそれほど明確ではなく、区別として適当でないとされる。

主体説は、法律関係の主体の一方が、国家または国家の下にある公の団体であるものを公法関係とし、その関係を規律する法が公法であり、国家を当事者としないものを私法関係とし、その関係を規律する法が私法であるとする。しかし、法律関係の一方の主体が国家だからといって、ただちに私人間と異なる関係になるわけではない点に難点があるとされる。

性質説（または権力説）というのは、法の規律する法律関係が、権力服従関係であれば公法、平等の関係であれば私法とするものである。しかし、たとえば租税関係は権力関係であるからといって債権関係でなくなるわけではなく、平等かどうかでは分けられないとされる。

このように種々の分類があるが、いずれによるにしろ、公法と私法には、つぎのような原理の違いがあると指摘されている。

(b)　美濃部博士の公法・私法論

美濃部博士は、公法と私法の共通性と、私法と対照した公法の特殊性をつぎのようにまとめておられる。[29]

まず、共通性の第一として、公法関係も私法関係もともに権利義務の関係であり、公法関係を権力の関係と考えるのは明白な誤りであるとされる。第二に、公法関係と私法関係は、権利義務の内容・種類において共通であって、公法上の物権とか公法上の債権といっても、私法上のものと何等の差異はなく、若干の特殊性が認められるにすぎない。第三に、公法関係も私法関係もその法律原因は、意思か法律かであって、共通している。第四に、公法関係も私法関係も、人、利益、物、事業に関して、共通している。それぞれに、公法人、私法人、公益、私益、公物、私物、公企業、私企業と区別するが、これらは、公法と私法の区別と一致するものではなく、それぞれの目的による区別である。

以上のように公法といい私法といってもむしろ共通性も多いが、両者に特殊性のあることも否定できないとして、つぎの諸点をあげられる。

まず、公法における権利義務は相対的であるという点である。すなわち、私法における権利と義務は相対立するが、公法関係は、団体とその成員との関係であるから、両者の利益は相共通し、権利と義務が対応する場合にも、権利は、必ずしも権利者のためだけではなく相手方の利益を保護するためにするものである。参政権、自治行政権、教育を受ける権利などがすべて、権利者の権利であるにとどまらず義務でもあり、国家、社会公共の利益が保護されている。

第二に、国家と人民の法が、個人相互の法と法律上の性質を異にする最も著しい点として、両者が対等か、優劣の関係かという点である。つまり公法関係において、国家は相手方の承諾がなくても、法的関係を形成でき、これが適法の推定を受けることである。

第三に、公法関係においては、義務違反に対して、国家が自己の強制力を以て強制できることである。

第四に、公法関係において、臣民の側からの権利の保護が限定的であることである。つまり、私権の場合のように、通常裁判所への出訴は認められず、限られた場合にのみ行政裁判所への出訴が認められるにすぎない。

(c)　区別の目的

このように、公法と私法の特質を比較し、両者を分ける基準について議論がなされているが、この問題を考えるにあたっては、何のために区別をするのかを考える必要がある。[30] 区別の目的がはっきりして、はじめて区別が可能かどうか、区分の基準が何であるかが明らかになるからである。[31]

明治憲法下では、行政裁判所の管轄に属するか否かを決するために、公法上の争いかどうかはきわめて重要な意味をもった。しかし、今日では、そうした意味はない。現在、法制度上公法と私法を区別する目的としてあげられているのは、第一に裁判手続の決定基準の明確化、第二に適用法規の決定基準の明確化にあるとされる[32]。第一は、行政主体と私人との間の紛争について、通常の民事訴訟によるのか、行政事件訴訟法に定める行政事件訴訟によるのかの決定に、公法と私法の区別が役立つとするものである。しかし、行政事件訴訟法によるといっても殆ど民事訴訟法の規定が適用され、行政裁判所によるといった根本的区別ではないから、重大な差異はないとされる。第二の適用法規の決定といっても、公法関係には公法だけが適用されるというわけではないとされているから、この点も公法と私法を区別する実益とはいえないと批判されている[33]。

本章では、国または公共団体（行政主体）の法律関係を、私人関係と別個に扱うことが是認されるかを、「公法と私法」論の基本課題であるととらえ、そのために、国または公共団体の法律関係を公法関係と呼び、私人間の法律関係を私法関係と呼ぶ、いわゆる主体説による区別をとることにしたい。そうした場合、公法関係を支配関係と管理関係に分け、支配関係には私法の適用はなく、管理関係には私法が適用されるとされてきたが、支配関係と管理関係の区別自体それほど明確とはいえない（たとえば、国税滞納処分、教育など）ので、この区別はとらないことにする。

このように、法主体により公法関係と私法関係を分けることは、かなり容易であるが、留意すべきは、公法関係だから私法は適用されないといういい方はできないことである。公法関係であっても、これまで管理関係とされてきたものについては、私人間の関係と同様に私法だけによることも可能であるからである。そうなると、公法と私法論の中心問題は、公法関係のうち、いかなる場合に「公共の福祉の実現という行政目的のために、特殊の法的取扱をしなければならない[34]」のかということになる。

本来、民法においては、法主体によって適用される法規が異なるという考え方はとられていない。賃貸人が、自然人であっても法人であっても同じ法によるし、買主が若くても老人でも、適用法規は異ならない。もっとも、いわゆる弱者保護的な社会法においては、法主体により別個の法規の適用が考えられる（たとえば労働基準法）し、商法では、法主体が商人であるか否かを重視し、商人にのみ適用すべき法規を考えている(35)（商五〇三条）。行政主体の場合にも、かつての二元論によれば、私法は適用されず、特殊な公法によるとされたのであるが、今日では行政主体であるから当然に私法は適用されないとは考えなくなったということである。

なお、行政主体による区別をすると、公物とか公権についての問題が生ずるが、公物は所有者が行政主体であると考えればよいし、公権も、債務者ないし債権者が行政主体ということで、行政主体の法律関係を特別に扱うかというかたちで考えればよい。

(23) 五十嵐教授は、公法として、憲法、行政法、刑法、訴訟法を、私法として、民法、商法をあげられる。このほか公私混合法として、労働法、経済法、社会保障法をあげられる（五十嵐清『法学入門』四三頁〔一粒社、昭和五四年〕）。
(24) 星野英一「民法とは何か(2)」月刊法学教室二号一九頁。
(25) Szladits p.22 によると Holiger（1904）は一七の基準があるとしている。
(26) 鵜飼・前掲注(17)九二頁。
(27) 南博方「公法と私法の区別の標準」ジュリスト三〇〇号学説展望（有斐閣、昭和三九年）によると Haller（1929）は二七を数えているという。
(28) 鵜飼・前掲注(17)九一頁以下。なお Szladits p.22.
(29) 美濃部達吉『公法と私法』七三頁以下。なお同『行政法序論』（有斐閣、昭和二三年）では、公法の原理として、国家意思の公定力、行政上の強制執行、行政争訟、権利と義務の競合の四点があげられている（塩野宏「公法と私法――日本国憲法下における学説の変遷と課題」『法学協会百周年記念論文集(二)』一八六頁による）。
戦前における、私法に対する公法の特色として渡辺教授は、つぎのようにまとめておられる（渡辺洋三「現代福祉国家の法学的検討」『現代国家と行政権』一二五頁）。

① 行政権と国民とは法的に対等な立場でなく国民は行政権を相手に対等な立場で争いえなかったこと。
② 行政庁には広汎な自由裁量の余地が残されて、法律による行政のたてまえは実質的にくずされ形骸化されていたこと。
③ 行政処分は司法審査を受けず、国民は厳密な意味における裁判による権利救済のみちをふさがれていたこと。
④ 唯一の救済は、司法裁判所と別個の、それ自体一つの行政権に所属する機関にすぎない行政裁判所への出訴にすぎなかったということ。
⑤ その出訴事項がごく少数の、しかも財産権に関する事項に限定され、精神的自由権に至っては国民は完全に泣き寝入りであったこと。
⑥ 私法原理と異なる特殊公法原理をみとめ、行政行為には私法原理の適用を拒否したこと。学説や判例をつうじてつくられていったこれらの特殊公法原理としては、公定力理論、自力執行力論、自由裁量論、特別権力関係論、国家無責任論、公権論、公法人論等々その他多くのものがある。

これらをまとめれば、典型的な公法関係と私法関係とは、つぎのように対比されるであろう。

	公法関係	私法関係
1法関係形成	法律関係の形成に法的根拠が必要	当事者による自由な法形成（法律行為の自由）
2目　的	公共の利益の実現	私的利益の実現
3両者の関係	行政権の優位	対　等
4権利の実現	強制徴収（税徴四七条）	強制執行に債務名義が必要（民執二二条）
5権利の移転性	権利の移転性に制限	原則として譲渡可能
6差押・担保	差押、担保に制限	原則として差押、担保可
7権利の処分	放棄、相殺不可	放棄、相殺可
8消滅時効	援用不要、放棄不可	援用要、放棄可

(30) 区別の意義についての問題提起として、宮沢博士の論文が有益である。宮沢俊義「公法・私法の区別に関する論議について」国家学会雑誌四九巻九号一九頁（昭和一〇年）（『公法の原理』〔有斐閣、昭和四二年〕所収）、同「公法と私法」法協五四巻五号七三頁（昭和一一年）（『公法の原理』所収）。これに対する田中博士の批判として、田中二郎「最近の文献に現はれた行政法上の諸問題(1)、(2)」国家学会雑誌四九巻一〇号、一二号（昭和一〇年）。

なお、この論争の意義について塩野宏「公法と私法――第二次大戦前における学説の課題と展開」田中二郎博士古稀記念論文集『公

法の理論(上)』一四四頁、一五〇頁以下参照。

(31) Szladits は、区別の目的として、三つをあげている。第一は、教育的（didactic）目的であり、大学における研究のための法的問題を分けるためのものである。第二の、実用的（practical）目的は、実定法上のものであり、行政裁判所と通常裁判所の管轄を画するためである。第三は、法理学的（jurisprudential）分類で、法制度を論理的、客観的に分類し、法規解釈のための理論的基礎とするものである（Szladits op. cit. p. 20）

(32) 田中二郎『行政法(上)』（有斐閣、昭和二八年）。

(33) 藤田宙靖『行政法Ⅰ』三九頁（青林書院新社、昭和五五年）。なお、藤田教授の公法と私法論は、これまでの議論を十分にふまえたきわめてすぐれたもので、本稿執筆にあたって大いに参考にさせていただいた。

(34) 田中・前掲注(19)二〇九頁。

(35) 末弘博士は、民法の「人」は法律上の標準人であり、商人は、人の中の特殊なものという一般的理解に対し、商人こそ標準人で、私法原理をそのままあてはめうる、と主張される（末弘厳太郎「民法の独自性」「民法の商化と民法の将来」『民法雑記帳』〔日本評論社、昭和一五年〕）。この考え方は、それほど一般的に受容されているわけではないが、消費者法などを考えると、問題は残る。やはり、商人の法は、特別法として扱う方がよいと思われる。

(3)　民法学者による公法・私法論

公法と私法という問題は、行政法の問題とされてきたため、私法学者、とりわけ民法学者によってはほとんど論じられていない。民法を学ぶにあたって必要な事柄と考えられなかったからであるといえよう。

たとえば、我妻栄博士は「民法講義」の冒頭で公法関係と私法関係を対比されているにすぎないし、[36]川島武宜博士も冒頭に半頁ぐらいふれられているにすぎない。[37]ただ穂積博士は、区別の標準を三つあげたうえ、国家生活の法を公法、社会生活の法を私法であるとされている。[38]

四宮和夫教授は、ほぼ一頁をあてておられるが、主として星野英一教授の見解の紹介である。[39]こうした中で、星野教授は、『民法概論Ⅰ』で公法と私法の区別を九頁にわたって論じられ、区別の実益、公法と私法の錯綜現象を扱われた[40]。さらに、近時の『民法講義』の中で、この考え方を一部モディファイして論じておられる。以下では、渡辺教授と星野教授の研究を検討することにしたい[41]。

(a)　渡辺洋三教授の見解

渡辺教授の研究は、市民法の基礎法として定立された民法規範が、公法規定における特別法により修正されていること（公法による私法秩序の修正）に問題があるとして、つぎのような疑問を提出される。

「これら公法規定における特別法の存在理由やその根拠等について、納得のゆかない場合もまれではない。公法規定における特別法がますますふかく且つひろく、国民生活の多くの分野に浸透してゆく傾向のある今日、あまり納得のゆかない理由で民法原理が修正され、ときにはほねぬきにされ、その適用を排除されてゆくということに、私はかねがねから多大の疑問を感じているのである[42]。」

民法を、市民法の基礎として、それが特別法によりどのように修正されていくかという問題は、以前からの渡辺教授のテーマであり、土地・建物の法律制度についての二巻の研究[43]があるが、「公法と私法」では、特別法たる公法により私法秩序がどのような修正を受けるかを問い直そうとするものである。

「公法と私法」では、あまり総論的な議論はなされていないが、民法と特別法というテーマからいえば、土地・建物に関する借地法、借家法による私法秩序の修正が、いわゆる社会法的なもの、あるいは民法原理を実質化するものであるのに対し、公法による修正は、民法原理を骨抜きにする、納得できないものが多いという視点にたつものといえる。こうした視点は、行政権の優位を確保するための「特殊権力的秩序の容認」への批判を含んでいる。

こうした視点から[44]、国税徴収法による先取特権が民法の担保物権を大幅に修正している問題、公有林野の入会権に公法的規律がなされていること[45]、さらに森林法による森林所有権への規制を問題であるとされる[46]。つづいて、契約を中心にして、国有財産の使用[47]、地方公共団体財産の使用[48]について、国有財産法や地方自治法の規定による、民法の修正を正当化されえないとされ、ついで、公有林や財産区における入会権についての地方自治法の規定を問題ありとして批判する。[49]

さらに公企業の利用、とりわけ郵便物についての損害賠償の規定、[50]電話利用についての公衆電気通信法の規定、[51]つづいて電話加入権の担保に関する規定[52]などをとり上げ、公法による修正を正当といえるかどうかを検討される。

このように、渡辺教授の研究は、個々の問題について、私法原理の修正が必要とされるのかどうかを問い直そうとするもので、公益性を理由とする公法による修正に総じて批判的である。渡辺教授の研究は、従来行政法学者によってなされてきた公法・私法論とは、つぎの点で異なっている。

① 行政法学者によるものは、公法中に適用すべき規定がない場合に、民法を適用できるかという、いわば解釈論であったが、渡辺教授の研究では、適用すべき規定がある場合にそうした規定の存在理由そのものを問題とする立法的批判である点である。

② 渡辺教授により論じられた問題が、これまでほとんど行政法学者により論じられたことがなく――問題とさえ考えられなかった――、裁判上も争われたことがないような問題であったことである。法社会学者としてのユニークな着眼点というべきであろう。

③ さらに注目されるのは、渡辺教授の研究が、行政法学者に正面から受けとめられなかった点である。これは、①で指摘したように、渡辺教授の研究が、主として立法論的批判であったことにもよるが、行政権の優位を正面から問い直す渡辺教授の見解[53]が、行政権の優位を当然だとする傾向の強い行政法学者に受けとめられにくかったといえるであろう。

④ 行政法学への影響は少なかったが、批判の対象となった行政実務そのものは、渡辺教授の批判を受けとめ、いくつか批判に沿った改正がなされたことが注目される。

(b) 星野教授の見解

つぎに星野教授の見解をみておきたい。渡辺教授と異なり、星野教授の見解は、概説書中の一般論のかたちであり、それほど詳細なものではないが、民法学者によるはじめてといってもよいものであるだけに、貴重である。[54]

まず、公法、私法の区別の実益を考えるべきであるとして、[55]第一に行政事件訴訟法の特例の適用される公法上の法律関係を明らかにするためであり、第二に具体的な法律関係に適用される法規や法原則を決定するためであるとし、公営住宅の家賃の強制徴収の方法をめぐる問題を例に区別の実益を論じられる。しかし、最近では、まず公法関係か私法関係かを決めて、適用法規を考えるのではなく、当該の社会関係の実態、規定の趣旨から、どの規定を適用すべきかを判断すべきである、とされる。

つぎに、公法・私法の理論的差異について論じられ、[56]法律全体を厳密に公法と私法に二分することはできず、いずれともいいにくい法律が存在するとし、適用法規決定の問題と関連させつつ、典型的に公法といえるものと、典型的に私法といえるものの特色を比較し、つぎの三点を特色的差異であるとされる。[57]

① 規律する本来的な対象の違いであり、私法は個人と個人の関係、公法は国家および地方公共団体（行政主体）と個人との関係を規律するものである。

② 規律のしかたの違いにより、私法は個人を平等なものとして規律し、公法は行政権の主体が優越的に個人に臨む。

③ 社会関係の規律のしかたについて、私法は、できうるかぎり個人の自主・自由に委ねるのに対し、公法では、法の目ざす目的を実現するための介入が大きく、自由に委ねられる領域が狭い。

このほか、法の規律の目的をあげられ、公法は行政目的を積極的に実現するもの、私法は個人関係の調整をはかる個別的・消極的なものとすることは、必ずしも妥当するとはいえない。

第三に、公法、私法、民法の観念の歴史を民法ということばの成り立ちから論じ(58)、さらにローマ法、フランス、ドイツにおける公法と私法の分離・区別の歴史をたどられる。

最後に、「現代における公法私法の関係」と題し(59)、かつて私法によって規律されていた領域への公法の進出（私法の公法化）と、かつて公法だけが規律するとされた関係に私法も適用されることになった（公法の私法化）ことを指摘される。

以上のように星野教授の見解は、行政法学者による研究をふまえた上で、私法の側からの問題を整理されようとするもので、現在の問題状況を見事にまとめたものといえるであろう。その特色としては、つぎの点があげられるであろう。

①　公法と私法の問題を、適用法規の問題とされるが、その際、いずれを適用するのがより妥当かというように、問題解決の妥当性を前面に出す利益衡量論の立場に立っておられることである。これまでの公法、私法がきわめて固定的に、公法関係か否かを決めたうえで私法を適用するか否かを論じていたのと比較すると、きわめて柔軟な考え方といえるであろう。もっとも、近時の議論は、多かれ少なかれ、固定的な考え方（国の法律関係だから民法は無関係）を脱しているとはいえるが、私法の側からの議論のたて方としては、説得的といえるであろう。

②　右の議論が、概説書中で――民法では異例の長さではあるが――論じられているため、具体的にはどういう問題を頭においておられるのか必ずしも明らかではないことである。

③　最後に、公法関係に私法を適用すべきか否かという議論のたて方からもわかるように、本来は私法を適用すべきものとする考え方にたっておられることである。このことは、民法を私法の一般法であるのみならず、法律全体の中でも一般法であるという考え方にたっておられることからもわかる。ただ、公法関係には、何故私法と異なった規律が必要とされるか（行政の特殊性）についての議論がなされていないと思われる。私法が公法化するという場合の

公法と、公法と私法という場合の公法とは、同じではない。前者は、私法にない原理（社会法）を持ち込むということであるのに対し、後者では、私法と対立する原理をいうものだからである。

(36) 我妻栄『新訂民法総則』（岩波書店、昭和四〇年）。
(37) 川島武宜『民法総則』（有斐閣、昭和四〇年）。
(38) 穂積重遠『民法総論』（有斐閣、昭和五年）。
もっとも簡にして要を得ているのは、鳩山博士であろう。「法ヲ公法私法ニ分テバ民法ハ私法ニ属ス。公法私法分類ノ標準ニ付テハ議論多シ。支配関係ヲ規定スルモノヲ公法トシ非支配関係ヲ規定スルモノヲ私法トスルノ説ヲ採ル」（鳩山秀夫『日本民法総論』一頁（岩波書店、昭和七年）。
(39) 四宮和夫『民法総則』（弘文堂、昭和四七年）。
(40) 星野英一『民法概論Ⅰ』四頁以下。
(41) このほかユニークな市民社会論を前提として、公法と私法を、国家と市民社会の関連づけで論ずるものとして、山中博士の考え方がある（山中康雄『民法総則講義』三頁以下〔青林書院、昭和三〇年〕）。また舟橋諄一『民法総則』（弘文堂、昭和二九年）も冒頭部分で、直接にではないが、公法との対比をされている。
(42) 渡辺洋三「公法と私法――契約を中心として」民商三七巻五号六三六頁。
(43) 渡辺洋三『土地・建物の法律制度㊤㊦』（東京大学出版会、昭和三五年、三七年）
(44) 渡辺・前掲注(42)民商三七巻五号六四一頁。
(45) この視点からの論文として、渡辺洋三「現代福祉国家の法学的検討」『現代国家と行政権』参照。
(46) 渡辺・前掲注(42)民商三七巻五号、六号。
(47) 渡辺・前掲注(42)民商三七巻六号、三八巻一号、二号。
(48) 渡辺・前掲注(42)民商三八巻三号。
(49) 渡辺・前掲注(42)民商三八巻四号、六号、四〇巻一号。
(50) 渡辺・前掲注(42)民商四〇巻二号、四号。
(51) 渡辺・前掲注(42)民商四〇巻六号。

(52) 渡辺・前掲注(42)民商四一巻一号。
(53) 渡辺教授の見解については、塩野前掲注(29)一九八頁以下参照。
(54) 以下は星野・前掲注(24)による。
(55) 星野・前掲注(24)一七頁。
(56) 星野・前掲注(24)一九頁。
(57) 星野・前掲注(24)二〇頁。
(58) 星野英一「民法学習の入門」書記官研修所報三〇号。
(59) 星野・前掲注(24)二三頁。

三　公法関係と私法の適用——具体的事例

公法と私法として論じられている問題の中心が、国または公共団体の法律関係に私法を適用できるか否か、より直截にいえば、国または公共団体が当事者となる法律関係において、国または公共団体を、特別な法的扱いをすることが認められるか、ということであるとすれば、そうしたかたちで争われる具体的問題のいくつかを、検討しておくことが必要である。[60]

もっとも、行政主体の法律関係すべてについて問題になるわけではなく、私人間の関係に対応する法律関係についての問題である、私的な対応物（private counterpart）[61]のある法律関係について、行政主体であるが故に、私人の場合とちがった特別の法を適用すべきかである。

その際、二つのレベルで、問題が考えられる。一つは、ある法律関係（たとえば国の損害賠償責任、国有財産の貸付等）について、行政主体に優越的地位を認める法律をつくることが許されるかという、立法レベルの問題である。他は、国または公共団体の法律関係について、適用すべき法律が存在しないが私人に適用される法律は存在する場合、そうした私法を適用できるか、という解釈上の問題である。行政主体に優越的地位を与える法律は、きわめて多く、ある意味では行政法のすべてが、それだともいえる。法律さえつくれば、行政主体に優越的地位が認められるというわけではなく、自ずと制約はあるが、公法と私法の問題においては、立法レベルの問題は、あまり論じられていない(62)。立法レベルの議論がなされないことは、行政権の優位を定める法律に問題がないということではないことが留意されるべきである。いずれにしろ、法律に、行政主体を特別扱いする法律があれば、その法律が適用されるべきであるといえるであろう。

これに対して、行政主体の法律関係に適用すべき法律の定めがない場合、国家賠償法四条のように、明白に民法によるとしていれば明確であるが、こうした規定がない場合にも、民法その他の私法によることができるか、という解釈レベルの問題が生じてくる。これまでの問題は、ほとんどがこうした明確な規定のない場合の解釈問題である。

公法関係に適用すべき法は何かを考えるにあたっては、適用の結果と無関係ではない。つまり、行政主体に私法を適用すべしという場合、私法を適用した結果が行政側に好ましいということであるし、私法を適用すべからずという場合には、適用の結果が好ましくないことを意味している。もっとも、適用するからといってただちに行政側に不利になるわけではない。たとえば後にもふれるが、公法関係に民法一七七条を適用するか否かについて、私法を適用するからといって、国に不利になるわけではなく、むしろ、一七七条によった方が、登記で処理すればよいから国に有利になるともいえる。しかし、民法一一〇条の表見代理の規定のように、適用すれば行政主体の責任が生ずるという意味で不利になる場合もある。

これを整理すれば、つぎのようにいえる。つまり、私法適用により行政主体に有利な場合には私法によるべしとされ、不利になる場合には適用を否定すべしとされるのである。これは、きわめて御都合主義的だともいえるが、法的紛争においては、自己に有利な規定や判例を援用し、不利なものを無視することからいえば、さして異とするにはあたらない。

しかし、ここでの問題が、公法関係を私人間の関係と同様に扱うかどうかであるとすれば、特別に扱う必要性をめぐって争われる具体的問題のいくつかを検討することにしたい。

(a)　行政処分と民法一七七条

国税滞納処分に民法一七七条が適用されるか否かは、最判昭和31・4・24[63]で争われた。著名な事件であるので、詳細な検討は避けるが、事例はつぎのようなものである。

Xは昭和二一年二月八日Aから本件土地を七万八千円で買い受け、代金を完済したが、登記名義はAのままになっていた。Aは昭和二四年の国税を滞納したため、富山税務署は昭和二五年八月A名義のままになっていた右土地の差押をした。これを知ったXは、その一〇日後に登記を自己名義に移転し、税務署に異議を申し立てたが、公売処分が実行され、Yが競落し、Yは登記を経由した。そこでXは、国と競落人Yを相手にして公売処分の無効確認と移転登記の抹消を求める訴を提起した。争点は、いくつかあったが、その一つとして、滞納処分にあたっても民法一七七条が適用されるかが問題になった。

Xは、滞納処分には一七七条は適用されないから、登記がなくても、自分が所有者であると主張できるとした。これに対して、国側は滞納処分についても一七七条の適用があり、したがって、登記のないXは、自分が所有権者であることを主張できないとした。判決は、一審以来すべて適用説をとり、国税滞納処分についても、民法一七七条によるとした。この判決では、一七七条を適用したうえで、国は登記の欠缺を主張できるか否かが争われ、その点について再度最高裁で争われたが[64]、一七七条の適用の点では、異論はなかった。

つまり、滞納処分をすすめるにあたっては、真実の権利者を探求する必要はなく、登記名義に従えばよいということを意味する。

同じ民法一七七条の適用が問題となったものとしては、農地買収処分をめぐる最大判昭和28・2・18[65]がある。農地買収にあたり、昭和一八年にXがAから農地を譲り受け代金を完済し引渡を受けたが、買主Xは登記を経由していなかった。農地買収にあたり、Aの所有と認定され、Aは不在地主であるとして買収対象とされた。Xが、買収処分の取消を求めた事件において農地買収処分にも一七七条が適用されるかどうかが争われた。最高裁大法廷は「農地買収処分は、国家が権力的手段を以て農地の強制買上を行うものであって、対等の関係にある私人相互の経済取引を本旨とする民法上の売買とは、その本質を異にするものである。従って、かかる私経済上の取引の安全を保障するために設けられた民法一七七条の規定は、自作法による農地買収処分には、その適用をみないものと解すべきである」とした。ただこの判決には、真の権利者は民法により決定されなければならないという反対意見のほか、補足意見もあった。この判決は、農地買収については、登記名義人によらず、真実の権利者を相手としなければならないとしたのである。

この逆の場合、つまり国が買収により所有権を取得したが未登記であった場合につき、二審は、一七七条は適用されないから、国は所有権取得を登記なしに対抗できるとしたが、最判昭和39・11・19[66]は、一七七条の適用があるとした。

(b)　公共団体と表見代理

古くからの問題として、地方公共団体の長がなした職務権限外の行為について、相手方は、民法四四条（現・一般法人法七八条）、一一〇条などを援用して、地方公共団体の責任を問いうるか否かが争われている。これについては、すでに戦前田中二郎博士が、それまでの判例を研究され、明確な分析をされているが[67]、最高裁になってからも、相当数の判例がある。

市町村長の不正借入について、民法によって市町村に賠償責任があるか否かが争われたものとして、つぎのようなものがある。

Y町（兵庫県加古川町）の町長Aは、昭和三年町経費資金欠乏の際八万円以内で借入金を為す権限を町長に与えた町会決議にもとづき、X銀行に、右決議書を示して、借入金として三万五千円の消費貸借契約を締結し、収入役の作成した受領証により三万五千円を受領した。Aはそのうち一万円を町費支弁にあてたが、残り二万五千円をほしいままに費消した。Y町は一万七千円を弁済したが、残りが支払われないため、X銀行はY町に対し残金および利息の支払を求める訴を提起した。Xは、Y町との間に有効に消費貸借が成立しているとする主張のほか、予備的に、町の代表者たる町長が職務を行うにつき損害を加えたから町に賠償責任があると主張した。

原審は、Xの予備的主張を認めY町は民法四四条により、損害を賠償する義務があるとした。Y町の上告に対し、大審院は、つぎのようにのべて上告を棄却した。まず、右借入は、町長の意思では町のためにするものではなく、真正な職務行為ではないが「客観的行為自体ヨリ之ヲ観レハ完全ニ町長ノ権限ニ属スル職務行為タルニ外ナラスカカル行為ニヨリ他人ニ損害ヲ加ヘタル場合ハ民法第四十四条ニ所謂職務ヲ行フニ付キ云々ト云フニ該当スルモノト解スルヲ相当トスヘク又右法条ハ私法人ニ関スルモノナルカ故ニ公法人ニ当然適用セラルルモノニ非サルハ勿論ナレトモ本件ノ如キ場合ニ之ヲ類推適用スヘキコト町収入役ノ不法行為ニ関シ繰返シ当院ノ判例トスル所ナリ」(68)。

このように、この判決は、民法四四条を類推適用して、私法人と同じ結論を認めた。民法四四条は、私法人に限り適用されるというわけではないが、公法人にも民法を（類推）適用したものとして注目される。ただ、この判決に対して、美濃部博士は、「町の借入金としては全く無効であるものに付き、町に於いて弁済の責任を負はねばならぬものとすれば、仮令名義上は借入金債務の弁済ではなく、不法行為上の責任であるとしても、実際の結果に於いては殆ど同様であつて、それは町村の財政の安全を保護せんとして居る法律の趣意を全く滅却するものと謂はねばならぬ」と評されている(69)。

しかし、田中博士は「町村の非権力的な行政活動、殊に経済的活動に対しては、法律上別段の制限の定めのある場合の外、原理的には民法の類進適用を認むべき実質的理由が強いのであって、かくすることが軈て町村の経済主体としての信用を高めその活動性を保障することになるのであり……市町村財政の安固を図る為めの規定も決して民法の適用を全く否定する意味をもつものとはいへない」とされ、民法四四条の類推適用に賛成されている。[70]

この問題は、その後も争われているが、公法人についても、表見代理の規定（とりわけ民法一一〇条）の適用は認められるとされている。[71]

(c)　行政主体の不法行為責任

法主体が、国か公共団体であることにより異なった扱いをすべきか否かが争われている問題として、不法行為責任の問題、いわゆる国家賠償の問題がある。これについては、わが国ではすでに、国家賠償法があり、それが適用されることに問題はないが、その適用をめぐって争いがある。さらに、この問題は、欧米でもはげしく争われている。

国の不法行為責任については、かつては国家無答責の原則が行われていたが、徐々に、国も私人と同様の責任を負うとする考え方がとられるようになってきた。わが国では、明治憲法下の国家無答責の考え方への反省にたって憲法一七条が公務員の不法行為についての国の責任を規定し、[72]これを受けた国家賠償法がある。この国家賠償法は、民法七一五条、七一七条が国、公共団体にも適用されることを確認したものにすぎないのか、それとも行政主体の固有の責任を認めたものかに争いがある。[73]

わが国では、少なくも行政主体は私人並みの責任を負うことだけは確認されているといってよいが、アメリカ合衆国では、今日でも依然として主権免責の考え方が強く、徐々に主権免責の考え方は廃棄される方向に向かっているが、[74]それでも一九八〇年頃まではスクールバス事故の被害者は州に責任を問えないとしていた州が相当数あったことはあまり知られていない。連邦については一九四六年の連邦不法行為責任法により、公務員の不法行為につき連邦に責任ありとされたが、この法律自体、裁量行為免責をはじめ多数の免責条項をもっており、到底国に私人並の責任がある

とはいえない。そのために、まさに、行政主体を特別扱いすべきかという問題が争われているのである。(75)

このように、わが国では行政主体が私人並みの責任を負うことについては争いはないといってもよいが、工作物、営造物の瑕疵について、私人と国・公共団体とでは同じなのか、それとも行政主体は私人以上の責任を負うかという争いがある。

たとえば、乾昭三教授によると、国賠法二条は「管理者が国や公共団体であればこそ、かえって一般市民の場合より営造物の瑕疵に基づく損害について重い責任があることを認めたものと解すべきである。換言すれば、本条は国家を市民と同列に置く市民法的な考え方を貫徹したばかりでなく、被害者たる市民と国家との関係をその特殊性において認識しようとする社会法的な考え方をふくんでいる(76)」とされる。

これに対して、村上義弘教授は、つぎのように反論される。(77)

私人間であれば工作物責任を結果責任とすることに異存はない。私企業であればその負担をコストに上のせしていくことができるからであり、それに耐えなければ、活動を中止できる。これに対して、営造物は、財源が税収であり、また危険が多いからといって山間の道路を閉鎖することはできない。したがって、その安全性については、私的工作物より一層慎重な判断が望まれる。現在の判例の一般的傾向は「私的な工作物についてよりも公の営造物についてより高度の安全性を要求して」いることが、不思議に思える、と。

以上のように、国の責任を私人並みにするか、私人以上にするかというかたちの争いが出てきている。これは、行政権の優越のいわば裏返しの考え方であり、今後ますます、問題になるであろう。(78)

(d)　行政主体と失火責任法

Y市の消防職員の消火活動が不十分であったため、消火の数時間後再燃して、全焼した場合に、消防職員の不法行為によるY市の国家賠償法による責任について、消防職員について、失火責任法が適用され、重過失が必要とされるか否かが争われた。

原審は、消防職員は、国民の生命・財産等を火災から保護する責任があり、消防に関する訓練を受けた専門家であって、消火活動につき高度の注意義務が課せられているから、失火責任法の適用はないとした。しかし、最高裁は、原判決を破棄し、「失火責任法の趣旨にかんがみても、公権力の行使にあたる公務員の失火による国又は公共団体の損害賠償責任についてのみ同法の適用を排除すべき合理的理由」はないとした(79)。

原審は、消防職員には、一般私法（失火責任法）は適用されないとしたのに対し、最高裁は、消防職員といっても同法を適用すべきであるとしたのである。失火責任法の合理性まで問題にすれば、問題はより複雑化するが、最高裁判決の考え方は失火責任法の適用に関しては、公務員と私人を区別しないものといえるであろう。本件においては、失火責任法の適用が、行政主体に有利になるものであるが、原審のように、消防職員の専門性を考えれば、問題になる(80)。

(e)　道路損壊の原因者負担金制度と私法

このほか、あまり注目されていないが、興味深い問題として、道路法五八条にもとづく原因者負担金制度に、民法の適用があるかというものがある。道路法五八条は、道路あるいは道路関連施設（ガードレール、ガードロープ等）を損傷した場合、道路管理者（国、公共団体、道路公団等）は、費用負担者（原因者）に負担金を課しうるとする制度をもうけている。この制度は、道路を損傷した者に、修復費用ほかを負担させようとするものであるが、道路破損者は、同時に不法行為者として、道路管理者に賠償責任（民七〇九条）を負うことになる。原因者への負担金命令と民法上の損害賠償請求権が、どのような関係にたつか自体も問題であるが、私法の適用との関連では、負担金を課すにあたって民法を適用できるか否かが問題になる。

たとえば、複数の者が原因者となって道路を損傷した場合、民法七一九条を援用して、原因者の一人だけを相手に全額の負担金を課しうるかという問題がある。当初から、複数者による共同不法行為（民七一九条）として損害賠償請求をするのであれば、一人に対して全額の責任を追求することは認められるであろう。しかし、道路管理者が一方的に命令する制度においては、単に事務処理に便利だからという理由で、民法七一九条を援用することには問題があると思われる。[81]

（f）　その他の問題

このほか、争われる問題をいくつかあげておく。

① 国有財産（とくに普通財産）の貸付について、借地法、借家法（現・借地借家法）が適用されるか。行政財産については、適用除外がある（国財一八条五項）。

② 現業公務員の勤務関係を、雇用関係と同じに扱うか、とりわけ不当労働行為について争いになる。[82]

③ 一たん課税されたが、課税の対象ではなかった場合、課税された所得税を不当利得として返還請求ができるか。[83]

④ 市会議員の報酬請求権は譲渡または差押ができるか。[84]

(60) 谷口知平『注釈民法⑴』二九頁（有斐閣、昭和三九年）には、「公法ことに行政法における民法の適用」として、具体的な問題が論じられている。ただし、国家賠償、代理などにふれられていない。また矢野勝久「行政行為と民法⑴、⑵（綜合判例研究）」民商三七巻五号、六号（昭和三三年）は、公法学者によるもので、主として農地買収に関する判例を扱うものである。

(61) **Remedies against the U. S., 70 Harv. L. Rev. 827, 893**（1957）にあることば。

(62) 例外として、渡辺洋三「公法と私法——契約を中心として⑴〜⒁」民商三七巻五号以下。

(63) 民集一〇巻四号四一七頁。

(64) 最判昭和35・3・31民集一四巻四号六六三頁。

(65) 民集七巻二号一五七頁。

(66) 民集一八巻九号一八九二頁。

(67) 田中二郎「市町村長の不正借と市町村の責任——公法人に対する民法適用の限界」自治研究一七巻九号、一〇号（昭和一六年）（『公法と私法』六三頁以下所収）。

(68)　大判昭和15・2・27民集一九巻四四一頁。
(69)　美濃部達吉「判批」国家学会雑誌五四巻九号一一九頁（昭和一五年）。
(70)　田中・前掲注(67)六九頁。
(71)　最判昭和34・7・14民集一三巻七号九六〇頁ほか。
(72)　憲法一七条は、憲法四〇条とともに、衆議院の修正によって新たに挿入された規定である。何故、憲法にこうした国家賠償の規定が必要とされたかについては、田中博士のつぎの指摘がある。
「我が国においては、従来、少くとも権力的作用に基づく損害については、一貫して、公の賠償責任を否定して来たのであって、新たにこれを規定しなければ、新憲法の下においても、依然としてこれを否定し、基本的人権の保障も、その実質的意義を失う惧れがある。公の不法行為責任を規定したことは、わが国の場合においては、特に意味があるという所以である」（田中二郎「公の賠償責任」『行政上の損害賠償及び損失補償』一四九頁）。

ワイマール憲法一三一条にも、同趣旨の規定が設けられたが、ドイツにおいては、それ以前から、国または公共団体の不法行為責任が認められていたが、憲法によって、あらためてそれを確認し、統一性を与える意味をもつに止まったのと対照されるべきである（田中・同書）。
(73)　このほか、国家賠償法は公法か私法かという問題がある。国家賠償法は、法令集では、公法の部に掲載されることが多いが（有斐閣版、三省堂版）、私法の部に掲載しているものもある（岩波書店版）。公法学者からみれば、行政の責任を定めた公法の一部ということになろうが、私法からいえば、不法行為の特則ということになる（公法説〔杉村敏正、有倉遼吉ほか〕、私法説〔今村成和、雄川一郎ほか〕）。以上につき古崎慶長『国家賠償法』一一頁（有斐閣、昭和四六年）。なお田中二郎「国家賠償法について」『行政上の損害賠償及び損失補償』一五七頁参照。
(74)　とりあえず、次掲参照。Davis, Administrative Law Text, 1972, chap. 25 ; (ibid)., Administarative Law of the Seventies, 1976.
(75)　アメリカ合衆国における国家賠償法については、別稿を予定している。裁量免責を中心にしたものとして、岩渕正紀「アメリカにおける政府の不法行為責任と裁量免責の法理(1)～(4)」判例時報七七五号、七七六号、七七八号、七七九号（昭和五〇年）。
(76)　乾昭三『注釈民法(19)』四一八頁。
(77)　村上義弘「判批」判例評論二四七号（判例時報九三一号）一六八頁（昭和五四年）（最判昭和53・7・4民集三二巻五号八〇九頁の評釈）。これに対する反論として古崎慶長「国家賠償法二条による瑕疵責任の限界」季刊実務民事法一（昭和五八年）。
(78)　営造物責任については、原龍之助『公物営造物法』一九二頁以下（有斐閣、昭和三二年）。

(79) 最判昭和53・7・17民集三二巻五号一〇〇〇頁。
(80) 本件の研究として、神田孝夫「消防職員の過失と失火責任法の適用」ジュリスト六九三号・昭和五三年重要判例解説（昭和五四年）、森孝三「消防職員の消火活動上の過失と失火責任法の適用の有無」ジュリスト六七三号九四頁（昭和五三年）。
(81) 拙稿「原因者負担金制度の私法的考察」道路セミナー一九八四年四月号二九頁以下。
(82) 最判昭和49・7・18日民集二八巻五号八九七頁。
(83) 最判昭和49・3・8民集二八巻二号一八六頁。
(84) 最判昭和53・2・23民集三二巻一号一一頁。

四　むすび——公法と私法論の現在

これまでみてきたように「公法と私法」という問題は、当初の問題とは問題の視角、性質が相当変わってきている。すなわち、公法と私法を対照し、すべてを対立的に考え、それぞれが自足的な法体系であるとする理解は、すでに姿を消し、今日では、公法と私法の差異を前提として、両者の関連を論じ、規定の不備な公法関係に私法を適用すべきかという問題として論じられている。こうした問題の視点の変化の背景としては、実定法制度——立法と判例を含めて——が変わってきたことのほか、行政というものが、複雑で多様な機能を果たすようになってきたことがあげられる。

本章では、今日における「公法と私法」という問題を、行政主体（国または公共団体）の法律関係を私人間の法律関係と別個の扱い（とりわけ行政主体優位の扱い）をすることが、どこまで許されるかという問題として位置づけ、立法論と解釈論のレベルにおいて検討してきた。一般的には、公法関係を私人間の関係と同様に扱おうとする傾向があるといってよいであろう。つまり、以前のような公法関係には私法は適用されないという考え方は、判例上も学説上も、さらに行政実務上も少なくなっているといえよう。したがって今日の問題は、いかなる場合に私人間の関係とことなった法的扱いが必要とされるか、であるといえよう。

私人間の関係に対応するような公法関係においては、私人間と同じ法規の適用がなされるべきであろう。民間の住宅の賃貸と公営の住宅の賃貸とでは、居住者資格の限定といった根本的な理念から来る面を除いて同等であるべきであろう。これに対して、私人間に対応関係のない問題――たとえば土地収用、課税、徴税等――については、行政主体に特有の法規は必要とされるが、適用されうる私法があれば、それによるべきであろう。

より新しい問題としては、行政主体を私人と同等に扱うだけでなく、行政主体であるが故に私人より不利益に、厳しく扱うかどうかの問題がある。これはすでに、国家賠償法や失火責任法の適用のところでふれたが、近時国、公共団体だから私人より厳しい義務や責任を課してもよいとする考え方が出てきている。国民の福祉実現のための国家の規制権限を拡大しようとする動きと重なるところもあるが、多かれ少なかれ、行政主体に終局的責任をもっていこうとする傾向がある。[85] それは一つの考え方ではあるが、国だから私人より責任を重くという考え方が妥当かどうかは、相当議論の余地があると思われる。

ところで、公法関係にも原則として私法を適用するという考え方は、私法は一般法で、公法はそれを修正する特別法であると考えるのに近い。行政法学者のなかでも、いわゆる公法・私法一元論ということで、統一的な公法体系の存在を否定し、行政法規（公法）は、民事法規（私法）で処理するのが不合理的な事柄について、民事法の例外を定めたものとする考え方がある。[86] 渡辺教授も、市民社会の普遍的原理である民法を、行政の都合のよいように勝手に変えるのはおかしいという視点に立っておられる。[87]

こうした考え方は、公法を私法と並ぶ同等のものと考える見解からいえば、おかしいが、公法の発展ということからいえば、理解できる。すなわち、ドイツにおける公法学の発展は、諸々の歴史的制約はあるが、私法学に対立するものとして生成してきている。[88] またイギリスにおいて、行政法が存在しなかったといわれるのも、私法こそがコモン・

ローであり、コモン・ローの修正として一九世紀末からの行政法の登場を迎えるにいたったのである。(89)

　このように、私法を母体として、それを修正するものとして公法を考えることは、決して公法を従属的なものとすることではない。特別法より一般法の方が重要というわけではなく、むしろ今日では特別法こそ、それぞれが独立の分野をなして、重要なものと考えられている。私法とはまったく異なる原理に支配されるとされ、公権力の恣意がまかり通ってきた時代を考えれば、行政主体といえども、私人と対等の法規律を受けるということは、権力に対するデモクラティック・コントロールという意味でも重要なことであると考えられる。

(85)　千葉地佐倉支判昭和46・3・15日判例時報六二四号三四頁は、いわゆる千葉大採血ミス事件につき、国の責任を認めたが、国は資力大であるから賠償額認定にあたり参酌するとして、合計一億円余の賠償を認めた（東京高判昭和47・3・21判時六六三号六五頁で約三分の一に減額された）ことがあるが、これなどは、典型的に国だからといった考え方に立っている。なお、アメリカ合衆国では、市や町の責任を、保険がかけられている場合にだけ認めるという考え方と対比せよ（G. R. Gibbons, Liability Insurance and the Tort Immunity of State and Local Government, 1959 Duke L. J. 588（1959）。

(86)　高柳信一「公法と私法」高橋勇治＝高柳信一編『政治と公法の諸問題』（東京大学出版会、昭和三九年）、今村成和『現代の行政と行政法の理論』（有斐閣、昭和四七年）、室井力「公法と私法との区別」『行政法の争点』（有斐閣、昭和五五年）、同『現代行政法の展開』第一編第一章現代行政と行政法の理論（有斐閣、昭和五三年）。

(87)　渡辺洋三「公法と私法——契約を中心として(1)〜(14)」民商三七巻五号以下。

(88)　塩野宏「公法と私法——第二次対戦前における学説の課題と展開」田中二郎博士古稀記念論文集・『公法の理論(上)』一六三頁。

(89)　近時英国において、あらためて私法と公法の区分論が論争されている。以下のもの参照。C. Harlow, "Public" and "Private" Law : Definition without Distinction, 43 Mod. L. Rev. 241（1980）（劉宗徳「紹介」法律時報五六巻六号一一七頁〔昭和五九年〕）; G. Samuel, Public and Private Law : A Private Lawyer's Response, 46 Mod. L. Rev. 558（1983）; J. D. B. Mitchell, The Causes and Effects of the Absence of a System of Public Law in the U. K, 1965, Pub. Law 95.

〔付　記〕

民法講座のために書いた論文。「公法と私法」というのは戦前から行政法においては、行政裁判所の管轄になるかいなかをめぐり、問題になり、戦後も行政主体の法律関係に私法を適用すべきか、それとも私法とは違った行政優位の法を適用すべきかについて論議されてきた。民法側からはあまり論じられてこなかったが、渡辺洋三、星野英一説などを取り上げて、実務と学説における論点を考察した。

公的主体は私人とは異なった方によるべきであるとする、行政の優位を批判する考え方からさらには伝統的な公私の分け方が崩れ、新しい法領域（経済法、消費者法、環境法）がうまれている。更に 第三セクターの登場、公法人の民営化、独立行政法人への改組といった新しい傾向のなかでも論議されている。二五年前とは状況は異なるが、論点自体は基本的にはかわっていない。

水林彪『近代民法の本源的性格』民法研究5号（二〇〇八）がフランス法を中心にして、公法との関係で私法の位置づけをしている。

公と民とパラレルになるものとして民と刑があるが、これをある角度から書いたのが「*5*　民事法の正義と刑事法の正義」である。

4　日本における判例拘束性

（一九九七年）

一　はじめに

日本は、制定法主義の国であり判例法主義をとる国ではないにも拘わらず、判例ないし判例法への関心は、きわめて高い。社会の複雑化とともに、新しい問題が登場してきて、もはや、立法ではカバーできないため、裁判所が頼りにされ、裁判所の判断が、先例ないし判例として尊重されるといった事情はある。しかし、それにとどまらず、制定法主義をとっても、判例が先例的役割を果たすことに基づいている。

このように判例というものが、裁判においてのみならず、社会においても重視されることは、社会の安定化と秩序化（ordering）に、大きく役立つことになる。しかし、その反面、判例が、硬直的になり、妥当性を欠くこともあり、様々の不都合な結果をもたらすこともおこりうる。さらに、最上級審による、一元的支配の危険も指摘される。

裁判所が、多かれ少なかれ先例を尊重するといっても、その方法には、きわめてヴァラエティがある。何を先例とするか、また先例の拘束力をどの程度強いものと考えるか、さらに先例拘束性の根拠は何かである。判例の拘束性といっても、きわめて多様であることは、後に見るが、日本の判例拘束性について、一九八〇年一月から八九年九月まで一〇年近く最高裁判事をつとめられた伊藤正己元裁判官は、次のように注目すべき指摘をされている。

「わが国の裁判所における判例尊重の態度はきわめて高いものであると考えてよいであろう。私には判例法国といわれる英米法等の国々と比較しても、判例の価値がより高く評価されているのではないかと感じられることが多かった[1]」

伊藤元裁判官は、判例法主義の英米法の研究者であり、任官前あまり実務に携わってこられなかっただけに、右の感想は、貴重である。

以下では、この指摘を軸として日本における判例拘束性の特質を考えてみたい。

まず、判例法主義と判例拘束性について概観したあと、日本における判例拘束性——沿革、根拠、実際——を検討し、判例法主義といわれるアメリカにおける先例拘束性の問題——何が先例となるか、先例の矛盾について——についての近時の議論を紹介し、最後に、日本の判例拘束性の特質と、その特質をどのように説明し評価すべきかを考えたい。

本章は、数十年にわたり、判例の問題を研究し続けて来られた新井正男先生に対し、きわめて貧しいながら、判例について考えたことをまとめて献呈しようとするものである。もとより、十分な準備もなく、日頃考えているところをまとめたものにすぎないが、先生の研究[2]に啓発され、常日頃示唆を受けてきた者の一人として、感謝をこめて献呈させていただきたい[3]。

（1）伊藤正己『裁判官と学者の間』（有斐閣、一九九三年）四九頁。

（2）新井正男『判例の権威』（中央大学出版部、一九八七年）、同「科学としての判例法」法学新報（桑田三郎教授退職記念）九八巻一・二号（一九九一年）。

（3）判例（precedent）に関する、最近のもっとも重要な研究は、次のものである。巻末には、二五頁の文献目録がついている（ただし、必ずしも包括的ではない）。Laurence Goldstein : Precedent in Law, Clarendon Press 1987, Pbk 1991.（以下 Goldstein : Precedent と略）定評のあるものとして R. Cross : Precedent in English Law 1961, 3 ed, 1977, がある。Atiyah & Summers : Form and Substance in Anglo-American Law, A Comparative Study of Legal Reasoning, Legal Theory, and Legal Institutions, Clarendon Press 1987.

日本の文献としては、中野次雄編『判例とその読み方』（有斐閣、一九八六年――以下中野編判例と略す）があり文献目録がある。

二　判例法主義――判例拘束性

(1)　制定法主義と判例法主義

まず、判例法主義とは何かについて考えておきたい。判例法主義は、制定法主義と対比して、裁判の基準が裁判例に求められるか、制定法のかたちになっているのかによって区別されている。ドイツ、フランスは基本的な法が、法典化されていて、裁判は、その適用、解釈というかたちで行なわれているから制定法主義であるとされる。[4]これに対して、イギリス法、そしてそれを継受したアメリカ法は、[5]法典から出発するのではなく、まず裁判例があり、それから導かれたルールが基準となって、裁判がなされるから判例法主義であるといわれる。

しかし、今日では、こうしたイデアルティプスともいうべき制定法主義、判例法主義はどこの国にも存在しておらず、いかなる国の法制度も、制定法と判例法の混在したもので、出発点と重点が、制定法であるのか、判例法であるのかの違いにすぎないことは、つとに指摘されていて、あらためてのべる必要はないともいえる。

そして、日本の場合、明治時代にドイツ、フランスにならって、法制度がつくられたという経緯から、制定法主義であるとされているが、その後判例法主義の考え方が、大幅にとり入れられていることが、くりかえしに指摘されている。判例法主義の考え方がとられているとはいっても、その根拠がどこにあるのかを問い直すと、必ずしも明確ではない。単に、事実上、判例が、裁判において重視されているということなのか、判例を一種の裁判基準として、採用することが、法的に承認されているのかである。

以下では、日本では、先例に拘束力ありという考え方がとられているか、とられているとすれば、その根拠はどこに求められるかを見ていくことにしたい。

(2)　判例拘束性

判例に拘束力があることは、コモンローの国では一般的なものであるが、その内容には、きわめてヴァラエティがある。拘束力については、いくつかのタイプがある。

第一は、垂直的拘束性（vertical stare decisis）であり、階層的に上級審の判決に拘束されるというものである[6]。ときには、階層的（hierarchical）ということばも使われる。これは、法の統一に重点があり、イギリスでは、一九六六年まで、貴族院の判決は、きわめて強い拘束性があるとされてきた[7]。

第二は、水平的拘束性（horizontal）である。つまり、同じクラスの裁判所（同じ裁判所を含む）間でも、先例がある限りは、それに拘束されるとするものである。

第三に、拘束範囲について、法理を基準にするのか、事案中心かである。裁判のなかでのべられたルールを重視するか、それとも事案類型に対する判断内容を重視するかである[8]。

一般に先例の引用には、二つの機能が区別される[9]。一つは、拘束的先例ともいうべきもので、ある判断をなすにあたっての拘束的なものであり、命令的（imperative）権威ともいわれる。他は、説得的先例（persuasive）ともいわれるもので、拘束されるからというより、むしろ判決の正当性の説得のために援用されるものである。もっとも、この区別自体、難しいうえ、あまり重要ではない。

（4）　制定法主義と判例法主義は、裁判の基準を何に求めるかに注目して法制度を分類するものである。さらに歴史的に法の生成が、制定法によるのか、裁判によるのかとも関連する。

制定法主義か判例法主義かは、大陸法系とコモンロー（英米法）系という二つの西洋法系を分けるものとしてあげられる。しかし、真先にあげられる制定法か判例法か、のほかに、ローマ法の影響があるか否か、法命題を抽象的かつ体系的にのべ、一貫性、体系性、高度の一般化に重点をおくか否かも、大陸法系とコモンロー系を分ける基準である。参照 A. von Mehren : Law in the U.S.A, General and Comparative View.（1988）Kluwer, p.3.

（5）さらに、英米法とはいっても、イギリス法とアメリカ法では法の存在形態、法の実質的内容が、異なる。そして、判例拘束性についても、以下に見るように、大きな考え方、制度の差異がある。両者の差異を論ずるものとして参照。

Kahn-Freund : English Law and American Law-Some Comparative Reflections, Essays for Roscoe Pound（1962）, reprinted in Selected Writings chap. 13（1978）.

A. Goodhart : Conflicting Principles in English and American Law, 47 Tex L. Rev.793（1969）.

R. Pound : The Development of American Law and its Derivation from English Law, 67 Law. Q. Rev.49（1951）.

判例法に関する比較法的考察として参照。大木雅夫「先例の価値 その拘束性をめぐる比較考察」野田良之博士古稀記念論集『東西法文化の比較と交流』所収（有斐閣、一九八三）スペインについて、野田良之「エスパニア法における民主判例の地位」石崎政一郎博士記念論集『現代ヨーロッパ法の動向』（勁草書房、一九六八）。

（6）vertical, horizontal の区別は、Peter Wesley-Smith : Theories of Adjudication and the Status of Stare Decisis in Goldstein : Precedent pp.73-81による。

（7）新井『判例の権威』第七章、田中英夫「イギリスにおける先例拘束の原理の変更について」法協八四巻七号（一九六七年→同『法形成過程』（東京大学出版会、一九八七年）所収）。

Leach : Revisionism in the House of Lords : The Bastion of Rigid Stare Decisis Falls, 80 Harv, L. Rev.797（1967）. J. Langbein : Modern Jurisprudenee in the House of Lords : The Passing of London Tramways, 53 Corn. L. Rev.807（1968）.

（8）判例引用がもつ意味について参照。

Landes & Posner : Legal Chenge, Judicial Behavior, and The Diversity Jurisdiction, 9, J. Legal Stud.367（1980）. Landes & Posner : Legal Precedent : A Theoretical and Empirical Analysis, 19 J, Law & Econ, 249（1967）.

（9）何が拘束するかについては、とりあえず参照、中野編判例。

三　日本における判例拘束性

まず、日本に判例拘束性があるかであるが、事実としてはあるといってよい。少なくとも、日本では、いかなる判例にも拘束力はなく、これを重視する必要はなく、先例と無関係に裁判してよいという考え方はとられていない。

しかし、判例に拘束力があるということが、法制度上公式に認められているわけでもない。

憲法七六条三項によると、裁判官は「憲法と法律」のみに拘束され、良心に従って独立して裁判すべきものとされている。したがって、先例に拘束されてはならないとも考えられる。しかし、後に見るように、判例変更に消極的な規定があること、また、判例違反が上訴理由になっていることから、先例の拘束性が認められているとまではいえないが、それが前提とされているといいえる。

以下では、明治以来の沿革をふりかえって、判例拘束性に関する、日本の扱いを見ておきたい。

(1)　判例拘束性の沿革

明治初年には、判例拘束性を否定する考え方が、とられていた。すなわち、明治八年太政官布告一〇三号裁判事務心得の第四条は、「裁判官の裁判したる言渡を以て将来に例行する一般の定規とすることを得す」としている。[10]

条理を法源とした第三条で有名なこの太政官布告は、公式には今日まで廃止されていないとされるが、[11]そうだとすれば、先例は「一般の定規」とすることはできないことになる。

この太政官布告がどういう経過の下に、「判例の法源性を否定する」[12]条文をもうけたのかについては、明らかではない。明治八年といえば、いまだイギリス法の考え方が紹介される前であり、何故、判例の法源性を先んじて封じたのかは、きわめて興味のある問題である。[13]

この後、東京開成学校（後の東京法科大学）において外国人教師H・テリー[14]が、英米法を講義し、明治一八年に出版された『法律原論上下』(元田肇訳)では、先例 (precedent) についての説明があることは、川島武宜博士[15]の研究によって明らかにされている。しかし、その後、明治二〇年代の法典編纂期においても、判例に関する議論はない。明治二三年の法典論争における、法典延期論は、法典不要論ではなく、法典の内容への不満であった[16]。

明治八年に設置された大審院[17]は、その後数多くの判決を出しており、先例拘束の考え方がとられていたか否かは別として、先例は堆積していた[18]。

このあと、明治二三年に制定された裁判所構成法四九条は、大審院が、判例を変更するにあたっては、連合部を組織して裁判しなければならないとした。この手続は、大審院のある部で、上告事件を取調べた結果、法律の同一点についてかつて一もしくは二以上の部においてなした判決と相反する意見を有するに至ったときは、その部はその旨を大審院長に報告し、大審院長は其報告により事件の性質に従って民事または刑事の総部または民刑連合部を開き、その部において改めて上告事件を審問し、裁判をすることを命ずるとしていた[19]。

太政官布告の規定があるにも拘わらず、大審院判決録が公刊されるようになると大審院の判決は、裁判所により先例として、踏襲されるようになってくる。もっとも、当初は、判例は学説と並ぶ解釈の一つとしてしか見られていなかった[20]。

これに対して、判例を重視すべきことを強調されたのは[21]、末弘厳太郎博士であり、それは大正一〇年の『判例民法』の序文に見える。判例研究会の発足にあたって、主唱者の末弘博士は宣言ともいうべき序文のなかで、次のようにのべておられる[22]。

「判例が法源となるや否かの問題を論争すべき時は既に過ぎた。理論的に謂へば今尚議論の余地は無論ある。併し判例を度外視して現行法の何たるかを知ることは今や、全く不可能となった。それは議論にあらずして事実である。而かも確定した事実である」

この宣言にのべられた、大審院判決録の編集方針についての末弘博士の批判を受けて、翌大正一一年から、大審院は、これまでの民事、刑事の「判決録」から、民事、刑事の「判例集」を刊行することになる。もっとも大きな変化は、これまでの判決全文のほかに、「事実」として、下級審判決からの事実概要をも掲載するようになったことである。これまで判決でしかなかったものを、判例として提示しようとする意図があったものといえるか否かの問題がある。川島博士は、判例集の刊行の際、「大審院が自ら「先例」とする価値ありと認めて選択しそれを「先例」とする意図のもとに「判例集」に収録して公刊したものが「判例」（「裁判上の先例という意味での）となる（正確には、なるのだ、とする考え方（いわゆる「公認理論」）があった」と指摘されている。(23)

戦後、司法制度は大きく変わり、裁判所法（昭和二二年法五九号）が制定されたが、判例の拘束力については、差戻判決の下級審に対する拘束力（四条）のほか、最高裁の小法廷で裁判できない事件として、「憲法その他の法令の解釈適用について、意見が前に最高裁判所のした裁判に反するとき」をあげている（一〇条三号）。

この規定は、裁判所構成法とほぼ同じ考え方に立つもので、判例変更を慎重にすべきであるとするものである。つまり、判例変更そのものは、可能であるとしつつも、変更は、より入念に大法廷による審理を経なければならないというかたちで、判例の拘束性を認めたものである。

最高裁判所は、大審院と同じく「公認理論」に立脚して、昭和二一年から最高裁判所判例集を刊行した。注目されるのは、高等裁判所の判決についても、高等裁判所判例集を刊行しているが、下級審については、「下級審裁判例集」を刊行していることである。この区別は、下級審判決は、「判例」とならないという明確な考え方のもとに、両者の質的差異を示したものとされる。(24)

こうした裁判例集の刊行自体、最高裁判所の「判例」の考え方を示すものといってよいが、このような判例のとらえ方に、問題があることは、川島博士が鋭く分析批判されている。

(2)　上告理由としての判例違反

判例変更に関する裁判所法の規定のほかに、判例の拘束性を示すものとして、判例違反が上告理由となるかという問題がある。

すなわち、刑事訴訟法四〇五条は、上告申立理由として、原判決が、「最高裁判所の判例と相反する判断をしたこと」(二号)をあげている。この規定の背後には、最高裁判所の判例と異なる下級審判決を避けようとする考え方、つまり、判例を最高裁レベルで統一しようとする考え方がある。[25]

このことは、二号に次いで三号で「最高裁判所の判例がない場合に、大審院もしくは上告裁判所たる高等裁判所の判例又はこの法律施行後の控訴裁判所たる高等裁判所の判例と相反する判断をしたこと」を、上告申立理由としていて、高等裁判所のレベルにおいても、対立する判例の存在を避けようとしていることが伺われる。

刑事法における判例が、いかなる場合に存在しうるかは、議論があるが、それは別としても、判例を統一しようとする考え方は注目に値する。刑事法における、均等取扱いをめざすものであろう。[26]

民事訴訟法においても、三一二条(旧三九四条)で、法令違反を上告理由としているが、民事訴訟規則四八条は「判決が最高裁判所又は大審院若しくは上告裁判所である高等裁判所の判例と相反する判断をしたことを主体とするときは、その判例を具体的に示さなければならない」として、判例違反を、法令違反の一つとして、いかなる判例であるかの指示を上告人に要求している。この規定も、刑事訴訟ほど明確ではないが判例の不統一を避けようとする考え方に立つものといえるであろう。[27]

(3)　法領域による差異

一口に判例というが、どの法領域であるかによって、判例の役割は異なっている。

まず、刑法の分野では、罪刑法定主義との関係で、法の欠缺を、判例といえども勝手に埋めることができないという制約がある。[28] 民事法では、法の欠缺を埋めるのは、重要な解釈作業であるのと対照的である。

もっとも、罪刑法定主義とはいっても、類推解釈は許されると考えられていて、たとえば、刑法一二九条は、「過失により「汽車又は電車」を転覆させた者」を無期又は三年以上の懲役としているが、ガソリンカーの転覆について、刑法一二九条にあたるとした判決があり（大判昭和15・8・22刑集一九巻五四〇頁）この判決は、判例として、たとえばディーゼルカーの転覆についても、援用されている。

また、テレホン・カードその他のカードの偽造が、刑法一六二条の有価証券偽造罪にあたるかについても、カードが有価証券といえるかが争われ、判決は有罪、無罪と分かれたが、刑法一六一条の二が制定されて（平成一三年）解決された。

憲法の分野においては、日本の特殊事情であるが、判例は、従たる地位にある。つまり、憲法については、学者により解釈されたものが憲法であるというのが、学界の一般的な考え方である。ほとんどの教科書、概説書は、憲法上の解釈を列挙したうえ、判例はこれこれであるとして、判例は、学説の一つであるかのごとく、扱われている。[29]

民事法の分野では、法の欠缺を補うことは、法解釈のもっとも重要な役割、使命であると考えられているので、判例のもつ意味は、きわめて重要である。そして、民事法とりわけ民法の判例研究が、最も多くかつ徹底的に行なわれてきたことは、末弘博士、そして川島博士の業績に明らかである。民法において、判例は一般に法源の一つとして扱われている。[30]

末弘博士により始められた判例研究(会)は、大正一〇年以来今日まで休みなく続けられ、判例評釈が重要な学問的作業となった。当初は、民法、民事法の領域だけであったのが、公法、そして刑法さらに、税法、労働法といった特別法の領域にも拡がっていった。

しかし、判例研究といっても、その方法はきわめて、ヴァラエティがあり、裁判によって新しく法がつくられるという理解から判例法を確定するタイプ、裁判になった事例について、判決を参考にしながら、妥当な解釈をさぐるといったタイプ、さらには、いわば第四審的に裁判を正しく導くために、学問的視点から批評を加えるタイプのものもある。(31)

(4)　判例拘束性の正当化

このように判例に拘束力があるとみてよいが、その正当化根拠をどこに求めるべきであろうか。正当化根拠というのは、法的根拠と区別して、判例に拘束力があるとする運用をすることが、いかなる根拠によって正当化されるかである。したがって、これは、法のような権威を意味するものではなく、より理論的、または論理的な根拠を意味している。(32)(33)

第一は、何といっても、公平である。同様な事件は、同様な解釈をしないと、不公平である。裁判制度には、一般に選択（ショッピング）の余地はないとすれば、強制的に管轄の定まる裁判所によって、裁判の結果の差異が生まれるのは好ましくない。好ましくないというにとどまらず、不利な扱いを受けた者は、より有利な扱いを受けた者と対比して、平等（保護）違反を主張するであろう。

もっとも、訴訟になる事例は、すべてがそれぞれ特色をもっていて、そうした特色が、異なった法的扱いを正当化するともいえる。しかし、特色はあっても、本質的に近似しているのであれば、やはり同様の判決がなされるのが、平等の理念にかない、均等取扱いといえる。

第二は、安定性である。一たん裁判が下されると、その事件と同様の事件の当事者は、それがあたかも新しい法であるかの如く受けとる。勿論、同じ事例についての判断についていえることではあり、事例が異なれば、そして相違点が異なった判断を正当化するような場合には、異なった判断は是認される。

したがって、いかなる事例が、同じ判断がなされることを保障するほど類似しているかにかかっている。

何よりも、先例があるため、それに依拠した活動をしていたところ、先例と異なった判断がなされるというのは、不意打ちの面がある。ただ、先例が下級審段階のものであれば、先例と異なる判断がなされることは、少なくない。しかも、日本では、拘束力のあるのは最高裁判決だけであるとされているから、下級裁判所は、他の下級審の先例とならば、異なる判断をすることは構わない。それにも拘らず、安定性という点からは先例の踏襲は重要である。

第三に、便宜をあげてよいであろう。裁判事務の処理にあたって、先例が存在する場合、先例によることは事務処理を簡潔にするばかりではなく、正確にするという面がある。[34] これは、訴訟経済に資するというい方もなされる。

(10) 太政官布告一〇三号については、杉山直治郎博士の研究がある。「明治八年布告第百三号裁判事務心得と司法法源」『法源と解釈』（有斐閣、一九五七年）。
三条は、「民事の裁判」に限っているが、その他は、民事に限っておらず、四条はあらゆる事件についてのものである。

(11) 廣中俊雄『民法綱要第一巻総則上』（創文社、一九八九年・四二頁注(1)、星野英一『法学入門』（放送大学教育振興会、一九九五年）一六八頁。

(12) 杉山・前掲注(10)七頁。

(13) 明治初年に、江藤新平に命じられて、箕作麟祥が、フランス民法を、「速訳」していて（穂積陳重・『法窓夜話』）、フランス民法の判例の法源性を否定する考え方が、参考とされたのではないかという推測ができる。しかし、まったくの推測である（野田良之「日本における外国法の摂取・フランス法」『現代法14・外国法と日本法』一九九頁(29)。
なお、チリでは、先例拘束性がとられていないため、裁判所は、同様の事件にことなった判決をすることができるという。ただし、先例をオーバールールする重大な事由がない限り、異なった判決をすることはないという（**J. H. Merryman : The Civil Law Tradition, 2ed**（1985）**p.137**)。

(14) 一八七七—八四年、一八九四—一九一二年の二度にわたって日本で教えた **Henry Terry**（1847-1936）については、高柳賢三博士の研究がある。「H・T・テリー先生の追想」（『米英の法律思潮』（海口書店、一九四八年）三一五頁）『法律原論』は **The First Principles of Law 1878** の訳であるとされ、先例に関する部分は、川島武宜「判決と判決例」兼子一博士還暦記念『裁判法の諸問題下』（有斐閣、一九七〇年）六五八頁注(六)）に訳されている。
なお、伊藤正己「日本における外国法の摂取・イギリス法」『現代法14・外国法と日本法』（一九六六年）二六五頁も参照。

(15)　川島『判決と判決例』六五八頁。
(16)　法典延期論は、英法派が多かったから、英法のように、判例法主義でいくべきであるという根拠で、法典実施に反対したのではないかと推測されるが、延期論には、法典不要論は見られない。
「法典施行の延期論はまさに延期の主張にほかならないのであって、イギリス法学派も、法の歴史性を強調しつつも、結局は西洋法を摂取すること自体に反対するものでなかった」伊藤正己・前掲注(14)二七五頁。
(17)　大審院は、明治八年四月一四日に、設置され、五月二四日布告九一号で、大審院諸裁判所職制章程が布告された。
(18)　明治前期大審院判例集が、明治前期大審院判決録刊行会により公刊されている。
(19)　裁判所構成法については、長島敦『現代法学全集』(一九二九年)、大森洪太『法律学辞典第二巻』(一九三五年)。
(20)　日本評論社編集局編『日本の法学回顧と展望』(日本評論社、一九五〇年)。
(21)　我妻博士は、戦後連合部判決を重視され、ジュリストに、「連合部判決巡歴」を連載され、後に本にまとめて、出版された(一九五八年)。
(22)　末弘厳太郎『判例民法』序(一九二一年)。
(23)　川島・前掲注(15)六六一頁。
(24)　三渕乾太郎「判例集編纂の現状──最高裁の民事判例に関して」法律時報三四巻一号五七頁。
(25)　団藤『新刑事訴訟法七訂版』(創文社一九八一年)五三六頁、松尾浩也『刑事訴訟法・下Ⅱ』(弘文堂、一九九〇年)二四四頁。
(26)　松尾浩也監修条解『刑事訴訟法増補補正第二版』(弘文堂、一九九二年)八四〇頁。
(27)　三ケ月章『民事訴訟法第三版』(弘文堂、一九九二年)。
(28)　中野次雄「判例は実務を支配する」中野編判例二八頁。
松尾浩也「刑事法における判例とは何か」法セミ二七九号(一九七八年)四頁。
(29)　憲法判例については、樋口陽一「判例の拘束力・考──特に憲法の場合──」佐藤功先生古稀記念『日本国憲法の理論』(一九八六年)六七五頁。
佐藤幸治教授は、憲法判例に、最高裁判所も、下級裁判所も拘束されるとされる。ただし、判例のなかでもratio decidendiすなわち、結論それ自体ではなく、その結論に至る憲法規範的理由であることに留意すべきであるとされる(佐藤幸治『憲法〔新版〕』二三頁有斐閣、一九九〇年)。

日本の憲法の解釈とよく似ているのが、フランスにおいて判例のもつ意味である。フランスでは、破棄院判決は、大きな意味をもっているが、それでも、判決そのものが判例「法」になるわけではなく、判決はあくまで一つの解釈例であるにすぎない。法(源)はあくまで法文であり、判例は、参照価値があるものの、これと違った判決ができないというわけではない。したがって、判例変更ということもありえないことになる。

(30) 川島博士は、民法の法源を裁判の規準たるべき規範と定義され、制定法、慣習法、条理に次いで、判例をあげられ、裁判所は先例にしたがって裁判しており、そうでない裁判は上級審で破棄されるというサンクションが存在しているから、先例性が公に承認されていなくても、判例を法源といってよいとされる『民法総則』(有斐閣、一九六五年)二七頁以下)。

四宮和夫教授は、『民法総則第四版』(弘文堂、一九八六年)で、民法の法源として、制定法、慣習法、条理に次いで、判例をあげられ、同種の事件に適用されうる一般的規範が潜在している裁判は、当然にはその後の裁判官を拘束する「法」ではないが、上告裁判所の裁判が、後の裁判に対する法的拘束力を持つために、判例という特殊な法源が成立するとされる(九頁)。

星野英一教授は、『民法概論I』(序論・総則)(良書普及会、一九七一年)では、紛争解決規準としての法源として、法律(成文法、制定法)、慣習(法)、に次いで、判例(法)をあげているが、判例をよりどころとして裁判せよという意味ではないが、裁判所が実際上尊重しているという意味で法源であるとされる(三五頁)。

近作の、『法学入門』(放送大学教育振興会、一九九五年)では、裁判所で適用されるべき規範として「成文ノ法律」「習慣(慣習)」「条理」をあげられ、「判例」は法源か否かが問題になるものとして論じられ、最高裁判所の判決は、事実上強い拘束力を持つ、社会学的意味での「法源」であるとされる(一七〇頁)。

(31) 判例研究の方法については、参照、判例研究の方法(法社会学(一九六〇年))。

(32) 以下について、山田他『民法・総則Ⓢシリーズ第二版』一四頁(有斐閣、一九九五年)。

(33) イギリスやアメリカでは、先例の尊重は「過去は、それ自身で、権威のあるものである」とする、伝統を重んずる考え方と結びついている。この点を考察するものとしてA. Kronman : Precedent and Tradition, 99 Yale L. J. 1029 (1990)が示唆に富む。他に参照D. Luban : Legal Traditionalism. 43 Stan L. Rev. 1035 (1991).

(34) 心理学者W・ジェームズは、習慣に従うことの実際的適用を次のごとくまとめているが、裁判官が先例に従う場合にもあてはまるであろう。第一は、「習慣は一定の結果を達成するに要する運動を単純化し、一層正確にし、疲労を減少する」、次に、習慣はわれわれの動作をなすに伴う意識的注意を減少する」という結果をもたらす。ジェームズは音楽の演奏を例にとっているが、法的思考にもあてはまる(Principles of Psychology (1890) chap Ⅳ. 今田恵訳『ジェームズ論文集』世界大思想全集・哲学文芸思想編(河出書房、一九五六年))。

四　アメリカ合衆国における判例拘束性

このように、日本でも判例拘束性の考え方がとられているといってよいが、日本のプラクティスを特色づけるため、アメリカにおける対照的なプラクティスを紹介しておきたい。

アメリカは、判例法の国であるといわれるが、その判例法主義にはきわめて特色がある。[35] まずイギリスの判例法主義と対比して、次の点を指摘することができる。

(1)　イギリスとの対比

イギリスでは、判例がきわめてきびしく拘束しているといえるが、アメリカは必ずしもそうではない。アメリカでは判例法主義がとられているということと、現実に判例に拘束性があるかとは、別の問題である。

第一に、イギリスは、連邦制をとっていないため、法制度が一元化されており、歴史的にはきわめて長いが、先例の検索は、さほど困難ではない。これに対して、アメリカは、五〇の州が、独立の法（制定法、判例法）を持つほか、連邦レベルにも法（制定法と判例法）が存在するため、ある事件についての先例をさがすのは、きわめて難しい。少ないために難しいというのではなく、多すぎるために発見が難しいのである。

第二に、イギリスにおいては、何が先例になるかが、きわめて厳密に決定される。[36] 関連のある判決のどこの部分が、先例となるかについて、判決理由（ratio decidendi）と傍論（obiter dicta）との区別、さらには事案の比較のなかから、区別（distinguish）のテクニックが、発達した。[37]

アメリカでは、イギリスのような先例の発見、解釈の問題は、あまり論じられない。

第三に、イギリスでは一九六六年に至るまで、きびしい先例拘束性がとられてきた。一九六六年以後、先例拘束性は、かなりゆるやかになってはいるが、それでも、先例による裁判という建前は存在している。

これに対し、アメリカでは、先例が存在していても、これに従うべきであるとする考え方は強くない。法の統一を使命としている連邦最高裁判所においても、先例の変更は、比較的自由に行なわれており、裁判官の交代による先例の変更も、珍しくない。(38) さらに死刑の合憲性のように、以前の判決の結果が好ましくないと考えられる場合に、その是正のため度重なる判例変更が行なわれることも珍しくない。

これはアメリカでは、イギリスのような過去への敬意がうすく、むしろ現在の問題をプラグマティクに解決していこうとする傾向が強いことによる。

イギリスでは、判例拘束性（stare decisis）が判例に拘束されることそれ自身ルールなのか、単なるプラクティス（慣行）なのかが争われている。(39) もし、判例拘束性が判例であるとすれば、判例によって、それを変更できることになるが、プラクティスであるとすれば、判例変更によって、改めることはできない。これは、一九六六年の貴族院の先例拘束性をゆるめるにあたって問題になった。

以下では、以上のような特色をもつアメリカの判例法、判例の拘束性の問題のうち、連邦裁判所は、州際事件（diversity cases）のように州法の適用が問題になる場合に、州の判例法に拘束されるか、それとも、連邦裁判所自らコモンロー（Federal Common Law）をつくることができるかという問題、および、連邦巡回区における判例法の矛盾とその統一をめぐる問題を紹介したい。

(2)　連邦裁判所における判例

まず、ある事件に適用されるのが、どの（判例）法であるかが、問題になる。

連邦裁判所の事件では、連邦法だけでなく州法も適用される。ただ、州法とは、何をいうかについて、いわゆる「連邦コモンロー」をめぐるはげしい争いがあり、いまだ結着していない。(40)

すなわち、連邦裁判所が扱う州際事件においては、当然いずれかの州の州法が適用されるわけであるが、州法には、州の制定法のほか、州裁判所が形成した判例法が含まれるかどうかが争いになり、一八四二年のスウィフト対タイスン事件は、州の判例法には拘束されないとし、以来連邦裁判所による判例法すなわち「連邦コモンロー」が形成されてきた。

しかし、一九三八年最高裁判所は、イリー対トムキンス判決でスウィフト判決をくつがえし連邦裁判所は州の判例法に拘束されるとされた。つまり、連邦裁判所は、独自に州法を形成することはできず、州裁判所の判例に拘束されるとしたのである。ところが、この判決にも拘らず、連邦裁判所は、独自に州レベルの判例法を形成しつづけている。連邦コモンローの論争でもわかるように、ある裁判所が、尊重し、拘束される判例法が何であるか自体について、争いがある。したがって、拘束的な判例法とは何かが問題になるのである。

(3) 連邦控訴裁判所における判決の矛盾

連邦裁判所は、地方裁判所——控訴裁判所——最高裁という三審制をとるが、近年連邦裁判所の係属事件が増加し、そのうちかなりが控訴され、控訴裁判所のパネル(三人合議)で審理される。ところがパネルの判決には、矛盾があるとされる。

たとえば、一九八七年に、第九巡回区内の弁護士と地裁判事になされた調査において、「同じ問題について、第九巡回区内のパネルの間に一貫性がある」というステートメントについて、弁護士の五九パーセントと、地裁判事の二四パーセントは、不同意を表明し、弁護士の一八パーセントと地裁判事の二四パーセントは強い不同意を表明しているという。(41)

こうした矛盾の解決のために、連邦最高裁判所があるわけであるが、最高裁判所は、いわゆるサーシオレイライ(裁量上告制)という制度により、上告審で扱う事件を選択する機能を有していて、控訴裁判所の判決間の矛盾のすべてをレビューするわけではない。(42) アメリカの連邦巡回区内の裁判所の間ではもちろん、同一巡回区の裁判所内でも、判決の矛盾は、きわめて多く、どのようにして一貫性を保つかが問題になっている。

とりわけ、適用されるべき判例が、同じレベルの裁判所の間で対立していることも珍しくはない。そうした場合、より上級の裁判所が統一することができ、統一するような判決が出されているが、対立するすべての問題について、統一的対処がなされているわけではない。

この問題については、A・D・ヘルマン教授の連邦第九巡回区についての研究[43]があるので、紹介しておきたい。

連邦第九巡回区は、アメリカの西部の広大な地域、九州をカバーする控訴裁判管轄区であり、裁判官は二八名で、全員が一カ所にいるわけではなく、シアトル、ポートランド、サンフランシスコ、ロサンジェルス、サンディエゴ、フェニックスなどにいる。この巡回区の扱う事件は、一年に二五〇〇件（一二の巡回区事件の六分の一）を数え、九〇〇件の意見付判決を出している。ヘルマン教授は、一九八三年に、この巡回区で出された判決を検討し、対立する判決を分析している。

ヘルマン教授は、第九巡回区裁判所の巡回区内矛盾（intracircuit conflict）のいくつかの類型を紹介する。第一は、前後の判決の衝突であるが、矛盾するかに見えても事案をことにする場合、傍論においてことなった判断をしている場合、さらには、同じルールを適用しているが反対の結果を導いている場合などがある。

第二段階としては、サポーティングな先例であるか、コンペリングな先例であるかという分け方でみるのと、先例に対する合理的な依存（reasonable reliance）があったか否かにより、いくつかの対立的な先例を検討する。

第三段階として、衝突するかに見える判例を一貫性（cogency）と明確さ（clarity）という視点から説明できるかを、論ずる。

次いで、後の裁判所が、一見矛盾する判例を先例としてふれていない場合と、同じ問題について、複数の判決が存在する場合がある。以上のような、巡回裁判所内の矛盾のタイプを前提として、ランダムに抽出された一九八三年と一九八六年のそれぞれ二二、二三パーセントの判決を検討する。アメリカでは、先例拘束性の法理は、必ずしも、制度的なものではなく、階層的先例の法理をどのように、正当化すべきかが議論されている。

カミンカー教授は、「下級裁判所は、何故上級裁判所の判決に従わなければならないのか」と題する論文[(44)]で、階層的先例（垂直的先例拘束）の正当化を、形式的正当性と、帰結的正当化に分けて論じている。

カミンカー教授は、下級審は上級審判決に拘束されるとする法理（hierarchical precedent）の正当性を二つに分けて論ずる。第一は、形式的正当化であり、とりわけ憲法上、この法理が必要とされているか、の問題である。第二は、この法理が、そのもたらす帰結から正当化されるかであり、先例への拘束がよい結果をもたらすかという観点から検討する。

このような先例無視ないし軽視が、何故なされるのか。カミンカーは次の三つをあげる。

第一は、先例の見落し、または不知である。判例検索については、以前はシェパードの引用録[(45)]、今日では、レクシス、ウエストローといったデータベースでコンピューター検索ができるようになってはいるが、あまりに多いために、かえって見落しがでてくる。

第二は、時間的な問題であり、ある判決が内部的になされても、言渡までに日時がかかれば、その判決は、外部から知ることはできない[(46)]。また、すべての判決が公刊されるわけではないことも、矛盾の原因といえる。

第三に、自己に有利な判決で適用可能なものについての訴訟代理人の不知もあるといわれる[(47)]。

（35）　判例が、先例として拘束性をもつためには、最低限それが公表され、その存否を調べられるようになっていなければならない。先例の公表と先例拘束性については、グランヴィル、ブラクトンの時代のイギリスから、レクシス、ウエストローにいたる、判例のリポートを論じた次の論文参照。Susan W. Brenner : Of Publication and Precedent : 39 De Paul L. Rev. 462（1990）.

さらに、遡れば、アメリカの諸州は、当初はイギリスの判例を、根拠として引用していた。もっとも手当り次第というわけではなく、アメリカ独立前のものに限るとか、判例法のみで、制定法は含まないといった区別をしている。参照、J.Smith : New Light on the Doctrine of Judicial Precedent in Early America 1607-1776, Legal Science 1970.

カナダでも、おとなりのアメリカの州法の援用がなされるという。ラ・フォレスト（カナダ最高裁判事）によると、カナダの裁判所では、代理人も、さらに裁判官も、アメリカをはじめとする外国の資料を援用しているという。G. V. La Forest : The Use of American Precedents in Canadian Courts, 1993 U. Chicago L. Forum 211（1993）.

(36)　そのため、関連ある先例の指摘は、バリスターの戦略であるとされ、自分の側に不利な判決の引用を怠ることは、重大な義務違反であるとされる。

(37)　区別については、新井『判例の権威』前掲注(2)。

(38)　ただ、憲法的な権利を形成している先例までを変更することができるかが、問題になっている。その例としては、アボーションをプライバシー権として認めたロー対ウエイド（Roe v. Wade, 410 US 113（1973））判決を、変更できるかというかたちで争いになっている。一九八〇年代、レーガン政権の下で、アボーションに反対する考え方をもつ裁判官が送りこまれ、一時ロー判決がくつがえされるのではないという予測があった。その際に、ロー判決をくつがえしうるかが争いになった。

(39)　Goldstein : Some Problems about Precedent, 43 Camb. L. J. 88（1984）.

(40)　連邦コモンローについては、田中英夫『アメリカ法の歴史　上』（東京大学出版会、一九六八年）二九七頁以下。伊藤正己＝木下毅『アメリカ法入門』（日本評論社、一九八四年）。

アメリカの研究は、きわめて多い。C. A. Wright : Law of Federal Court. ed. 1994.

(41)　A. D. Hellman : Jumwboism and Jurisprudencel The Theory and Practice of Precedent in the Large Appelate Court, 56 U. Chicago L. Deu 541（1989）.

(42)　紙谷雅子「上訴裁判管轄」アメリカ法［一九九〇—一］。

(43)　Hellman : op cit. ほかに S. L. Wasby ; Inconsistency in the U. N. Courts of Appeals, Dimentions and Mechanisms for Resolution, 32 Vand L. Rev. 1343（1979）.

(44)　Evan H. Caminker : Why Must Inferior Courts Obey Superior Court Precedents ? 46 Stan. L. Rev. 817（1994）.

(45)　Sheppard Citation.

(46) 時間的要因については、Hellman : op. cit.
(47) Hellman : op. cit.

五 日本の特色とその評価

(1) 日本の特色

以上にみたアメリカと比較した場合、日本の判例法の考え方には、次のような特色を指摘できる。

第一に、拘束力があるとされるのは、最高裁判所の判決に限られ（垂直的拘束性）、下級審の判決には、下級審相互間でも先例とはなされていないことである。下級審においても、下級審判決を引用することはあるが、拘束的であるからというより、単に、同じようなものがあることを示す、いわば説得的なものである。

第二に、拘束性は、憲法、民法、刑法といった分野と関係なく、一様に拘束的であるとされていることである。とりわけ商法を含む民事法においては、一般に強い拘束力のあるものとして、受けとられる。

第三に、判例の拘束力が認められてはいるが、判例の変更が正面から可能であるとされていることである。ただ、判例の変更が、きわめて稀であることにより(48)、判例の安定性が、きわめて高い。それだけに相当強く下級審裁判所を拘束しているといってよい。また、判例変更が稀であるために、判例変更にともなって生ずる問題――遡及的な変更か、非遡及的な扱いをするかも、ほとんど論じられていない。

かくて、今日では、判例の先例性については、あらためて問い直されることがないまでになっている。それほど、先例の拘束性は自明なものになっていて、判例に強い拘束力がある。まさに、はじめに指摘した伊藤正己元裁判官の言のとおりである。

(2) 強い先例拘束性はどう説明されるか

それでは日本が、きわめてきびしい判例法の国になっていることについては、どのような説明が可能であろうか。

第一は、何といっても、判例の数が、相対的に少なく、何が判例であるかが、比較的わかりやすいかたちになっていることである。この点は、右にみたアメリカ合衆国と比較してみればわかる。少ないということは、相矛盾する判決が存在することがなく、ほぼ統一がとれているということである。

第二に、強い先例拘束性には、法曹養成が司法研修所により独占的に行なわれていることが、大きく貢献している。司法研修所における法曹教育は、「学説を忘れなさい」ということから始まるといわれ、徹底的に、判例をたたきこむ教育であるといわれる。(49) とりわけ裁判官については、等質の法的な価値観を身につけ、バラバラでない裁判をすることは、重大な任務であることは間違いない。

第三は、判例とはいっても、拘束力あるのは、最高裁判決だけであって、最高裁判決以外が、先例として引用されることは、きわめて稀である。(50) もっとも、引用されることと、先例として参照されることは別である。先例は、最高裁のものにとどまらず、代理人が、準備書面や上訴理由書で引用し、裁判所に注意を喚起するというかたちがとられる。(51) 裁判官自身も、記憶または検索システムを使って似たような先例をさがすことは、よく行なわれている。

第四に、先例による理由づけは、裁判だけでなく、日本社会において、広く行なわれていることである。先例への依拠は、正当化の負担を軽減するものと考えられている。

たとえば、行政における、ある措置をとるべきかいなかを決するにあたって、最も重要なウエイトを持つのは、先例があるか否かであり、先例があれば、比較的容易に、先例通りの措置がとられる。先例があるのに、先例通りにしないことは、「先例によるという先例」を無視することになる。これに対して、先例とは別のことをしようとすれば、それを正当化する理由を提示しなければならない。さらに、先例の明白な変更ともなれば、先例通りにしてきたことに対する責任という問題も生じてくる。

裁判における先例の役割と、行政における先例を同視することはできないであろう。行政においては、ある決定についての理由の開示は必要とされないが、裁判には原則として理由を付さなければならないとされるからである。そして、そうした理由づけをすることよりも、無難に先例に従っておいた方がよいという（官僚的な）考え方が強いといえる。

しかし、変革の時代においては、状況に応じた裁判が要請されているともいえる。したがって、ときには、先例に反する裁判も必要とされる。

(3) 先例拘束性の評価

最後にこのように説明される、強い判例拘束性をどのように評価すべきであろうか。

拘束性によって、比較的安定した法状態が実現されていて、法の予測を可能にしているというプラス面があることは疑いがない。

他方で、最高裁による画一的処理のおしつけは、とりわけその内容に批判的な者にとっては、不当な官僚的支配であるという批判もある。

この点については、憲法論争について、レヴィンスン教授のあげる、プロテスタンティズムとカトリシズムという二分法（dichotomy）が参考になる[52]。まず、権威のある法理の源が何であるかについて、プロテスタントは、聖なる文《テク》書《スト》そのものを重視するのに対し、カトリックは、テクストとともに、それと同等の比重をもって、その解釈をする不文の伝統を重視する。

第二に、法理を権威をもって解釈することができるのは誰であるかについて、プロテスタントは、個人としてまたは非階級層的な集団としての信者にあると考えるのに対し、カトリックは、独自の解釈権能がある特殊な階層的実体（法王庁）にあると考えるのである。

これまで見てきたところによると、フランスにおける解釈、さらには日本の憲法学者の解釈は、テクスト重視という点でプロテスタント的であるのに対し、多少テクストからはなれても公権的な解釈権のある者が宣言し、解釈し承継されてきたものを法と考える。これはイギリス、さらには右にみた日本のプラクティスであるといえるであろう。アメリカは、多様性を許容し、裁判官による考え方を重視する点からはプロテスタントと位置づけうるであろう。カトリック的ともいえるヒエラルヒーにより、裁判実務を統一していこうとする日本のプラクティスは、法の安定には勿論のこと、平等な取扱いを尊重する日本には向いているともいえるであろう。

その反面、伝統、しきたりへの墨守のあまり、新しい問題への取り組みがおくれることは、カトリシズムと似ている。法の世界は、宗教の世界とはことなり、個人の信念よりも、承けつがれた伝統が重視されることになるのはやむをえないであろう。

ただ、新しい問題への果敢な取り組みをして、時代の要請に応えていくことも必要である。日本では、判例の変更が認められているのであるから、最高裁判所は、判例を重視する下級審を先取りして、先を見すえた判例の見直しに、積極的であってもよいであろう。

(48)　判例変更（overruling）は、民事法においてのみならず、刑事法、憲法の分野においても少ない。そのため、判例変更に伴う問題は、ほとんど論じられていない（まとまったものとして、中野編判例・七四頁以下）。

判例変更にあたって、遡及的に変更するのか、非遡及的に変更するかの問題も、あまり争われていない。わずかに、非嫡出子の相続分の差別の合憲性をめぐる最大判平成7・7・5日判時一五四〇号三頁、判タ八八五号八三頁では、違憲判断をするにあたり、遡及的に考えるのか、非遡及的に考えるのかが、論じられた。遡及するとすれば、他の同種事件にも及ぼすことになるが、非遡及的に考えると、当該事件の処理をどうするか、さらに立法にも似た宣言を裁判所ができるのかが問題になる。

この問題については、つとに田中英夫教授が論じておられた（田中英夫「判例の不遡及的変更」法協八三巻七・八号一〇〇頁（一九六六年）「判例による法形成――立法による法形成との比較を中心に――」法協九四巻六号七五五頁（一九七七）→同『法形成過程』

（東京大学出版会、一九八七年））。

非遡及的変更についての、代表的なものとして参照。R. Traynor : Quo Vadis, Prospective Overruling : A Question of Judicial Responsibility 28 Hast. L. J 533（1977）Comment : Prospective-Retroactive Overruling : Remanding Cases Pending Legislative Determinations of Law 58 B. U. L. Rev. 818（1978）.

B. H. Levi : Realit Jurisprudence and Prospective Overruling 109 U. Pa. C Rev 1.（1960）.

Note : Prospective Overruling and Retroactive Application in the Federal Court. 71 Yale L. J. 907（1962）.

大法廷による、判例変更は、きわめて少ない。民事の分野では、一〇件にみたない。もっとも、大法廷によらない、判例変更もある。たとえば、「レンタカー会社の運行供用者責任」（中野編判例（篠田））。

(49) 講義や教科書によって法律学を勉強している受験生が、「法曹になろうと志して首尾よく司法試験に合格し、司法修習生として司法研修所で実務家になるための修習を始めてまず驚くのは、判例というものが学説とは比較にならない大きい権威をもっていることであろう。そこでは、どの法律問題についても、その点に関する判例はどうなっているかがまず問題とされる。そして、判例があれば大抵はそれに従うべきだと言われるだろう」（中野編判例一〇頁（中野次雄）。

(50) 最高裁判決の補足意見（可部裁判官）の中で、下級審判決が引用されているきわめて珍しい例として、最判平成5・10・19民集四七巻八号五〇六一頁、五〇六六頁以下。

(51) 当事者またはその代理人は、一般に自己に有利な判断を援用することは、日常的にも見られる。これは自己の利益を考えれば当然のことといえる。しかし、法律家の義務を、広い意味の司法制度に奉仕するものと考えれば、自己に有利であるか否かを問わず、すべての関連ある判決を援用すべきものといえよう。

(52) Sanford Levinson : Constitutional Faith, Princeton U. P.（1988）, ibid :"The Constitution" in American Civil Religion, 1979 Sup Ct. Rev. 123（1980）.

この本についてのすぐれた書評として参照。Akhil Reed Amar : Civil Religion and its Discontents, 67 Tex. L. Rev 1153（1989）.

追　記

校正の段階で、明白な判例の法源性否定論を見つけた。カトリックで最高裁長官の言明であるだけに興味深い（田中耕太郎『法律学概論』二九一頁（学生社、一九五三年））。

「一定の法律問題に関し同趣旨の判決が反復され、判例の方向が大体において確定した場合に判例が成文法および慣習法に対立する特殊の法源と認められるべきものであるか否か。わが国では第一次世界大戦後ドイツ法に代わって英米法の研究熱が勃興し、また従来の法条註釈にたいする反動として社会法学が流行した結果、判例を過重し、判例法（case-law, judge-made law）を無批判に唱える風潮があったことはわれわれの記憶に新たなところである。しかし判例法という特殊の法源は、少くともわが法制の下では認めることはできない。疑ある事項に関し上級裁判所が一定の裁判をするときは、その判決は同種の事項に関し事実上において自己、同級裁判所、または下級裁判所を拘束するが、このような判例の一致は特別の法源を形成し、裁判所を法的に拘束するようになるものではない。のみならず国民にたいしても少くとも判例としては法規たる拘束力をもつものではない。ある種の事項に関し判例の傾向が一定する場合には、実際生活上この判例に従って行動する傾向を生じ、そこに慣習法の発生することを助長することはたしかである。しかしこの場合に判例またはその反復が直接法源と認められるものではないのである。」

〔付　記〕

日本では公的には判例の拘束力があるとはされていない。しかし現実には、とりわけ最高裁の判決は、確立されたルールごとく、裁判所によって踏襲されている。最高裁判決が変わることはきわめてまれである。英米の **stare decisis** と比較しながら日本における判例拘束性の性質を考えた。

最近新版の出た中野次雄編『判例の読み方第三版』（有斐閣、二〇〇八年）が裁判官経験者によるものであるだけにきわめて奥深く議論されている。

5　民事法の正義と刑事法の正義

（一九九七年）

一　はじめに

裁判の目的は、正義の実現であるという表現が使われる。裁判と正義は、切っても切れない関係にある。裁判は、裁判所の下す判断という意味で、明確であるが、正義については、何が正義かが問題になってくる。

正義といっても、刑事裁判における正義と、民事裁判における正義とでは異なっている。やや比喩的にいえば、刑事裁判の正義は、絶対的な正義であるのに対して、民事裁判の正義は、相対的な、話し合いが可能な正義である。その意味では、同じ正義の実現といっても、かなり意味がことなる。このことは、裁判のあり方の違いともいえるが、両者はまったく違ったものであるというわけではない。同じ事件について、刑事裁判と民事裁判が下されることもあるし、両者が相互に影響しあうこともある。さらに、両者で結論が違うことも珍しくはない。

以下では、民事における正義と刑事における正義とを対比させながら、その相違を明らかにし、いずれの裁判も法による正義として、理解できることを示したい。

日本では、民事法と刑事法は、きわめてはっきり分化して考えられている[1]。それは法的判断における分化にとどまらず、学問分野としても、学者の専攻としても分化している。裁判官も、公式ではないが、刑事と民事の担当が定着している。さらに、弁護士の間でも、民事専門で刑事は扱わないというかたちができている。

こうした状況は、とりわけ英米と比較すると顕著な特色をなす。イギリスでも、そしてアメリカでも、刑事と民事は、必ずしもきびしく分化されておらず、教師として、刑法と契約法を教えるとか、刑法の教科書とともに、不法行為法の専門書を出版するとか、(2) 刑事訴訟の歴史と信託、財産承継法の論文を発表することも珍しくない。(3)

長らく民事法とりわけ民法を教育、研究してきたが、その間種々の局面で、刑事法との関係を考えてきた。(4) 以下では、民法学者としての経験をふまえ、この問題を考えてみたい。(5) 行論からもわかるように、この論文は、民事法との対比における刑事法であって逆ではない。これは、もっぱらわたくしの専門から来るものであって、逆に刑事法の眼から見た民事法という見方は当然に可能である。

まず、裁判と正義の関係について予備的考察をしたあと、民事責任と刑事責任を中心にして、民事法と刑事法の対比をし、それをふまえて、両責任の関係、交錯をみたあと、最後に、民事法における正義と、刑事法における正義をどのように理解するかに及びたい。

（1）民事法と刑事法の差異は、法学入門（たとえば、団藤重光『法学入門』（筑摩書房、一九七三）、三ケ月章『法学入門』（弘文堂、一九八二））において説明されているが、両者の対比、関係という問題は必ずしも扱われていない。この問題を、もっとも意識的に論じられたのは、故田中英夫博士である（『実定法学入門』（東京大学出版会、第3版一九七四、簡単な紹介・拙稿、法セミ一九七五年七月号））、故竹内昭夫博士との共著「法の実現における私人の役割」（法協八八巻五六号八九巻三号、七号、九号（一九七一―七二→著書として東京大学出版会、一九八七）。わたくしの問題関心は、いまはなきお二人の問題提起に負うところが大きい。

（2）G. Williams : Criminal Law, The General Part. 2ed. 1961 ibid : Liability for Animals 1939 Camb. U. Pr.

（3）J. Langbein : Comparative Criminal Procedure（1977）ibid : Torture and the Law of Proof 1977, ibid : Contractarian Basis of the Law of Trust, 105 Yale L. J. 625（1995）. ibid : The Twentieth-Century Revolution in Family Wealth Transmission, 86 Mich L. Rev. 722（1988）.

（4）民事法と刑事法の関係については、これまで、「過失責任と無過失責任」『現代損害賠償法講座』（日本評論社、一九七六）（著作選集第3巻*2*）、『社会生活と法、法学入門』第5章　法の種類⑴民事法と刑事法（放送大学教育振興会、一九八六）、「法を守らせる手法」（法セミ、一九八八年一一月号→拙著『日常生活のなかの法』（日本評論社、一九九〇）所収）などでかんたんにふれてきた。

なお参照、「不法行為法の機能」『不法行為法の現代的課題と展開』森島教授還暦記念論文集（日本評論社、一九九五）（著作選集

第3巻***3***)。民事と刑事のほかに、公法と私法という問題がある。刑事法も公法ではあるが、公法と私法という場合には、刑法は一般に考えられていない。これについても、これまでいくつか発表してきた。「公法と私法」民法講座第一巻(有斐閣、一九八四)(本書***3***)、「行政における契約」成田頼明教授退官記念論文集『国際化時代における行政と法』(良書普及会、一九九三)(著作選集第2巻***10***)、「公共工事契約の公正配分—契約を利用した規制」横浜国際経済法学一巻一号(一九九三)。

(5) 本稿は、研究の到達点というよりも、むしろこれまで考えてきたことのスケッチでしかない。貴重な誌上に紙面を提供いただき乍ら、まことに貧しい中間的考察におわったことを、御容赦いただきたい。ただ、あまり正面から扱われていない問題であると考えるので、あえて発表させていただくことにした。

二 裁判と正義

まず、裁判と正義について、若干の考察をしておきたい。とりわけ、正義とは何かについては、議論が多いのでここでの定義づけをしておく必要がある。

英語、さらにはドイツ語、フランス語にも明らかなように、裁判と正義とは、同じことばであらわされる。すなわち、justice は裁判官であり、administration of justice は司法である。

正義(justice)を形式的に、裁判所によって下された判断という見方をすれば、裁判は正義を実現しているというのは、トートロジーになる。たとえば、裁判所の判断であるが故に正しい、正義にかなっているという表現になる。[6]アメリカでは、裁判所の見解を、約束としてひとまず正しいものと受けとる態度がある。これは、何が正しいかは、人により異なるから、正しいか否かを決めるのは、裁判所であるとするものといえよう。

この態度の前提には、二つのコンセンサスがあるといえる。一つは、何が正しいかについて、誰もが納得し、一致するようなものはないという、いわゆる価値相対主義の考え方である。[7]

もう一つは、何が正当であるかの判定者として、裁判所が信頼されていることである。イギリスに由来する、裁判、あるいは司法府への高い信頼は、アメリカ法（文化）、あるいはアメリカ社会の特色といってもよい。このことは証明できる命題というよりは、感想であるかも知れないが、裁判への信頼度がより高いといってもよいイギリスとともに、裁判所への信頼が強いといえるであろう。[8]

こうした見方は、陪審裁判についてもあてはまる。素人にすぎない陪審員が決定したものであっても、それが正義であって、種々の批判はあろうとも、陪審の判断を尊重するのである。[9]

しかし、こうした見方は、少なくとも、日本では、とられていない。つまり、日本では裁判は正しくなければならない、正義にかなったものでなければならない、誤った裁判はけしからんといった表現にうかがわれるように、裁判は実質的な正義と結びつけられて考えられている。

当然のことながら、こうした考え方をとると、何が正義かという問題に当面することになり、見る人の正義感により、正しいか誤っているかが違ってくることになる。これは、裁判への自由な批判に結びつく。[10]

英米と比較した場合、日本の裁判所は、容赦ない批判の的になっている。まず、専門家とりわけ学者は、裁判所の判断を、さらにレヴューする（いわゆる第四審）といった視点から批判する傾向にある。学者の視点は、事件の解決というよりも、法理の展開にあるとすれば、裁判も一つの学説の如く、批判の対象になるものとされるのである。

学者と比較すると実務家とりわけ弁護士の見方は、もう少し寛容であるが、醒めている（nüchtern）。つまり、裁判所の判断であるから、正しいかどうかは別として（棚上げ）、とりあえず尊重するのである。これは先例を尊重する方が無難であり、判例の変更が難しいことから出た、プラクティカルな態度であるといってよい。

非専門家の判例としては、マスコミの裁判報道がある。日本のマスコミは、どんな裁判がなされたかよりも、むしろ裁判の当否を論ずる方に力を入れているように思われる。裁判報道というのは、文字通りには、判決内容の紹介ということになるが、[11] 内容紹介は一般に簡単で、これについての批評を、ときにはコメントを交えてする。[12] 裁判をどのように受けとり、それがどのように先例として機能していくかよりも、裁判にどんな問題があるか、が中心になる。
　このような状況をもとに、実質的正義論とは別に、裁判を考えることができる。本稿では、正義の内容には立入らないで、抽象的に、裁判により実現される正義のあり方を考えていきたい。

（6）こういう用語法ととれば、「誤った裁判」というのは言語矛盾ということになる。一般に、誤った裁判といわれるのは自分が賛成できない裁判、自分が誤っていると考える裁判という意味であろう。

（7）マルチカルチュアといわないまでも、ローカルにも、正義の内容はことなる。パスカルの「……緯度の三度のちがいが、すべての法律をくつがえし、子午線一つが真理を決定する。……川一つで仕切られる滑稽な正義よ。ピレネー山脈のこちら側での真理が、あちら側では誤謬である」（前田陽一訳『パンセ』二九四頁（世界の名著・中央公論社、一九六六））ということばにあらわされる。パスカルの正義論については、参照　E. Auerbach : The Political Theory of Pascal in Scenes from the Drama of European Literature, Meridian 1959.

　ニューヨーク州のワイセツ取締法の判決において、コネティカット州のメスキル裁判官は、次のように述べている。「わたしは、ニューヨーク市の住民でもなく、ニューヨークにも通じていない。したがって、そこで流布されている。ポルノグラフィの種類にも通じていない。……もし、コネティカット州――わたくしはそこに住むから、そのコミュニティ・スタンダードに通じている――の事件であれば、ワイセツにあたらないという判断を躊躇なくくつがえしたい。」（J. Meshill in U.S. v. Various Articles of Obscene Merchandise. 709 F. 2d. 132. 137 (2.C.1983) cited in W. Sadurski : Conventional Morality and Judicial Standards, 73 Va. L. Rev. 339. 361 (1987)）

（8）司法府への国民の信頼については、次の論文が有益である。A. S. Miller : Public Confidence in the Judiciary : Some Notes and Reflections, 35 Law and Cont. Pr 69 (1970) より広い知識とともに信頼が増すことを指摘する。

　調査によると、日本において、裁判所はかなり高い信頼を得ている。田中成明『現代日本法の構図・増補版』（悠々社、一九九二）によると、各種の調査で、裁判所は、一番公正で信頼できる機関・組織とするのが四六パーセントで、中央官庁、国会、地方自治体を圧している。また、三七・七パーセントが納得のいく裁判がおこなわれているとしているが、わからないが、二五パーセントとなっている。

　裁判は、専門家でない者にとっては、わかりにくいために、わからないが信頼するといったかたちになる。しかも、こうした信頼はきわめてき弱なものであるため、ささいな情報で容易にゆらぐことになる。

(9) O・J・シンプソン裁判は、一九九五年一〇月陪審により無罪判決が下された。アメリカでも当然批判はあるが、むしろ何故無罪になったかを冷静に考えるものが多い。特集として69 S. Cal L. Rev (No.4) 1233 (1996) が役立つ。

(10) これは一九五五年の裁判批判論争の問題に結びつく。広津和郎氏による松川事件批判のような、裁判に対する、素人からの批判に対し、田中耕太郎最高裁長官は、素人が裁判批判をすべきではないとした（「裁判と世論」ジュリスト八七号（一九五五））。これに対し、家永三郎教授は「素人は黙すべきか」（法律時報、一九五五）を発表し、猛然とくってかかった。同『裁判批判』（日本評論社、一九五九）。

この論争については、利谷信義編『法と裁判』（法学文献選集5）（学陽書房、一九七二）に収録されている。

(11) なお、英米において、裁判報道には、法廷侮辱法（Contempt of Court）が関連している。裁判所への批判的報道は、処罰されることもある。日本にも、法廷秩序維持法（昭和二七年）があるが、これは「荒れる法廷」に対拠するためのもので、裁判批判は考えられていない。

(12) この典型例が、いわゆる隣人訴訟であり、好意で子を預った隣人に責任を負わせた判決について「隣人の好意につらい裁き」（毎日）「近所付き合いに〝冷水〟」（朝日）といった記事を読んだ者からの抗議で、一種のパニックがおきた。本件にはいくつか研究がある。参照、星野英一編著『隣人訴訟と法の役割』（有斐閣、一九八四）（簡単な書評の中で、次のように書いた。「訴訟にしなければならないほどの難問について、専門家である裁判官のしたことであるが故に尊重し、問題解決の指針としていこうとする態度こそが大切なのではなかろうか。その結果で、パブリシティの渦中にまきこまれた当事者は、まことにお気の毒ではあるが、この事件はこうした身近な問題についての法的扱い方を考えるうえで、教訓とすべきものといえるであろう。」季刊・実務民事法8（一九八五）拙著『歩いてきた道』（信山社、二〇〇八所収。

三　民刑事法の比較

以下では、民事法と刑事法を、とくに民事責任と刑事責任を中心に、両者を対比しながら見ていきたい。

まず、民事法と刑事法における、法的判断基準＝法源についてみていきたい。民事法では、判断基準そのものを当事者がつくることができるのに対して、刑事法では、刑事責任を判断する基準、根拠は、法律のみとされている。法の欠缺、類推解釈の可否についても、民事と刑事とでは異なる。

次に、責任の問題を中心にして、まず、責任を問うイニシアティブを誰がもつか、責任を問う目的が何か——損害の補償か、犯罪の抑止、制裁か——の問題を考える。つづいて、責任の要件ともいうべき問題、つまり過失について責任があるか、結果を重視するか、未遂の場合にも責任があるか、同意が責任判断にいかなる意味をもつか、を考えたい。

このほかにも、民事法と刑事法は、正当防衛（民七二〇条、刑三六条）、責任能力（民七一二条、刑四一条）に関して、さらに、デュープロセスの保障（憲三一条）、証明責任について、[13] 比較検討の意味があるが、ここでは、右の問題に限定して考察したい。

(1)　法的判断基準

(a)　任意法規

民事であれ、刑事であれ、裁判は法によってなされるべきものである。つまり、裁判は、裁判官自らの価値観ではなく、法律を基準としてなされるべきものである。そして、裁判の正当性を論ずる場合、あるいは上訴により裁判を争う場合には、法令違反があるか否かが中心になる（旧民訴三八九条二項・現三〇八条二項、刑訴三七九条、三八〇条）。

したがって、法にしたがった裁判が正当な裁判とされるのである。法という基準をはずして、裁判を論ずるとすれば、文字通り見解の相違になってしまい、収拾がつかなくなる。[14] もっとも、法が何を意味するかについては、いわゆる解釈の問題があり、解釈者によって結論が異なってくることは避けられない。[15]

刑事では、基準とされるのは、法律のみであるが、民事では、当事者間で、基準となる法を選択したり、[16] 法を変更することができる。[17] したがって基準そのものが、事件によって異なってくることになり、そのことは当然結論にも影響を及ぼす。

民事法は、原則として任意法規であって、当事者間で、法規と異なったルール（別の定め）の作成ができる。このことは、最も明白には、フランス民法一一三二条の「合法的に形成された合意は、それにもとづいてなされた行為に関して法律に代わる」という規定[18]にあらわされている。日本民法九一条も、直接的ではないが、このことを表現している。[19]

任意法規は、その内容が公序（規定）に反しない限り、それに代わる法を当事者間で定めるうるところに特質がある。したがって、強行法規と比較すると、国家的な視点は出ていないが、それでも、明確に規範として提示されていることには重要な意味がある。

民事法のなかでも、家族法は、特異な地位をしめる。すなわち、家族法は、法による法秩序形成であり、何が〝正当〟(legitimate) であるかを示す。しかも、家族法は、強行法規であり、当事者による任意のオーダリング（秩序づけ）は、認められない。たとえば、重婚は禁止され（民七三二条、刑一八四条）、さらには同性婚も正面からではないが否定されている。[20] 家族関係に関する契約の効力は、公序良俗に反するとされるものが少なくない。[21]

相続法は、やや異なる。すなわち、相続人・相続分などが法定されている限度で、強行的なものであるが、相続人については、遺言（民九六〇条以下）というかたちで、また相続分については、遺言、または、当事者間の協議による変更（民九〇六条、九〇七条）を認めている。相続に関しては、国家法の立場が明確に出ている。たとえば、直系尊属より直系卑属の優先（民九〇〇条）、配偶者固有の相続分（民九〇〇条）、嫡出子の優先（民九〇〇条四号）、遺留分権利者の限定（民一〇二八条）などである。

(b)　法の欠缺

民事法においては、法規の欠缺の場合にも、裁判の拒否は許されないが、[22] 刑事法にあっては、法の欠缺の場合、刑罰権の発動は許されないことを意味する（罪刑法定主義）。[23]
刑事法においては、拡張解釈は許されないが、法の欠缺として、不処罰にするか、類推して処罰するかが、問題になる。有名なのは、ガソリンカー事件である。[24]

(c)　利益衡量（バランシング）

民事法においては、利益衡量、利害のバランスが、ときには最重要なものとされる。利益衡量は、一種の方法（論）であって、その強調点は、単なる論理操作によって、形成的に結論を導くべきではないとする点にある。[25]
これに対して、刑事法では、バランシングということはありえない。[26] 問題は一つ、刑罰権を発動すべきか否かに尽きる。近時、刑事責任についても、構成要素該当性をきびしく考えず、いわば総合的に判断する考え方がある。[27]
刑罰権の発動、量刑にあたって、責任の軽重を斟酌することは、バランシングではない。罪に相応する罰とは何かは、量刑の幅の広い刑法をもつ日本においては、常に問題になる。

(2)　イニシアチブ

(a)　訴の提起

民事、刑事の差異で、まずあげられるのは、イニシアチブである。事件として、裁判所へ提起するのが誰かである。民事では、訴の提起は全く当事者の決定による。[28] 勝訴の見込、判決までにかかる時間、訴訟にかかる費用と心理的労苦等を、総合的に考慮して、訴えるか否かを決定するのである。この決定は右のような諸事情の考慮のうえにたつ合理的なものと考えてもよいが、種々の事情から勝敗を度外視して訴えるといったことも少なくない。[29]
これに対して、刑事では起訴するか否かは、国家＝検察官の決定であり、[30] 犯罪の被害者に、訴を提起するか否かの決定権はない。もっとも、親告罪とされている犯罪[31]については、被害者からの告訴が条件になるが、告訴があったからといって、起訴されるわけではない。起訴するか否かについては、種々の事情が総合的に考慮され、種々考慮の末、起訴しないことも可能であるという起訴便宜主義（刑訴二四八条）がとられている[32]。

起訴されなかった場合、一定の犯罪について、例外的に準起訴手続が存在し、裁判所の決定があると、公訴提起が擬制される（刑訴二六二条以下）。

また、告訴もしくは告発した者、被害者は検察官の不起訴決定に不服があれば、検察審査会に審査の申立てができ、審査会の議決にもとづいて、起訴にいたることもある（検察審査会法三〇条、四〇条、四一条）[33]。

起訴のイニシアチブに関しては、イギリスに起源を有する大陪審（grand jury）という制度がある。アメリカでは、大陪審は不名誉犯罪（infamous crime）に関しての憲法修正五条に規定され、後に縮少されていくが、依然としてかなり広く用いられている[34]。

(b)　話し合いの余地

イニシアチブの一つといってよいのは、事件の解決についての話し合いの余地、あるいは処分可能性の問題である。つまり、民事では、話し合いによる解決の可能性があるのに対し、刑事ではそうした取引の可能性は、少なくも、日本にはない。しかし、アメリカにはいわゆる司法取引[35]というものがある。

すなわち、刑事法においても、いわゆる司法取引というものを認める余地はあり、論理必然的に刑事には話し合いまたは取引の余地はありえないというわけではない。刑事における取引をいかに正当化するかについては、いくつかの考え方がある[36]。

司法取引の根拠としては、次の二つがあげられる。

第一に、争いのない事件については、最低限の刑罰目的が達成できるのであれば、話し合いで解決してもさしつかえない。

第二は、尨大な数の事件を、すべて正式の手続で処理するためには、人的にも、財政的にもコストがかかるため、簡易に片づく事件を片付けて、真に審理すべきものを絞るべきものである。

連邦最高裁は、司法取引は「司法の本質的な部分」をなしているとして「もしあらゆる刑事訴追がフルスケールの裁判にかけられるとすれば、州も連邦政府も、裁判官と施設を数倍にする必要があろう」とのべている。[37]

比較法学者のラングバイン教授（イェール大学）は、何らかのかたちで、司法取引のようなものは普遍的であるとする考え方を批判し、何故アメリカには合理性の疑わしい司法取引が必要とされるかを問題にして、ドイツの刑事訴訟法を紹介し、司法取引なしの刑事訴訟が成り立ちうると主張している。[38]

こうした批判があるにも拘らず、司法取引は広く行われ、最近では、効率性の観点からの是認論も出てきており、それへの批判もある。[39]

民事では、一刀両断の裁判のほかに、妥協的な解決（俗にいう足して二で割る）が許されることは、当然のことと考えられているが、刑事との比較をしてみると、やはり問題になりうる。

民事では、私的自治の原則により、当事者での法秩序形成の自由が認められているから、紛争解決についても、一種の契約として解決することができる。

こうした、民事紛争の私的解決に対して、紛争の私的側面のみに注目するのでなく、紛争のもつ公的側面に注目すべしであるとする批判がある。O・フィス（イェール大学）は「セッツルメントに反対する」[40]という小論において、民事紛争を私的に解決することの意義を認めつつも、やはり公的な意義にこそ重点があり、和解による解決には批判的である。[41]

(c)　代行可能性

民事裁判と刑事裁判との、大きな差異の一つは、代行可能性あるいは民営化（privatization）になじむかである。

いずれも、国家の裁判所が行われているが、民事に関しては、裁判に代えて、調停、和解、仲裁が許されることからもわかるように、いわゆるＡＤＲによる代行が可能である。

ＡＤＲの形式はいくつかあるが、ここでは裁判所の関与するものを含めて考える。古くからある仲裁（旧民訴七八六条（現仲裁法））に加えて、各種のセツルメントが行われているようになっている。日本では、むしろ古くから行われてきたが、アメリカでは、比較的新しく八〇年代からの発展といってよい[42]。これは、私的自治の裏面であるとも見うる。つまり、逆にいえば、私的処分が可能であることに基づいている。

ただし、法の実現、執行については、代行は原則として許されない（自力救済の禁止）。三ケ月章博士のことばを借りれば「強制執行におけるほど国家が唯我独尊のものはない[43]」のである。

キャリフォルニア州では、裁判所の混雑を避けて、近年さらに進んで私的裁判所ともいうべきものが設けられ、退官した裁判官による「裁判」がなされている[44]。公的なものではないから、「権威」は欠けるが、その判断は一種の仲裁判断のようなもとして、執行可能なものとされている。

代替可能性は、前述の処分可能性とも関連する。当事者の処分可能な事柄に関連するが故に、その解決を公式の裁判所以外の者に依頼することが正当化されるのである。

これに対して、刑事事件については、代行は許されない。刑罰権の行使こそは、国家の独占であり、国家の裁判所以外に、刑罰を科することはできない。

もっとも、刑の執行については、アメリカで、代行＝民営化の動きはあり[45]、問題はあるが、裁判とは異なるであろう。

(3)　目　的

民事責任と刑事責任とでは、責任を問う目的が異なる。すなわち、民事責任は、全面的に被害者にイニシアチブがあることからもわかるように、被害者個人の救済を目的としている（個人に対する責任）。もっとも、救済だけでなく、目的として賠償責任という制裁を課すること、さらには再発防止といった抑止的効果があげられることもある。

これに対して、刑事責任は、加害者（犯人）への制裁を加えるものであることはいうまでもないが、何よりも、抑止、あるいは糾弾、非難により社会へ正邪の観念を植えつけることにあるとされる（社会に対する責任）。

民事責任の目的について、別稿で検討したので[46]、ここでは、目的について、はげしい争いのある刑事責任についての争いをみておきたい。

刑事責任の目的としては[47]、制裁、抑止、そして教育[48]、さらには糾弾があげられる。

(a) 制 裁

まず、制裁については、刑事責任の不可欠の機能であることはいうまでもない。ただ、法に違反した者のすべてに刑事制裁を加えることは事実上できない。

そうなると、そうした好ましからざる行為の非難のために、誰かが選択的に犠牲になる（いわゆる人身御供）こともおこりうる。たしかに、しらみつぶしの刑事訴追は不可能であるから、どうしても選択的な起訴にならざるを得ず[49]、そのために、社会的抑止にとってもっとも効果的だと考えられる者を起訴するという選択は避けられないし、一定の合理性もあるといえる。しかし、選ばれた者からいえば、何故自分だけがという不満は残る。

(b) 抑 止

次に抑止としては、特別予防と制裁による一般的抑止とがあげられる。

一般予防的効果については、ノルウェイのアンデナエスの区別があり有用である[50]、第一に、抑止的効果、つまり刑罰の威嚇的効果をいい、犯罪をしたいという誘惑が、見つかる危険をうわまわるかどうかの問題、第二は、道徳化の効果で、刑罰が、公衆の道徳コードをつくり、強化することを助け、犯罪を犯すことに対し、意識的または無意識的な禁忌をつくり出すこと、第三は、習慣形成的効果であり、個人の道徳感に訴えることなく、禁止された行為に対する無意識的な禁忌を生ぜしめることである。

H・ハート（ハーバード大）は、刑事訴追の目的として、社会による違法な行為等の糾弾（condemnation）ということを重視する。つまり公的な非難により、人々に正義とは何かを知らせる、一種の教育的作用が重視されるのである。「刑罰は、犯人に対する社会の憎しみ、脅れ、軽蔑の表われであって、それだけが刑罰として、肉体的な苦難を特色づける」[51]。

(c) 被害者の地位

次に、被害者がいる場合に、被害者の地位がどうなるかの問題がある。刑事罰は、一般に被害者を意識してなされていない。それどころが、親告罪を除いては、被害者の意向は、顧みられることはなく、事件処理の結果は、告訴告発のあった場合を除いては（刑訴二六〇条）被害者らに通知されることもない[52]。

たしかに、刑事罰の目的が、犯罪行為の弾刻を通じた一般予防にあるとすれば、被害者のことは考えなくてもよいであろう。刑事訴追は、被害者にとって、精神的・感情的な利益を別とすれば、何らの利益をもたらすものではない。しかし、国家による刑事訴追は、私人による復讐に代わってなされるものであるとすれば[53]、被害者の満足感を無視できないであろう。

そして、刑事裁判において、マスコミは、必ず被害者に注目し、執拗といえるまでに裁判の結果についての被害者（の家族）の感想を求める。これは、被害の惨状を強調し、犯罪の凶悪性を訴えようとするものであるが、その意味では、マスコミは、犯罪は悪ということを人々に植えつける役割を果たしているものといえるであろう[54]。

(4) 責任要件

民事責任と刑事責任は、右にみたように目的において、顕著な差異があるが、それと対応して、責任要件においてもかなり顕著な対照性を示す。以下では、そのなかで過失責任、結果と未遂の問題、被害者の同意が持つ意味の三つをとり上げ、これらについて見ておきたい。

(a)　過　失

過失の扱いについては、両者の差異として常にあげられるところである。つまり、民事責任では、一般に故意と過失を区別せず、結果に注目して責任を判断するのに対して、刑事では過失による行為は、過失犯をも罰するという規定がない限り犯罪とはならない（刑三八条一項）。

この区別の根拠は、刑罰および賠償の目的と関連する。つまり制裁を加えるためには、非難可能性が必要とされ、あえて法に違反したことに制裁を加えるのである。

ただ、過失犯を何故処罰するかについては、議論がある。[55] 過失処罰は、きわめて限られた犯罪について存在するが、一般には結果の重大性が考慮される。ただ、過失を問題とすると、無知、判断能力欠如、そして不作為をめぐって困難な問題が生じてくる。

ところが、さらに進んで、交通ルール違反や、行政法規違反では、過失すら要求しないで処罰がなされている。[56] もっとも、これらの違反に科せられるのは、伝統的意味における刑罰というよりも、「法律違反」「行政罰」と呼ばれたりしている。

民事では、一定の損害について、過失にとどまらず、無過失でも責任があるとしている。因果関係があれば、過失の有無は関係がないという考え方もあるが、過失なくして賠償責任を負わせることには、きわめて強い抵抗があった。[57] しかし、現在では、一定の類型の損害については、過失がなくても賠償責任を負わせる考え方が有力になっている。

(b)　結果と未遂

民事責任は、原則として、損害の発生が要件になる。損害発生が要件とされている以上、損害のない場合には、賠償ということはありえない。もっとも、損害には、有形損害だけでなく、無形の精神的損害も含まれ賠償の対象となる（民七一〇条）。刑事においては、結果とともに危険性が重視されるが[58]、結果の重大さは、量刑上きわめて重視される。

結果と関連するのが、未遂の扱いである。民事では、未遂についての責任は問われない。刑事では、重大な犯罪については、未遂の処罰もなされる（刑四三条）、刑事責任は、一定の重大な犯罪について、未遂の段階で処罰が可能とされている（刑一二八条、一五一条）。これは、現実の損害の発生がなくても、危険性があるとされれば、処罰に値すると考えるのである。

(c)　同　意

同意がもつ意味も民事と刑事とでは異なる[59]。民事では「同意は害をなさず」(volenti non fit iujuria) の原則により、同意は、違法性阻却事由とされる[60]。

ところが、刑事法においては、被害者の同意は、防禦手段にならない[61]。もっとも明確にこれをあらわしているのは、嘱託・同意殺人罪（刑二〇二条）であり、生命は、処分できない価値とされているのである（なお、同意堕胎刑二一三条、二一四条）。もっとも近時は、無用な苦痛をやわらげることは是認されるとして、少なくも同意があれば安楽死的なものは認められる傾向にある。強姦罪については、強姦の定義上一三歳以上の者については、同意があれば成立しないことになる（刑一七七条）。そして同意があったか否かが、争いになる[62]。

(13)　なお、証明責任あるいは証拠評価について、民事と刑事とでは、顕著な違いがある。すなわち、刑事裁判では、「疑わしきは無罪」の推定があるから、決定的な証拠がない限り、有罪とはされない。これに対して、民事では、証拠の優越で足りるうえ、証明責任は、法の定める要件ごとに異なる（倉田卓次編著『要件事実の証明責任、債権総論』（西神田編集室、一九八八））。

(14)　拙稿「法律に忠実な裁判」判タ四〇〇号（一九八〇）で裁判所による条文無視の問題にふれた。

(15)　拙稿「法解釈の主観性」加藤一郎編『民法学の歴史と課題』（来栖三郎博士古稀記念論文集）（東京大学出版会、一九八二）（本書***1***）。

（16）国際取引における準拠法の選択が典型的（法適用通則法七条）。

（17）約款や契約条項の利用をいう。これにつき、A Schwartz & R Scott : The Political Economy of Private Legisla-tures, 143 U. Pa. L. Rev. 595.（1995）がユニークな検討をしている。

（18）この規定の意味については、参照、O. Kahn - Freund, et al : A Souree - Book on French Law, 1973. Oxford. U. Pr. 391. ff. 北村一郎「『私法上の契約』と『意思自律の原則』」『基本法学4契約』（岩波書店、一九八三）。

（19）民法九一条が、強行規定—任意規定の考えをとるものといえる。

（20）同性婚を予想していないことは「両性の合意」（憲二四条）からわかる。拙著『私事と自己決定』（日本評論社、一九八七）八〇頁参照。

（21）たとえば、認知請求権の放棄（最判昭和37・4・10日民集一六巻四号六九三頁）、配偶者のある者が、それを知る者との間でなした婚姻予約と、入籍するまでの扶養料を支払う契約（大判大正9・5・28日民録二六輯七七三頁）はいずれも無効とされる。

（22）フランス民法四条は、「法の沈黙、不明確、不十分であるとして、裁判を拒む裁判官は、裁判拒否の罪あるものとして、訴追されることがある」と規定する。

（23）団藤重光『刑法綱要総論第三版』（創文社、一九九〇）五七頁以下。

（24）ガソリンカーは刑法一二九条の「汽車・電車」にあたるかについて、大判昭和15・8・22刑集一九巻一五号五四〇頁は、「両者は単にその動力の種類を異にする点に於て重なる差異あるに過ぎずして、共に鉄道線路上を運転して多数の貨客を迅速安全且つ容易に運転する陸上交通機関なる点に於て全然撥を一に」するから、「汽車代用のガソリンカーをも包含する」とした。

（25）利益衡量については、参照、拙稿「法的ルールの個別的適用」『現代社会と民法学の動向』（加藤一郎博士古稀記念論文集・下巻）（有斐閣、一九九二）（本書***2***）。

（26）刑法学者の牧野英一博士は、法律に於ける具体的妥当性を強調した「法律に於ける具体的妥当性」法学志林二四巻一〇号（一九二二・同名の著書（一九二五）所収）において、借地法借家法など民事における問題を論じておられるが、最後の方では、一厘事件（大判明治43・10・11日刑録一六輯一六二〇頁）をとり上げて、刑事法における具体的妥当性を強調されている。

（27）前田雅英教授に代表されるニュージェネレーションの学者は、形式的犯罪論に対し実質的犯罪論を唱え、総合的判断を強調されるが、バランシングではない。

（28）特殊なものとして、公益を代表する検察官による訴訟がある（民七四四条、八三四条ほか）。

(29) これについては、イェーリング・村上淳一訳『権利のための闘争』（岩波文庫、一九八二）の一節が思いうかぶ。「法律家がよく知っているように、勝つためには厖大《ぼうだい》な費用を要することがはっきりしている場合でさえ、訴訟を諦《あきら》めない当事者がかなりいるのである。依頼人に事件の難しさを説き、訴訟を思いとどまるように勧《すす》める弁護士が、いくらかかっても訴訟をやる決心ですという返事を聞かされる例がいかに多いことか」（四六頁）。

(30) 刑事訴追を、私人もできるとする法制の国は少なくない。イギリスでは、現在でも、私人が刑事訴追ができるとされている（H. Hart : Aims. 404. n. 9.（後掲注(47)））。

(31) 親告罪には、二種類のものがあり、被害が軽微であるため被害者が問題にしない限りとりあげないもの（過失傷害罪（刑二〇九条）名誉に対する罪（二三二条）器物損壊罪（刑二六四条））および事件が明るみに出ることにより被害者に不利益になる場合に被害者の意思を尊重するもの（強制わいせつ、強姦罪（一八〇条））がある（団藤重光「親告罪」世界大百科事典16巻（平凡社、一九七二））。

(32) 起訴猶予の実態と運用については、参照　三井誠「検察官の起訴猶予裁量——その歴史的、実証的研究」法協八七巻九・一〇（一九七〇）、同「検察官の起訴猶予裁量―その訴訟法的比較法制的考察」神法二一巻一号（一九七一）。警察の裁量については、次の論文が著名である。

J. Goldstein : Police Discretion not to Invoke the Criminal Process, 69 Yale L. J. 543 (1960).

(33) 検察審査会の活動状況につき、やや古いが広中俊雄『法と裁判』（東大出版会、一九七一）三頁以下に、鋭い分析がある。

(34) 大陪審（起訴陪審）については、イギリスでは一九三三年に廃止され、アメリカでも廃止した州もあるが、依然としてかなりの州にある。近時の状況につき、参照。

Kamisar LaFave. & J H Israel : Criminal Procedure. 7 ed 1990, West A. D. Leipold : Why Grand Juries Do Not (and Cannot) Protect the Accused, 80 Corn. L. Rev. 260 (1995)（紹介、小山雅亀〔アメリカ法一九九六―二〕）。

(35) 司法取引を、一九七〇年頃の興味深い実例とともに紹介するものとして、佐藤欣子『取引の社会、アメリカの刑事司法』（中公新書、一九七四）。

(36) John Humphrey & Michael Milakovich : The Administration of Justice, Law Enforcement, Courts and Corrections, 1981 Human Sciences Press 116ff.

(37) Santobello v. N. Y. 404 U. S. 257, 260 (1971).

(38) J. Langbein : Land without Plea Bargaining, 78 Mich L. Rev 204 (1979).

(39) 司法取引を契約とみて、オートノミーと効率性の視点から、司法制度の中で検討し、これを是認する論文として、次のものがある。Robert Scott & William Stuntz : Plea Bargaining as Contract, 101 Yale L. J. 1909 (1992).
この論文に対し次の二人が対照的なコメントを加えている。
Frank Easterbrook : Plea Bargaining as Compromise, 101 Yale L. J. 1969 (1992).(原則として賛成)
Stepben Schulhofer : Plea Bargaining as Disaster, 101 Yale L. J. 1979 (1992).(強く批判的)
A Reply by Scott & Stuntg : Imperfect Bargains, Imperfect Trials, and Innocent Defendants, 101 Yale L. J. 2011 (1992).
最近、二重の危険との関係で、司法取引における「取引」(bargaining) を検討しようとする興味深い論文として、次掲がある。
Daniel Richman : Bargaining About Future Jeopardy, 49 Vand. L. Rev. 1181 (1996).

(40) O. Fiss : Against Settlement, 93 Yale L. J. 1073 (1984)(紹介六本佳平〔アメリカ法一九九八—一〕)

(41) ドイツの民法学者H・ケッツは「事実関係が明らかにされている場合には、原則として、裁判所はもはや和解のイニシアチブをとることは許されず、判決をもって裁判すべきである」とのべている(竹下守夫訳「裁判官による法的紛争の和解的解決」日独法学五号一九八一)。

(42) ＡＤＲについては、今や尨大な文献があるがとりあえず参照。S. B. Goldstein, E. O. Green, & F. Sander : Dispute Resolution Little Brown 1985.
日本のものとしては、小島武司編著『調停と法――代替的紛争解決(ＡＤＲ)の可能性――』(中央大学出版部、一九八九)。

(43) 三ケ月章『民事訴訟法第三版』一頁(弘文堂、一九九二)。

(44) P. Myers : Rent-a-Judge in California, 131 New L. J. 1042 (1981).

(45) 刑務所の民営化については、参照。
E S. Savas : Privatization and Prisons, 40 Vand, L. Rev. 889 (1987).

(46) 拙稿・不法行為法の機能・前掲注(4)

(47) 刑事法の目的についての古典的な論文として参照 Henry Hart : The Aims of Criminal Law, 23 Law and Cont Prob 401 (1958). やや古いが、哲学者による要領のよいまとめとして参照 T. Honderich : Punishment : The Supposed Justifications 1969 Pellican.

(48) もし、犯罪をおかした者を「治す」のであれば、つまり教育を目的とするのであれば、刑罰は不適当であるとする有力な考え方もある。Barbara Wootton : Crime and The Criminal Law 1963, 2ed 1981 Stevens. Karl Menninger : The Crime of Punishment 1969 Viking Press.

もっとも、犯罪者の更生は経験上不成功におわっているとして、教育、更生刑に対する批判が強くなっている。参照 D. Garland : Punishment and the Modern Society 1990 Oxf. U. Pr.

（49）　これは大麻取引にあたって、著名なタレントを選択して、世論に訴えるかたちで利用される。刑事訴追だけでなく、税の申告近くになると、眼をひくような人々を脱税容疑で調べるといったかたちにあらわれている。

（50）　J. Andenaes : General Prevention, 43 J. Crim. L. C. P. S. 176 179〜80（1952）: Punishment and Deterrenee 1974 U. Michigan Pr J. ibid : The General Preventive Effects of Punishment, 114 U. Pa. L. Rev. 949（1966）.

（51）　Hart : op cit p 401.

哲学者ファインバークも、社会的な否定という、表現的な機能を重視する。

Joel Feinberg : The Expressive Function of Punishment in Feinberg : Doing and Deserving, Essays in the Theory of Responsibility, 1970 Princeton U. Pr. chap 5. originally published in the Monist vol. 49.（1965）.

（52）　つい最近、警視庁は、身体犯の被害者遺族のうち希望者に捜査状況、容疑者、起訴不起訴などの処分、起訴の場合の裁判所などを伝える旨の通達を出し、これにもとづき都道府県警が動き出したと伝えられた（朝日新聞一九九七年二月一二日朝刊）。

（53）　国家の刑事裁判権の独占は、私的復讐の禁止と結びつくとされている。しかし、復讐は現在においても、根絶されているわけではない。旧約聖書、古代ギリシャの時代からマフィアにいたるまでの復讐の歴史を、興味深く実例とともにたどるものとして、Susan Jacoby : Wild Justice 1983. pap ed 1988. Harper がある。

（54）　刑罰が、社会に犯罪は憎むべきものであることを教えこむ、重要な道具であることを指摘したものとしてデンマークの社会学者の S. Ranulf : Moral Indignation and Middle Class Psychology 1938. pap. ed. 1964 Schocken が興味深い。

犯罪報道を容疑者、被疑者の実名入りですることの是非も、マスコミによる社会的非難と関連している。これについては、浅野健一『犯罪報道の犯罪』（学陽書房、一九八四）の提起した問題である。

（55）　H. Hart : op cit 417, J. Hall : Negligent Behavior Should be Exclufed from Penal Liability, 63 Col. L Rev. 632（1963）Note : Negligence and the General Problem of Responsibility, 81 Yale L. J. 949（1972）J. Hall : General Principles of Criminal Law,（1947）Chap. 10.

（56）　R. A. Wasserstrom : Strict Liability in the Criminal Law, 12 Stan, L. Rev, 730（1960）, Feinberg : op cit（注（51））111.

（57）　拙稿・過失責任と無過失責任・前掲注（4）。

（58）　結果に重きを置きすぎることへの批判として、参照 S. Schulhofer : Harm and Punishment : A Critique of Emphasis on the Results of Conduct in the Criminal Law, 122 U. Pa. L. Rev. 1497（1974）.

(59) Paul. H. Robinson : Fundamentals of Criminal Law 1995 p. 26.
(60) 拙著『私事と自己決定』一八五頁。
(61) 保険金詐取の目的で、被害者の承諾をえて故意に自動車を衝突させて傷害を負わせた場合には、違法性は阻却されないとする判決がある（最決昭和55・11・13刑集三四巻六号三九六頁）。いわゆる暴力団員の間の指ツメ行為については、承諾があっても犯罪になるであろう。
(62) レイプについての同意は、古くから、強姦罪の主要論点である。Beale : Consent in Criminal Law, 8 Harv. L. Rev. 317 (1895), J. Hall et. al. : Criminal La, w and Procedure, 3ed 1976 Bobbs Merill, 215ff Comment : Toward a Consent Standard of the Law of Rape, 43 U. Chicago L. Rev. 613 (1976).

四 交錯と相克

民事法と刑事法との相違を、法規の性質、訴訟の構造、責任を問うにあたってのイニシアチブなどの相違点を中心に見てきたが、以下では、両者の交錯ないし相克について見ていきたい(63)。

(1) 交 錯

一つの事件（たとえば交通事故、名誉毀損、殺人）について、刑事裁判と民事裁判がなされることがある。いずれも、三でみたように、異なった機能を果していているから、独立で相互に関係はないともいえる。しかし、実際両者は相互に影響を与え、交錯する場面もある。

被害者は、たとえば名誉毀損の場合に、刑事告訴をし、それと併行して、民事訴訟を提起するかたちが多い。交通事故では、一般に刑事訴訟が先行し、それ（有罪判決）を受けて、民事訴訟を提起するかたちが多い。また、交通事故特有のことであるが、一般に有罪であると同時に、有責であることが多い。しかし、なかには、刑事と民事の判決が食い違う—刑事無罪—民事有責、刑事有罪—民事無責—ということもありうる。

こうしたくい違いは、責任要件が異なる以上、当然に生ずるものといえるが、それでも、無罪なのに何故賠償責任があるのか、有罪なのに何故賠償責任がないのか、といった疑問は、とりわけ非法律家には生じる。裁判上争われている例もある。[64]

また、法令違反の取引の効力をめぐる争いにおいても、刑事法と民事法の立場の違いがみられる。たとえば、一定の資格の必要な行為を、無資格者がすることは、刑事罰の対象となることがあるが（弁護士法七二条）、そのことと、無資格者のなした行為の私法上の行為がどうなるかとの関係の問題がある。[65]

同様のことは、取立のための債権譲渡は禁止（信託法一一条（罰則なし）、弁護士法二八条罰則七七条）され、処罰の対象となるが、そのことと譲受債権の譲渡、弁済の効力の問題は別である。

もっとも、イギリスでは、刑事訴追について、無罪または有罪の判決が出ると、民事の訴を提起できないとする制度がある。[66] 刑事判決が、民事法にも影響を与えるという考え方である。つまり、無罪である以上、民事上の訴は認めないし、有罪になれば、もはや民事の訴訟をする必要はないというわけである。[67]

(2)　損害復元と刑事責任

さらに、加害者が被害者の損害を復元した場合に、刑罰に影響を与えるかが問題になる。

アメリカでは原状回復（restitution）が制度化されていて、被害者を原状に復元することにより、訴追しない、という制度がある。[68]

一九八二年に、被害者および証人保護法によって導入された、「原状回復」は、被害者の救済を刑事制裁に代わるものとする。被害者を原状に回復したところで、刑事責任そのものが、消滅するわけではないが、被害者の被害の回復をはかると同時に、回復命令を一種の刑罰的に考えるものといえよう。

ヨーロッパ諸国にも、宣告猶予または執行猶予の条件として、犯人に損害賠償を命ずる制度がある。さらに損害賠償をした犯人に、刑の免除の判決をするという制度（フランス刑訴四六九条の二）もある。もっとも、比較的軽微な事件にしか適用されない[69]。犯人の誠意または改善のあらわれともみられるが、金のある者が有利になるという批判もある。

日本でも、とりわけ交通刑事事件にあっては、いわゆる「示談待ち」ということがあり、量刑の事情として、被害者に対して誠意ある賠償をしたか否かが、考慮されることがある。

(3) 中間的な責任

刑事責任と民事責任は、截然と分けられるものではなく、各種の中間的なもの（hybrid といわれる）が存在し、かつ新たに登場してきている。

もっとも古くかつ広く行われているのは、懲罰的損害賠償である。これは民事訴訟において与えられるものであるが、その名の通りまぎれもなく、「懲罰的」なものである[70]。さらに、いわゆる行政的制裁は、文字通り中間的な性格を備えている[71]。しかも、抑止的効力という面からは、行政罰は、刑事罰より効果的であるともいえる[72]。

今日では、民事、刑事の制裁は交錯し、両者に、行政罰を加えて効果的な役割を果たしうるものともいえる。それにも拘らず、とかく民事と刑事は、分化されすぎているように思われる。

戦前の刑事訴訟法には附帯私訴という制度が定められていた。刑事訴訟に、被告からの損害賠償をのせて、併せて裁判しようとするものである。同じ事件であれば、証拠は共通だからという発想のもとにたつものであったが、戦後新しい刑事訴訟法にはとり入れられなかった。

(63) 刑法と不法行為法の交錯については、次の論文が古典的であり、今日でも有益である。Jerome Hall : Interrelations of Criminal Law and Torts. I・II 43 Col. L. Rev. 753, 967 (1943) Paul. H. Robinson : Fundamentals of Criminal Law 2ed 1995 chap 1.

犯罪被害者への金銭的救済という問題を中心にしているが、次のものは、民事救済と刑事法の関係について示唆に富む。A. T. Hartland : Monetary Remedies for the Victims of Crime : Assessing the Role of the Criminal Courts ; 30 UCLA L. Rev. 52 (1982).

(64)　民事と刑事とのくいちがいの最も顕著な例は、O・J・シンプソン事件である。刑事では、一年近いテレビ生中継の裁判で、陪審により無罪の判決が下った（一九九五年一〇月）（特集として前掲注(9)）。しかし、被害者により開始された民事裁判では、シンプソンに責任があるとされ、巨額の懲罰的損害賠償までが認められた（一九九七年二月）。

無罪なのにどうして賠償責任がという疑問はあるが、目的が違うからという説明ができる。シンプソンも、民事の控訴では、責任の判断は争わず、損害額が生活破壊的な額であると主張している。なお、シンプソン事件について、平義克己「シンプソン事件—二つの裁判の矛盾」法セミ一九九七年五月号が、経過と問題点を分析している。

(65)　司法書士のなした和解契約の効力をめぐり、最判昭和46・4・20民集二五巻三号二九〇頁は、司法書士法九条に違反（罰則なし）するゆえをもって、ただちに無効とはいえないとしたが、二人の裁判官（ともに弁護士出身）は、無効であるという反対意見を書いている。

(66)　P. M. North : Civil and Criminal Proceedings for Assault, 29 Mod. L. Rev. 16 (1966).

(67)　著名な刑事法学者のカミサー教授（ミシガン大学）は、シンプソン事件の論評で、二重の危険禁止の原則から、無罪判決のあったあとは、民事裁判を禁止すべきであるという主張をしている (Yale Kamisar : Call It Double Jeopardy, N. Y. Times Op- Ed, Feb 14. 1997)。

(68)　restitution については参照。

Note : Restitution in the Criminal Process : Procedures for Fixing Offenders Liability, 93 Yale L. J. 505 (1983).

Note : Victim Restitution in the Criminal Process, A Procedural Analysis, 97 Harv. L. Rev. 931 (1985).

すでに一九三九年に、労働賃金時間法において、未払賃金の支払により、罰金を軽くするという処置がとられ、論議を呼んでいた (Note Restitution and the Criminal Law, 39 Col. L. Rev. 1185 (1939)。

(69)　森下忠『刑事政策大綱・新版第二版』（成文堂、一九九六）。

(70)　拙稿「不法行為法の機能」前掲注(4) および「懲罰的損害賠償」（交通法研究一三号一九八五）。

(71)　Punishmeut とは何かの基本的かつ古典的文献としては、H. L. A. Hart : Prolegomena to the Principles of Punishment, in Punishment and Responsibility 1968 Oxford. U. Pr. がある。

ほかに参照 Note : Toward a Constitutional Definition of Punishment, 80 Col. L. Rev. 1667 (1980), Robinsen : op cit 29.

民事罰においても、被告の保護が必要であるとするものとして参照。
J. I. Charney : The Need for Constitutional Protection for Defendants in Civil Penalty Cases, 59 Corn. L. Rev. 478 (1974).
(72) 反則金の刑罰的性格と関連して問題になるのは、反則金についての一種の「保険」制度である。公式のものではないが、一定の会費（年に五万円位）を払っておくと、交通違反をして反則金を徴収された場合カバーされるシステムである。こうした「保険」制度は、反則金制度の趣旨にはもとる。以前は、被害賠償金を保険で支払うことにも異論があったことが想いおこされる。現在、アメリカでは懲罰的損害賠償も、禁止されている州を除けば、賠償責任保険でカバーされている。

五 むすび

以上、民事法と刑事法を、主として責任を中心に比較検討してきたが、これをふまえて、民事法における正義と、刑事法における正義について、まとめておきたい。

話し合い可能な正義について、民事法関係者には、刑事裁判と対比して、とかく卑下する風潮があるように思われる。たしかに、「妥協」の正義（バーゲン・ジャスティス）は、二流、三流の正義という考え方も成り立つかも知れない。しかし、以下の理由で、そのように考える必要はない。

第一に、民事裁判については、争い自体が当事者（の一方）によってもたらされた選別を経ていないものであり、裁判所は、それへの関与を要請されたにすぎない。つまり、国家＝裁判所の役割は、消極的なものであり、自らのり出していく必要はないのである。[73] したがって、当事者間での結着を優先することには、何ら問題はない。

第二に、当事者が正義の内容を左右できるという点についていえば、私人間の関係は、自治的に処理できるとする私的自治の原則からくる。どのように争うかとともに、何について争うか自体、自治に属するのである。

ただ、裁判所が関与する和解、調停について、最少限の基準ともいえる強行法規に違反することができるかという問題がある。(74) 裁判所のレヴューのもとにあるのであれば、肯定してよいであろう。

第三に、刑事について、まったく話し合いの余地がないわけではない。司法取引の余地はないにしても、被告人が起訴事実を争わないのであれば、同意にもとづく、簡略な手続による裁判は可能であり（刑訴四六一条以下）、上訴することなく、判決に服することもできるのである。(75)

第四に、何よりも、民事紛争も当事者では決着がつかない場合に、裁判所は、公権的な判断を下しうることである。この点で、私的紛争は、公的意味を帯びることになる。この判断は、法に基づくものであり、爾後先例として援用されていくのである。特定の私人間の争いに関する判断にすぎないものが、先例としての意義をもつのは、まさにこの点にある。

第五に、裁判は当事者にとっては、自分の主張が認められたという勝利感（vindication）を与えることである。これは、故なく起訴された者が無罪判決により屈辱を晴らし、理由なく訴えられていた者が、裁判上勝訴する場合のみならず、不正と考えることに、金と時間をつぎこんで、訴訟を追行し、勝訴判決をかちえた原告についてもいえる。

このようにみてくれば、数にすれば少ないかも知れないが、裁判こそは、刑事、民事を問わず正義の実現であるということができる。正義であるといっても、永遠に不変の正義というわけではなく、正義の内容は、状況により、そして時代とともに変わるものであるが、裁判所は、何が正義がを決定する権限を与えられた機関であり、権威と正当性を備えているのである。

(73) 裁判所は、消極的なかかわりをもつにすぎないだけでなく、事件の性格によっては、当事者間に争いがあっても「法律上の争訟」（裁判三条一項）にあたらないとして判断を控えることもある。いわゆる政治的問題に関連する場合のほか、宗教団体、政治団体などの内部の秩序に関連する問題である。大学の単位認定についての最判昭和52・3・15民集三一巻二号二三四頁、政党の党員の処分につき最判昭和63・12・20判時一三〇七号一一三頁、宗教団体内の懲戒処分につき最判平成元年九月八日民集四三巻八号八九九頁が判断を探えた。

(74)　たとえば、借地紛争における調停について、借地借家法四条の最低期間を下まわる期間の更新許与ができるかであるが、一時使用（同法二五条）として認めてよいであろう。

(75)　因みに、独禁法違反には、同意審決という制度がある（独禁五三条の三）。これは、煩雑な手続を省き、執行力を高めるためのものである。

〔付　記〕

民刑事の区別は自明のものとされてきたが、近時かなり交叉または交流現象が生じている。主として法的責任を念頭において両者の差異を考えた。本来、責任を考える場合その目的が異なるわけであるから、責任の有無が違うことは少しも問題ではないが、両者は相互に独立ではなく、かなり関連している。また近時刑事手続きへの被害者の参加、付帯私訴がでてきている。二〇〇八年（平成二〇年）一二月、犯罪被害者等の権利利益の保護を図るための刑事手続に付随する措置に関する法律（一七条以下）に、附帯私訴に類似した「損害賠償命令の申立て」の制度がもうけられた。

Ⅱ　法社会学

6　日本における法社会学研究の現状

（一九七一年）

一　はじめに

戦後、新しい学問として、華々しく登場した法社会学は、その後も隆盛をつづけ、今日きわめてポピュラーであるといえる。かつて法社会学が法解釈学に対してもっていた肩身の狭さはなくなり、法学界における市民権が認められるかどうかということももはや論じられなくなった(1)。法社会学は法律学界において確固たる地位を占め、定着したといえるであろう。

このことを研究の面についてみると、法社会学は、従来法解釈学者の片手間の仕事であったが、現在では独立の学問として、それを専攻する対象となっており、専門家も多数でている。また、法社会学の専攻者よりは共鳴者が圧倒的に多いといってよいが、法社会学会の会員数の多さ（約五〇〇人、一九七〇年）によっても法社会学のブームがうかがわれる。また、教育の面でも、多くの大学において「法社会学」が法学部ないし法学科のカリキュラムに組みこまれて開講され、専任者をおく大学もふえていることにうかがわれる(2)。そして、以上のことの原因でもあり、結果でもあろうが、法社会学とよびうる書物の激増にもうかがうことができる(3)。

こうした法社会学の隆盛は、法社会学の学問としての重要性によることはいうまでもないが、他面、伝統的な法解釈学への反動であり、法解釈学への反感から、より興味のもちやすい学問として法社会学が求められているともいえるであろう。そうした場合、法社会学は、「非」法解釈学ときには「反」法解釈学ともいえるものであり、法律の重要性が強調される今日、法律を学びたいが、解釈学は無味乾燥で面白くないという人々に迎えられているといえる。

それでは一体このような法社会学とは何であるかを、あらためて問いなおしてみるとき、そこには必ずしも明確な答が用意されているとはいえない。つまり法社会学の外延自体はっきりしていない。これはもともと、法社会学が限界領域（Grenzgebiet）に発生してきたという事情にもよる。法社会学は、たとえば、「法現象を歴史的な社会現象の一つとしてとらえ、それを考究する経験科学である[4]」と定義され、あるいは「組織的社会統制（organized social control）をおもな研究対象とする社会科学の理論的・一般化的な一部門である[5]」と定義される。

しかし、何を法社会学とよぶかは、ある意味では、ことばの定義の問題であり、したがって便宜に支配されてよい。法社会学の場合、隣接科学との関係で問題となるものとして次のようなものがあげられる。第一は、法哲学との国境である。最近の法哲学は、伝統的におこなわれてきた思弁的・理念的なものから、論理分析的なものが主流になりつつあるが、これらはある意味では、法言語の法社会学的研究であるともみうる。次に、法史学との接点が問題となる。法社会学のうちでも歴史的研究に傾くものは法史学に接近するが、そうなると法史学との国境が明らかでなくなる。たとえば、福島正夫著『地租改正の研究』（一九六二年）は、法史学として画期的な業績であるが、同じ程度に法社会学的な研究であるとみることもできる。第三に、社会学者あるいは民族学者による研究も法社会学に接近してくる。たとえば、従来から行なわれてきた、村落の調査研究や、家族調査がそうである。

したがって、法社会学の外延を規定するためには、たとえば法学者のする社会学的研究であるというように研究主体の側から規定するとか、家族、村落、財産に関する研究といったように研究対象の側から規定するのであれば、一応はっきりするが、こうした規定にはあまり意味があるとはいえない。そこで、ここでは、法社会学ということをとくに厳密に規定せず、一般に法社会学といわれているものを広くさすことにしておきたい。ただ、ここでは法学者あるいは法学的関心からの研究を中心にみていきたい。そして一般に法社会学といわれているものの、最大公約数はやはり方法論に求められるといってよいであろう。

二　これまでの法社会学研究

これまでの法社会学的研究は、大別すると三つに分けられるであろう。第一は、法社会学の方法論をめぐるものである。第二は、具体的な問題を研究した個別研究ないし調査である。第三は、法と社会に関する研究ともいうべきものである。このほかに、法社会学の一般理論に関するものがあるが、川島武宜『法社会学・上』（一九五八）のほかには、外国の文献の翻訳[6]しかないので、ここでは省く。

第一の、法社会学の方法論をめぐるものとしては、法社会学の存在理由、法社会学の必要性、法社会学と法解釈学の関連を論ずるものがある。[7]とくに、法社会学の草創期においては、法社会学が一つの学問として成立しうること、あるいは法解釈学だけが法律学ではないことの弁明のための議論が少なくなかった。こうした学問として成立するかどうかという問題は、新しい学問の場合には必ず論じられるものであり、その顕著な例を社会学にみることができる。今日でも、こうした、存在理由ないし方法論を論ずるものが少なくない。これは、おそらく、法社会学が盛んになったとはいっても、法解釈学がいまだに確固とした地位を占めているからであろう。

第二に、現実の問題を法社会学的に調査・研究したものである。[8]このなかには歴史的分析に傾くものと、社会学的分析に傾くものとがあるが、いずれも、個々の法現象を分析し、そこに伏在する問題にとりくんだもので、具体的な法解釈にとって、きわめて参考になるところが多いが、決して単なる解釈のためのものではない。しかし、多かれ少なかれ、現実に生起し解決を待っている問題を、どう解決したらよいかという問題意識に支えられていることはいうまでもない。

第三に、法現象に関する社会学というよりは、法と社会に関する学問といった意味での法社会学がある。法を社会との関連において研究することの必要なことは、とりたてていうまでもないことであるが、これまでの法律学とりわけ法解釈学が、社会との関連にあまり関心を払わず、もっぱら論理としての法を強調する傾向が強かったため、こうした傾向に対して社会との関連を強調するものとして登場したのである。法社会学への関心が、法解釈学への反発から来ているとすれば、もっと社会との関連に眼を向ける学問という意味での法社会学が求められているといえるであろう。

以上の三つの法社会学を時期的にみてみると、戦前は当然方法論的なものあるいは外国の理論の紹介が多かったが、[9] 平野義太郎・戒能通孝両博士による本格的研究も出ている。[10] 戦後についてみると当初は、方法論的なものないし法社会学の性格をめぐるものが多かったが、この中からこうした論争をふまえた本格的研究が輩出した。[11] 一九五五年前後を境にして、方法論的なものは少なくなり、それに代わって、第三の法と社会に関する研究ともいうべきものが増加し、第二の個別的研究はやや少なくなっている。これは、一九五三年頃の法解釈論争をふまえて、法解釈学において、法社会学的方法ないし、その成果の吸収が重要であるという事実が浸透し、論理万能の法解釈学が少なくなってきたことと対応する。他面、法学と他の社会諸科学との協力という観点から、社会科学の一環として法現象をとらえていくということが行なわれているからであろう。また、こうした中から、新たな方法論として、経験科学に傾斜したいわゆる経験法学的傾向が生まれてきた。[12] これは、まず方法論のかたちで、次いで個別的研究が、数は少ないが、生まれてきた。

以下ではこれまでにみてきたわが国における法社会学を通覧するとき、指摘できる二つの問題にしぼってみていきたい。第一は法社会学の方法論をめぐるものであり、第二は、法社会学と法解釈学との関係、とくに法社会学は法解釈学のために役立つことを目的とするものか、それともそれ自身として存在理由があるものかという問題についてみていく。この二つは、密接に関連するが、まず第一の問題から考えていくことにしたい。

三　法社会学における方法論の意味

わが国の法社会学の研究について指摘さるべき一つの点は、方法論に関する論議の多いことである。学問にとって方法論ないし方法論的自覚が不可欠であることからいえば、とりたてて方法論論議が多すぎることに異をたてる必要はない。とりわけ法社会学が学問として若く、法解釈学という巨大な既成の学問に対して自己を主張せんとする際おのずから方法論的な議論が多くなるのはやむをえない。しかし、方法論が不可欠であるからといって、方法論が方法論として独立に議論されることが必要であるということにはならない。しかし、より問題なのは、単に方法論論議が多く、方法論が先行しているだけでなく、先行しっぱなしで、活用されないでおわっていることが少なくないことである。方法論の独走であり、方法論が抽象的に論じられすぎているということである。

その結果、ある問題から出発して、そのための方法論を開発するというのがふつう考えられる順序であるが、これとは逆に、まず方法論が先行し、それを利用しうる問題はないかという順序をとることになる。これは、マルクス主義的な研究の場合にも、経験法学的研究の場合にもいえることである(13)。たとえば、法と経済というマルクス主義的法社会学において好んで論じられるテーマにしても、法の研究にあたって経済を無視できなくなり、そのために経済的研究をするというよりは、法は経済とともに研究されなければならないことが方法論的に前提とされ、それを応用できるテーマをさがすかたちをとることになる。こうした場合、法と経済が関連あるものとして前提され当初から結びつけられているため、ときとして、いかなる面で法と経済との間に関連があり、それがいかなる比重をもつものであるかといった問題が欠落してしまうことになりやすい。法と経済の関連の研究はたしかに必要ではあるが、法は経済に対して独自性をもちえないときめてかかるのではなく、どのような分野の法についてはとくに経済との関連が密接であり、どのような法については、いわゆる相対的独自性があるかということを明確にしていくことが必要とされるのである。

また法律学をドグマから解放し、経験科学として法の研究を志すいわゆる経験法学的研究においても、まず方法論が抽象的に、自然科学あるいは他の経験科学的社会科学に範をとって、構築され、それを活用できるテーマをさがすということが行なわれ勝ちになる。しかし、あくまで、解決しようとする問題が先行し、それにアプローチする方法論を開発していくことにならないと、方法論が活用できるか否かが問題選択の基準になってしまう。これは、本末顛倒である。まさに、一つ一つの問題、自分の解かんとする問題に即した方法を考え、それによって解明していくことが必要とされるのである。(14)

右のようにいうとしても、方法論はどうでもよいということでは決してない。先にものべたごとく、学問において、方法論あるいは方法論的自覚は不可欠であり、問題は、方法論があくまで活用され、実際の問題を解決しなければ意味がないという点である。(15) そして、学問の生命は、いかなる方法論をとるかとともに、いかなる問題を「現代の危機と当面し、解決を待っている」問題としてとりあげるか、いいかえれば問題意識にかかっていることはいうまでもないであろう。(16)

四　法社会学は法解釈学のためのものか

次に、法社会学は独立の学問であるのか、それとも法解釈学のための補助的な学問であるのかという問題について考えていこう。これは、単に法社会学についてだけ問題となることではなく、法哲学、法史学といったいわゆる基礎法学一般についても問題となることであるが、法社会学の場合には、その発生の経過から、および法解釈学との近接性故に、とりわけ問題となる。

法社会学の必要性が、最初にとなえられたのは、ドイツやフランスでも、概念法学に対する批判として自由法学の台頭した時期であり、日本においても、石坂音四郎・鳩山秀夫両博士の下に頂点に達した法解釈学全盛期の直後である大正一〇年頃であった。つまり、法社会学は、論理を金科玉条とする法律学への批判から生まれてきたといえる。日本においては、この時期は、末弘厳太郎博士によって判例研究の必要なことが唱えられた時期でもあったが、判例研究の必要性も、法社会学的関心から出ているといえる。その意味で、法社会学は、法の社会学というよりは、法と社会を架橋する学問という性格――先にのべた第三の意味の法社会学――を当初からもっていた。戦後の法社会学も、法解釈学への反省――反論も反感も加わって――から生まれてきたものである。したがって、法解釈学を社会学化しようとする、ふつう社会学的法律学とよばれるものとして誕生しているのである。

法社会学が法解釈学の侍女であるかどうかは、一九五三～五四年の法解釈の客観性をめぐる論争においても、争いになっている。つまり、法の解釈に客観性があるか否かの議論において、客観性があるとする考え方[17]においても、客観性について懐疑的な考え方[18]においても、法社会学の役割が言及されている。客観性を肯定する考え方においては、法社会学が、それを担保するものと考えられている。これは、法社会学の独立性を否定するものではないが、やはり法解釈学のための法社会学という色彩は強いといえるであろう。このことは、今日においても、法解釈学が法律学の中においてしめる圧倒的な地位という事実に帰せられるであろう。そして、法社会学的研究が、法解釈学的関心からなされていることが多いのも、これによって説明できるであろう。

しかし、今日では、法社会学が法の解釈のための補助的学問という色彩はうすれ、法社会学は、法の解釈とは一応きりはなして、法的現象を研究する学問とみられるようになっているといえるであろう。

ただこの中にも、ニュアンスの違いはあり、先にのべた第二の意味の法社会学においては、まさに、法解釈学との分離が前提とされているといえるが、第三の意味の法社会学においては、むしろ、法解釈と密接に結びつけて、法と社会の関連を研究する傾向が強い。これは、一定の法解釈のために法社会学的データを援用する場合（労働法において顕著）にも、いかなる結論をとるかということを含めて法の解釈のためのデータとして法社会学的事実を援用する場合（いわゆる利益衡量論に顕著）にも共通にみられることである。

このように程度の差はあるが、法社会学の独立性は認められつつあるといえるし、独立の法社会学的研究が登場してきている。ただ、そうなると、法律学の一環というよりは、社会学の一分野というほうがあたっている。世界の傾向からいえば、法社会学はまさに社会学の一分野であり、法現象という社会学にとって未開拓の分野についての社会学者による研究が多い(19)。

これは、法社会学の独立としてよろこぶべきことである。しかし、他面、法解釈学に関心をもつものにとっては、縁遠いものと感ぜられるようになることを免れないであろう。しかし、このことは、決して法社会学的研究自体に意義のないことを物語るものではない。これまで、法解釈学に関心をもつ者が、あまりにとりあえず法の解釈に役立つもの、法の解釈に援用できる議論なり資料を求めすぎてきたことこそ反省さるべきことではなかろうか。そう考えると、法解釈学的関心から出発した法社会学的研究こそが必要とされるのではなかろうか。

五　今後の方向

法社会学といわれるものの中には、きわめて広い範囲の研究が、含まれてきた。以上みたことを前提とすれば、法社会学は今後三つの方向に分かれていくと考えられる。第一は、法解釈学に密着したもので、法の解釈にあたり、社会学的な事実を参考にしていこうとするものである。これは、現在でも法解釈学において多かれ少なかれ、意識的ないし無意識的に行なわれているものである。法の解釈が、事実を無視して、論理の操作として行なわれるものであってはならないことが、共通の理解となって定着してきた現在、こういうものをとくに法社会学とよぶ必要はない。したがって、このように法の解釈と密着した法社会学は、法解釈学の方向へ大幅に移行することになろう。こうした法解釈学において注意すべきは、論理万能ではなく、社会学的データをとり入れて、利益衡量的に考えていくことは必要であるが、ともすれば、たまたま都合のよいデータを援用することになってしまうおそれのあることである。ある解釈において、結果の妥当性を考えるため、社会学的データを考慮に入れるといっても、それでこと足れりというわけではない。少しデータがあればそれですぐ利益衡量的解釈ができるというのではないことはもちろん、データが多ければ多いほど、利益衡量はより難しくなり、ますますわからなくなることさえある。その意味で、社会学的な事実を考慮に入れるとしても、まさに法律の一条一条が大変であり、決して、実際上の結果を少し考えればわかるという手軽なものではありえないし、安易なものであってはならない。

法と社会に関する学問という意味での法社会学は、やはり重要な役割を果たしていくであろう。法社会学というと、実践的性格の強い研究をさすとさえ考えられ勝ちであるが[20]、そういうものとしてではなく、一般人にとっても法学というのは、法と社会の学問でなければならない。そうだとすれば、これをとくに法社会学とよぶ必要はない。実践的性格を強調する研究は、現在の民科法律部会において行なわれている現代法研究のかたちをとっていく。このような実践的ないし運動論をふまえた研究には、先に指摘した方法論の先行するきらいがないとはいえないし、他の社会諸科学との協力を唱えるあまりいたずらに大きな問題にとりくみその結果抽象的になる危険がある。

方法論的なものを別とすれば、のこるのが個別研究的なものである。これは、世界的な法社会学の傾向でもあり、法に関する経験科学的研究ということになる。これは、先にものべたように社会学の一分野であるともいえるが、やはり法学者による社会学的研究こそ有益であり、そういう研究が進められるべきであろう。ただ、こうした研究には、共同研究のための多数の研究者が必要とされるし、研究資金も必要であり、研究条件としては必ずしもめぐまれてはいないが、新しい学問としての発展を期待してよいであろう。そして、個別的な研究の成果の上に、法社会学の一般理論を構築するという作業がなされなければならない。すでに、川島博士『法社会学・上』により、あるいは磯村教授の紹介によりエールリッヒの理論体系が提起されているが、今後は、広範な個別研究の上に一般理論を構築することが必要とされる。

以上のべてきたように、今後の法社会学としては、方法論よりは実際の研究が、一般理論よりは個別研究がなされなければならない。法社会学にとっては、ほとんどの分野が未開拓であり、本格的な研究が期待される。

（1）　たとえば川島武宜「法社会学」『社会科学入門』（みすず書房、一九四九年、新版一九五六年）所収をみよ。「……多くの法律学者は法社会学に対し疑惑の目をむけ、学問の世界におけるこの新生児に対し、公の市民権をあたえることを拒否し、もしくは躊躇している」（旧版八九頁、新版一一五頁）。

（2）　ジュリスト年鑑によると、大学の法学部あるいは法学専攻の学科において、「法社会学」という名の科目が開講されているのは、一九六六年度九校、六七年度一五校、六八年度一七校、六九年度一四校である。国公立大学よりは、私立大学に多い。しかし、このうち専任の担当者をもっているのは公立で一校、私立で五校にすぎない。

（3）　法社会学の分野での業績については、法律時報の学界回顧（毎年一二月号）によって知ることができる。ただ、何を法社会学に入れるかについては担当者によってかなり異なっており、一般に、かなり広い。

（4）　潮見俊隆「法社会学」『現代法学の方法』（現代法一五・岩波、一九六六年）所収。

（5）　碧海純一『法哲学概論』（一九五九年）二五七頁。

（6）　外国文献の翻訳としては、エールリッヒ『法社会学の基礎理論』（川島武宜訳一九五二年）、ギュルヴィッチ『法社会学』（潮見俊隆＝寿里茂訳一九五四年）、ウェーバー『法社会学』（小野木常訳一九五九年、石尾芳久訳一九五八年）、ティマシェフ『法社会学』（川島武宜＝早川武夫＝石村善助訳一九六二年）。

（7）　渡辺洋三『法社会学と法解釈学』（一九五九年）が代表的。

（8）　とりあえず私法関係の代表的な著書のみをあげると、戒能通孝『入会の研究』（一九四三年）、川島武宜『所有権法の理論』（一九四九年）、潮見俊隆『漁村の構造』（一九五四年）、渡辺洋三『農業水利権の研究』（一九五四年）、石村善助『鉱業権の研究』（一九六〇年）、中尾英俊『林野法の研究』（一九六五年）、川島＝潮見＝渡辺編『入会権の解体』（Ⅰ一九五九年、Ⅱ一九六一年、Ⅲ一九六八年）、川島＝潮見＝渡辺編『温泉権の研究』（一九六四年）。

(9)　戦前の研究紹介については、川島『法社会学・上』八頁注(1)にほぼ網羅的にかかげられている。それによると大正時代にすでにエールリッヒ、ケルゼン、カルナー（カール・レンナー）、ウィグモア、カントロヴィッツ、ヴント、タルド、デュギィ、それにパウンドを中心とするアメリカの理論の紹介がなされている。
(10)　平野『日本資本主義社会の機構』（一九三四年）のほか、『日本資本主義の機構と法律』（一九四八年）所収の諸論文、戒能『入会の研究』のほか、『法律社会学の諸問題』（一九四三年）。
(11)　前掲(8)参照。
(12)　いわゆる経験法学的研究としては、川島編『経験法学の研究』（一九六六年）のほか、太田知行『当事者間における所有権移転』（一九六三年）。
(13)　マルクス主義的研究と経験科学的研究といっても、すべての法社会学はこの二つに分けられるという意味ではない。しかし、実践的立場を強調するマルクス主義的研究と、実践との関係を神経質的なまでに切りはなして研究しようとする経験科学的研究を、二つの典型としてとり上げることは許されるであろう。これは、マルクス主義的研究が経験科学ではないという意味ではないし、経験科学的研究が実践には全く無関心であるということを意味するものではない。
(14)　方法論は、こういう方法でも研究できるというのみならず、この方法でないと研究できないという必然性をもたなければならない。たとえば、経験科学的な方法が、他の学問分野において行なわれているから、法の分野においても可能であり、必要であるというだけではなく、法の分野においても経験科学的な方法が不可欠であることが示される必要がある。この点、経験科学的方法においても、必ずしも十分に示されたとはいえないのではなかろうか。
(15)　田中耕太郎博士は「方法と順序」と題する論文（一九二九年）（『教養と文化の基礎』（一九三七年）所収）の中で、方法論の流行に言及し、次いで「此の時期に於て輩出した方法論的労作にどれだけの学的価値を有するものが存するか、私は暫らく之れを不問に付して置きたい。私は唯だ其の科学の範囲内に於ける諸問題が論著に依つて其の主張する方法に従ひどれだけ解決されたか其の力がどれだけの切れ味を持つかを示したか否やを知らんと欲するものである。又其の方法論上の疑問が具体的なる研究の途上に於て誘発せられたものか、及び論著の主張する方法が諸家の諸方法の概念的なる比較の結果無反省に無雑作に選ばれたものかどうかを反問したく思ふ」とされている。これはまた方法論は研究途上に於て誘発されたいわば必然的なものであるべきことの指摘といえるであろう。
(16)　ラスキは一九四四年の著『信仰・理性・文明』の中で、学者たちが、極度の専門化の中で、「大きな問題、とりわけその中でも、現代の危機と関連するような問題を、ことさら避けて通ろうとする」ことを批判し、「いかなる学者といえども、活溌な論争に跳びこむのでなければ、偉大なる仕事をなしとげることはできないわけであり、もしもそこに不安があれば、自然彼は、自己の社会観をはっきり示すような問題は、避けて通るか、でなければ、当時の権力者を刺戟しない、さらに進んでは、その賞讃を博するようなものばかり書くことによって、その地位を保つことを求める」と指摘している（中野好夫訳一五六頁）。

(17) 渡辺『法社会学と法解釈学』が代表的。

(18) 来栖三郎「法律家」（末川博士還暦記念『民事法の諸問題』一九五三年）「法の解釈と法律家」（私法一一号一九五四年著作集第一巻所収）が代表的。後者に次のような指摘がある。「それを読めば社会学的な法の解釈の方法に慣れ親しむことが出来るような教科書をつくるために法社会学者は協力すべきではないだろうか。……法社会学者は法社会学の専門家となるべきだという考え方もありうるが、少くとも差当っては法の解釈の方法として社会学的な方法を確立することは法社会学者の任務ではなかろうか。」このあとさらに、次のような批判がなされている。「然るに従来法社会学者は――例外がないとはいわないが――社会学的な法の解釈の方法の教育を組織的に展開する骨折を引受ける代りに、法の解釈を軽蔑することによって、その骨折を回避しようとし、ために社会に対する影響力をそいでいたようにさえ感ぜられるのである。」

(19) たとえば法律時報に一九六七年から連載されている「世界の法社会学」を参照。

(20) 方法論ということばは、しばしば実践的態度という意味に使われる。実践的な意向をもつことは望ましいばかりか、それなしには、そもそも研究ができないといってよい。しかし研究というからには、ひとまず自己の実践的な意向と切りはなすことは、最小限要請されよう。この点については、ルウェリンのことばが有用である。「研究の目的のための存在と当為との一時的な離婚。これによって私の意味するところは、研究の目標を定立するためには常に価値判断に訴えなければならぬが、存在に対する検討そのものの間では、観察、記述及び記述された事物間の関係の確定は、観察者の希望又は彼がそうかも知れないと望み或いはそうあるべきだ（倫理的に）と考えることによって、できるだけ汚されないである、ということだ。もっと具体的にいうと、裁判所のしていることの研究の間には、裁判所が何をすべきであるかの問題を無視する努力を意味する。このような存在と当為との離婚は、もちろん恒久的なものとして考えてはいない。変化が必要であるという疑問から出発する人々にとって恒久的な離婚は不可能であろう。」（K. Llewellyn, Some Realism about Realism in *Jurisprudence*. p.55. 1962. 鵜飼『現代アメリカ法学』（一九五四年）一三一頁の訳による）

〔付　記〕

法社会学研究の現状についての簡単な概観。3つの流れに分けてそれぞれのもつ意味を考えた。現在でははるかに多様化してはいるが基本的にはこの分類ができる。日本では依然として法学者による研究が多く、社会学者による研究は必ずしも多くはない。

7　法社会学と法解釈学

（一九七五年）

一　はじめに

法解釈学は、法律学において中心的位置を占めている。このことは、法律学というものが、学問として教育・研究されるにいたった沿革からいっても、また法律学に対する社会的な要求の面から考えても、まぎれのない事実である。さらに、このことは、法律学が、いわゆる実用法学ないし応用科学と呼ばれ、社会科学のなかにおいても、特殊な地位を占めていることからも伺い知ることができる。(1)

実践科学としての法解釈学に対して、法に関する理論的・経験的な科学として、法社会学がある。(2) 法社会学は、すでに、法解釈学と並んで、法律学の一分野としての固い地歩を築いているが、法解釈学の占める圧倒的な地位ゆえに、その独自性については必ずしも定見があるわけではない。

この一つの要因として、法解釈学におけるような「実用性」を基準とした場合、法社会学は、法史学とか、法哲学といったいわゆる基礎法学とともにいわば「弱味」をもっていることがあげられる。(3) しかし、「実用性」を学問の意義を決める基準となしうるか否か自体、一つの重要な問題であることを考えれば、右の「弱味」は、法律学という学問の一つの状況を示すものではあっても、弱点ではない、といってよい。

本稿は、法解釈学の実践的な性格を検討しつつ、法社会学が、法解釈学にいかなる寄与をなしうるのか、という問題を扱っていきたい。そうだからといって、法社会学は、法解釈学との関連においてのみ意義あるものであると考えるからではない。法社会学の貢献を考えることにより、法解釈学自身の科学性、あるいは実践性に光をあてうるのではないかと考えるからである。

二　法の解釈

法の解釈は実践的なものであるといわれるために、時として、要するに法の解釈は、すべて決断の問題であるとされ、法社会学のような経験的・理論的科学とは、無縁であるかのように考えられることがある。たしかに、法の解釈が、まったく主観的な決断であるとすれば、すべては、個人がどう決めるかにかかっていて、科学とは無関係だといえるかもしれない。しかし、法の解釈自体、決して主観的なものではない。このことは、法の解釈というものが、何らの制約なく、まったくの真空の中において行われるのではなく、ふつう法源とよばれる、裁判基準にしたがってなされなければならないことからも明らかである。ただ、問題は、こうした基準が与えられていても、必ずしも一致した結論が出てくるわけではなく、解釈者による差異が生じてくることにある。

そこで、まず、法解釈学とはいかなるものであるのかを考えていくことにしよう。

法の解釈が、いかなる性格をもつものであるかについては、学界においても、たびたび争いになっている。そのうちで、もっとも特筆すべきは、一九五三～五四年のいわゆる法解釈論争であろう。[5] そこにおける最大の問題点は、法の解釈は、客観的なものたりうるのか、それとも結局は、主観的な判断という性格を免れがたいものなのか、であった。

(1)　客観的に定めうるとする考え方

まず、法の解釈をめぐって争われる問題について、科学的にあるいは客観的に結論をきめることができる、とする考え方についてみていこう。

この考え方によれば、法の解釈として争われる問題に対して、科学的、ないしは歴史的な探求によって、正しい結論を出すことができるとする。もっとも、この考え方のなかにも、歴史の方向を見きわめれば、正しい結論は、おのずと出てくるといった、先験的なものから、当該問題についてのあらゆる資料を検討すれば、客観的な答えを導くことはできるという、経験的なものまである。

この考え方の特徴は、いかなる問題についても、客観的なデータによって、結論は定まってくるとし、法の解釈における、決断のモメントをなくし、あるいは少ないものとする点にある。つまり、法の解釈は決める問題ではなく、定まる問題だということになる。[6]

(2)　主観的な決定とする考え方

これに対して、客観的なデータも、結局は判断資料にすぎず、結論はそれらに基づいて決めらるべきもので、判断資料から一つの結論が出てくるとはいえないとする考え方がある。つまり、決断の要素を強調するものである。[7]

この考え方は、事実から価値を導き出すことができるかという、哲学上の問題、あるいは、科学は処方箋を出すべきかという、倫理上の問題とも関連する。

この考え方の特徴は、いかなる推論にも、主観性を見出し、決断のモメントを強調する点にある。たとえば、歴史の方向といっても、必ずしも一義的に定めうるものではなく、いかなる目的に用いるかによって、方向自体が、変ってくることがありうること、あるいは、客観的だといっても、いかなる人も気づかないような、偏見や先入見の影響から自由ではないことを指摘する。したがって、決断のモメントは、ほとんどぬきがたいとするものである。

(3)　法の解釈における争い

ところで、一口に「法の解釈」をめぐる争いといっても、その中には、種々のものがある。第一に、ある結論をとるべきことについては、ほとんど異論がないが、その理由をいかに考えるかについて争いのある場合である。第二に、ある問題について、いかなる結論を出すかについて、争いのある場合である。

第一の型の問題としては、たとえば、借家契約の終了をめぐって、正当事由があるから更新は認められないとするか、借家人に背信的行為があったから契約は解除されたと説明するかとか、ある刑事被告人を無罪とするについて、違法性がないとするか、有責性がないとするかといった場合があげられる。

いずれの理由によっても、借家人敗訴、被告人無罪という結論に争いはないわけであるから、理由についての争いは無意味なものともいえる。J・フランクも、依頼者、当事者にとって、関心のあるのは、勝つか敗けるかだけで、いかなる理由によるのかは関係がない、としている(8)。また、判決に理由がつけられない場合には、まさに結論しかわからない。

そうだとすれば、理由についての争いは、些細なことをめぐる法律家の間のあそびだと見ることができるであろうか。これは、裁判の先例的機能と関連する難しい問題である。裁判が、当該事件の解決だけを唯一の目的とするのであれば、理由は問わず、結論だけが示されればよいといえるかもしれない。しかし、裁判には、単に当該事件の解決のほか、当該事件を通じて、一般的なルールを明らかにするという作用がある。その際、何故ある結論をとったかについての理由は、不可欠なものといってよい。したがって、結論自体には争いがなくても、いかなる理由によるのか、という理由づけの争いには、重要性がある。さらに、理由づけについての争いに終始するかにみえる場合にも、実は、関連する周辺の問題についての結論の争いになっていることが多いことに注意すべきであろう。その意味において、理由についての争いにみえる事件も、潜在的には、結論をめぐる争いであるということもできるであろう。

第二の型の問題こそ、通常は、法の解釈の問題とされるものである。たとえば、自衛隊は違憲かとか、ある医薬品メーカーに、副作用のある医薬品を製造販売したことにより生じた損害についての賠償責任があるか、あるいは、かくかくの人間が行ったしかじかの行為は、犯罪を構成するか、等である。これらの場合には、妥当な結果そのものについて、見解が分れるのである。こうした問題の場合、結論は要するに、個人の見解次第なのか、それとも、多かれ少なかれ、客観的なデータによって決定しうるのか、が争いになる。そして、これらの問題においては、まさに法社会学との接点があり、また、いわゆる利益衡量論との関連もでてくる。

(4) 結論の妥当性のもつ意味—いわゆる利益衡量論について

他の解釈において、結果の妥当性が追求されるようになったことの背景には、法と裁判についての考え方に重要な変化があると思われる。つまり、かつては、法であるがゆえに、あるいは裁判所がなした判断であるがゆえに、妥当性があると考えられていた。いわゆる権威による理由づけであり、権威は、それ以外の理由づけを要しなかったのである。[9] しかし、今日においては、もはやこうした権威は通用しなくなっている。そうなると、どうしても、法の内容、あるいは裁判の中味自身に納得できる妥当性があるか否かが、かなめになってくる。法であっても、その内容に妥当性がなければ、遵守されず、裁判も、妥当性のあるものでなければ、尊重されないことになる。[10] このような変化が、いつ、どのようなかたちでおきたかについては、必ずしも明確ではないが、右のような変化があったことだけはたしかであろう。

いわゆる利益衡量論は、こうした結論をめぐる争いのある問題について援用される。つまり、結論の妥当性を、いわゆる利益衡量をすることによって、決定すべきものとするのである。この考え方は、利益衡量によって、結論の妥当性を決定しうるとする考えに立つものである。

利益衡量論という方法には、いろいろあって、必ずしも一つの方法論として固まったものではない。[11] しかし、大略次のようにいってよいであろう。すなわち法の解釈にあたって、当該問題をめぐるもろもろの利益を比較検討し、何が保護に値するかを考えつつ、結論を出すことに重点をおくものである。

こうした方法(論)が、利益衡量論と名づけられたこと自体一つの重要な意味をもっている。つまり、これまでの法解釈の方法は、ある解釈をとることにより生ずる結果には、かまわないでなされていた。こうした考え方を代表するのが、一九世紀のイギリスのある裁判官のことばである。

「いかにバカバカしい（adsurd）結果が出てこようと、制定法のことばに忠実であるべきで、その是正は立法府に任せるべきである」[12]

この考え方も、結果に言及していることからわかるように、結果に無関心ではない。しかし、妥当性の追及を第一義的に考えない点で、きわめて特徴のあるものである。

これとはちがって、結果について言及せず、きわめて機械的な法の適用がなされている場合に、結果を考慮しないでなされた判断であるということができるであろうか。およそ、一つの決断を下すのに、その決定のもたらす結果に無関心ということは、そもそもありうるであろうか。おそらく、ありえないであろう。したがって、結果について考慮したかどうかを、結果について言及しているかどうかだけから判定することはできないといってよい。結果について言及しているか否かは、単に判断の理由としてのべるか否かの違いにすぎない。

このようにみてくれば、新しい方法論としての利益衡量論も、利益衡量をすること自身に新しさがあるのではなく、法の解釈にあたって、正面からいわば堂々と利害状況を考慮するとした点にあるというべきであろう。

そしてこうした方法の登場は、法なり裁判なりが、法であり裁判であるが故に妥当性をもつものではなく、それ自身で説得力を備え、妥当性をもつものでなければならないとされるようになったことに、求められるであろう。

(5)　結論と理由の関係

法の解釈とりわけ裁判における結論と理由の関係について、いずれが先行するかという問題がある。すなわち、裁判において、通常は、かくかくしかじかの理由で、かかる結論が出るというふうにのべられるが、実は、そうではなく、かくかくしかじかの結論をとるが故に事後的に、これこれの理由をつけるのだといわれる。[13]これは、判断過程一般の問題だともいえる。

右の問題をもっとも雄弁に、かつ徹底的に展開したのはJ・フランクであろう。すなわち、『法と現代精神』（一九三〇年）および『裁かれる裁判所』（一九四九年）の二著において、フランクは、判決意見は事後的なものであり、裁判官が、判決をするにあたっては、何が公正であり、妥当・賢明・便宜であるかについての勘（hunch）によるのだ、と主張する。(14) フランクより以前に、末弘博士も、裁判における結論と理由と事実の認定は、いわば「三つ巴」に行われると指摘されている。(15)

このようにみるからといって結論だけが大切で、理由はそえものだとすることは、できないであろうが、裁判において、結論が重要な地位を占めていることは否定できないであろう。いわゆる利益衡量論も、このことを当然の前提としているといってよい。

三　ブランダイス・ブリーフ

法の解釈を、ドグマによってではなく、科学的なデータによって基礎づけた事例としては、いわゆるブランダイス・ブリーフが有名である。ブランダイス・ブリーフについてはすでに、これまでに、種々の機会に紹介されているが、(16) 問題の重要性に鑑み、やや詳しくみてみたい。

ブランダイス・ブリーフは、一九〇八年のマラー対オレゴン(Muller v. Oregon)(17) という、女性の労働時間を制限するオレゴン州の法律が、連邦憲法に違反するか否かが争いになった事件において、当時弁護士として名をはせており、後に連邦最高裁判事となったブランダイスが、最高裁判所に提出したこの法律を擁護する弁論趣旨（ブリーフ）をいう。争点は、女性の労働時間を制限する法律は、連邦憲法により保障される契約の自由を侵害するものとして、違憲となるか否かである。当時、合衆国憲法は、財産権を保護するものと理解され、これに違反する州法は、違憲とされていた。ブランダイスは、オレゴン州法の効力を維持すべく、法廷に立った。その際、ブランダイスは、州法の合憲性に関する先例に照して、オレゴン州法を擁護するという方法をとらず、なぜオレゴン州法のような女性保護立法が必要とされるかを、百頁余にわたるブリーフにまとめて、これを、最高裁判所に提出したのである。先例にはわずか二頁をさいただけで、あとは、次のような「なまの事実」(Living facts) に基づく議論を展開したのである。

「長時間の労働は、特殊な体の構造故に、女性にとって危険である。体格においても機能においても女性は男性とはちがう。解剖学的・生理学的な相違のほかに、女性は、耐久力をつくるすべて—すなわち筋力、神経力、不断の注意と適応能力—において、基本的に男性より弱いという点で医師の意見は一致している。したがって、耐久力を極端に弱める過剰労働は、男性よりも女性の健康にとってより害があり、より後にまで残る害を与える。

女性の肉体的体格がかかるものであるが故に、女性は近代産業のますますの緊張感によって、男性以上に影響をうける。機械は、ますますスピードを増し、個々の労働者の扱う機械の数は、ますます増加し、より多くの操作が同時に行われるに従って、工程はますます複雑になる。すべてこうした変化は、労働者に、より大きな緊張をもたらすのである。

長時間労働にともなう疲労は、慢性的になり、健康を全般的に悪化させる。すぐに病気になるというわけではないために、疲労は往々無視されるが、この弱さと貧血は体の全組織をほりくずす。疲労は安定した仕事にもっとも必要とされる神経上の能力を破壊し、強力に他の病気のもととなる。産業の多くに必要とされる長時間の立作業は、医師によって、骨盤の機能不全をもたらすものとして批判されている。結婚の前後を問わず、過剰労働が出産にあたって及ぼす悪影響は、顕著で悲惨である。

働く女性の事故は、一日のおわりか不断の労働が長く続いたあと、もっとも頻繁におきる。災難と長時間ゆえの疲労との符号はかくして、明白である。

過剰労働が道徳に及ぼす影響は、健康侵害と密接に結びついている。労働時間が長いため、最低限の余暇や家庭生活の時間もない場合には、仕事の緊張からの解放は、アルコール性の刺激物か、他の不節制に求められる。製造業を主とする国の経験によると、過剰労働が全体の福祉に及ぼす悪影響がわかる。国民の相当部分の疲弊は、全社会を肉体的にも、精神的にも、道徳的にも低下せしめるのをさけられない。女性の健康が、長時間労働によってそこなわれると、社会の労働能率が害されるばかりでなく、疲弊は、次の世代にもうけつがれるのである。幼児死亡率は上昇し、既婚労働女性の子供は、生き残っても、無視されざるをえないために、そこなわれる。未来の母親の過剰労働は、かくして、国民の福祉を直接に攻撃するのである。

長時間労働による疲弊を例証する歴史は、これに劣らず明らかに、短い労働時間による更正を証する。個人にとっても社会にとっても、短時間の労働は、導入されればよい効果のあるものである。労働女性は既婚であれ未婚であれ、労働時間外に、生活の優雅さを得ることができる。家庭生活の改善により全社会の気風は高まる。より短い労働時間制の確立後相当の時間を経過したところでは、それに次ぐ世代は、体格においても、道徳においても顕著な改善をみているのである(18)」

最高裁判所は、ブランダイスのブリーフによって、オレゴン州法は合憲であるとした。これは、女性の労働時間を制限する法律の有効性が、認められたという点で、きわめて注目すべき判決であるばかりではなく、より注目すべきは、次の点にあるとされる。

「マラー事件が画期的であったのは、その判決内容によるのではなく、最高裁が、ブランダイス氏の事件の提起の仕方を、公けに認知した点にある。すなわち氏は、かかる憲法上の問題を議論する責任を帯びた弁護人に新しい技法を与え、争点について決するにあたって裁判所がそのような議論の方法をとる義務を負わせたのである。(19)」

ブランダイス・ブリーフは、法の解釈が、論理としての法ではなく、事実に基づいてなされなければならないことを、雄弁に立証したものといってよい。しかし、こうした方法が、すべての法律問題に、通用するといえるであろうか。先にもみたように、あらゆる法律問題について、ブランダイス・ブリーフのような、データによって、的確で、客観的な答えが与えられるとはいえないであろう。しかし、少なくとも、これまで、無造作に、直観とか、先入見にまかされていた事柄について、より的確な判断がなされる可能性が、拓かれるといえるのではなかろうか。

この問題は、法社会学にとどまらず、いわゆる社会科学を法律学において、いかに活用するかの問題でもある。近年、裁判においても、研究活動においても、隣接諸科学の成果の利用はきわめて盛んになっている。これまで、とかく、法律家ないし解釈者の勘によって支配されてきた分野は、科学的なデータによって代置されなければならない。もっとも、すべてを定まる問題になしうるというわけではない。しかし、学問的には支持されえないことが「解釈」の名の下に、まかりとおるといった事態が多かっただけに、このことは強調される必要がある。

このように考えてくれば、今日においても、ブランダイス・ブリーフのもつ意味は、きわめて大きいといわなければならない。

四　法社会学の貢献

これまでみたところから、法の解釈において、客観的データによって決定しうる問題についても、主観的な感じ、勘が優先されがちであったことを指摘しうるであろう。他方で、データからは結論を導き出すことができず、何らかの決断が必要とされる問題についてまで、データによって「定まる」のだとされていたことも認めなければならないであろう。

したがって、どこまでが、定まる問題で、どこからが決める問題であるのかを見きわめたうえで、問題にとりくんでいくことである。

もっとも、決める問題か、定まる問題であるかの境界も、説得力とか、上級審において破棄されないことといった、別の考慮が入ってくると、かなりあいまいになってくる。裁判自身、一つの決断であり、実践的な決定ではあるが、ある結論についての理由においては、裁判官が決断した結果であると書かれることは少ない。むしろ、この結論は、かくかくの条文としかじかの証拠により、こうならざるをえない、これ以外の結果はありえないという書き方がなされることが多い。弁護人の法廷における弁論となると、一層そのような傾向が強くなるのは、避けがたい。決める問題を、定まる問題であると主張する傾向は、学者の場合にもないとはいえない。

いずれにしろ、決める問題であって、決断の結果、これこれとなるというよりも、これこれのデータによって、こうならざるを得ないのだという主張の仕方の方が、より説得力もあり、議論に迫力が生まれるとされるからであろう。しかし、ある解釈が主観的な決断ではなく、客観的に定まる問題であって、不可避な結論であると主張することによって、より説得力が高まるか否かには、議論の余地が残るであろう。

しかし、右のような問題があるにもかかわらず、どこまでが確定しうる問題で、どこからが決断の問題であるかを、検討することは必要である。そして、この作業こそは、法社会学がもっとも貢献しうるし、またなすべき仕事といえるであろう。

このような見方をすると、法社会学の意義を、法解釈学に役立つ面でしか見ないことになりはしないか、という問題が残る。しかし、法解釈学に役立つ限度でしか、法社会学に意味がないとするものではない。法社会学には、理論科学・経験科学として、独自の意義があり、法解釈学の場合にいうような「実用性」を、学問の意義を決める基準とすることについては、はじめにも疑問を呈しておいた通り、問題がある。本稿では、両者の関連に重点をおいたため、法社会学の意義については、ふれえなかったにすぎない。

（1）実用法学としての法律学については、川島武宜『科学として法律学』（弘文堂、一九五五年）一〇七頁以下の分析が参照さるべきである。
（2）法の経験科学としての法社会学については、碧海純一『法哲学概論』全訂第一版（弘文堂、一九七四年）二五六頁以下参照。
（3）いわゆる基礎法学については、ジュリスト増刊『理論法学の課題』（一九七一年）参照。
（4）法源ということばは、きわめて多義的に使われるが、明解な説明として、碧海・前掲一三九頁以下参照。
（5）法解釈論争の際の代表的論文は、長谷川正安編『法学の方法』（学陽書房、一九七二年）に再録されている。とりわけ、論争の口火を切った来栖論文、川島論文が参照さるべきである。
（6）定まる問題か否かについては、鑑定の問題がある。裁判においては、しばしば、鑑定を求めて、鑑定の結果に基づいて、判断がなされる。その際、科学的・専門的な鑑定結果は、そのまま、尊重されるかといえば、必ずしもそうではない。というのも、鑑定自体一つではなく、相反する二つの鑑定が出てくることがあるからである。定まる問題がやはり、決める問題へ移行することになるのである。
（7）決断というモメントを強調すれば、当然、解釈に対する解釈者の責任という問題がでてくる。この点を鋭く指摘されたのは、来栖教授である。
（8）J. Frank: Law and the Modern Mind（1930 Anchor ed.）ch12. 棚瀬孝雄訳『法と現代精神』（弘文堂、一九七四年）
（9）権威による理由づけについては、M・ウェーバーのカリスマ的裁判あるいはカーディ裁判が想起されるべきである。M. Weber: Wirtschaft u. Gesllschaft. S. 407 Rheinstein. & Shils tr. Law in Economy and Law (1954. Harvard U. P) p.213　世良晃志郎訳『法社会学』（創文社、一九七四年）二九六頁以下。
（10）G・ミュルダール（G. Myrdal（一八九八―一九八七））は、『アメリカのディレンマ』(An American Dilemma（1944, p.17）の中で、アメリカ人は、法だから従うというのではなく、自己の良心に反する法には従わないという態度をもつことを指摘している。
（11）利益衡量論についての代表的なものは、加藤一郎『民法における論理と利益衡量』（有斐閣、一九七四年）星野英一「民法解釈論序説」『民法論集第一巻』所収（有斐閣、一九七〇年）、このほかジュリスト増刊「法の解釈」（一九七二年）が参考となる。
　加藤・星野両教授の考え方に対する批判としては、水本浩「民法学における利益衡量論の成立とその成果」民商法雑誌六二巻六号、六三巻二号・三号、六四巻二号、甲斐道太郎「民法における『利益衡量論』について」法律時報四六巻一号がある。
（12）Brownell 裁判官のことば（Hart & Sacks: The Legal Process（1958）p.1145による）。
（13）もっとも、これに対しては、異論もある。星野・前掲五頁参照。

(14) Frank: op cit p.108. 邦訳一六一頁以下、およびCourts on Trial（1949 Princeton U. P.）1949　古賀正義訳『裁かれる裁判所』（弘文堂、一九六〇年）。

(15) 末弘厳太郎『嘘の効用』（日本評論社、一九二三年）一七〇頁、四〇頁。

(16) これまでにも、戒能通孝『市民の自由』（日本評論社、一九五一年）のほか、鵜飼信成『憲法と裁判官』（一九六〇年　岩波新書）などに紹介されている。ブランダイス判事については、A. T. Mason: Brandeis（1949. Viking）が、詳細にして権威のあるものである。

(17) 208. U. S. 412（1908）.

(18) S. Konefsky: The Legacy of Holmes and Brandeis（1956. Collier）p.80による。

(19) F. Frankfurter: Hours of Labor and Realism in Constitutional Law, 29 Harv. L. R, 353（1915）.

〔付　記〕

法社会学は法解釈学の侍女に過ぎないかという問題について、法社会学は法解釈学とは独立の存在意義をもちうることを論じた。限られた時間で書いた習作であるが、現在も考え方は変わっていない。

8　私法の法社会学　――法社会学会三〇年

（一九七九年）

一　私に割り当てられましたのは、私法の法社会学というところであります。私法の各分野とりわけ民法の分野における法社会学的研究と言いますのは、法社会学の中心をなしてきたと言ってよいかと思われます。戦後三〇年の業績といったものを見た場合にも、ある意味では数限りないわけであります。しかもその研究の中には戒能通孝先生、福島正夫先生、川島武宜先生、渡辺洋三先生をはじめとする文字どおりの巨峰がそびえ立っておりまして、これを三〇分で概観せよということは、とうてい無理と思います。そういった状況を考えますと、三〇分という機械的な割当には極めて不満を感ずるわけであります。しかし、ご命令でありますので、私なりにまとめたことをお話したいと思います。なお私の責任でまとめておりますが、既に三月の段階で二回にわたって渡辺先生と利谷信義先生からいろいろお教えいただくことがありまして、もし私の報告で少しでもましな点があるとするならば、両先生のご教示に基づくものだといってもいいかと思います。ここでいろいろお教えいただきましたことに感謝させていただくと共に、私自身のまとめのまずさを最初にお断りしておきたいと思います。

法社会学といいますのは、ある意味では私法学者の「余技」ではないかと言われるくらいに私法学者によってなされております。これは何も戦後のことを見るまでもなく、法社会学の第一世代ともいうべき末弘厳太郎先生、穂積重遠先生あるいは平野義太郎先生、さらには我妻栄先生、中川善之助先生まで入れた場合にも、それから第二世代でありますす福島、戒能、川島諸先生、さらにこういった分類がいいかどうかわかりませんが、第三世代ともいうべき渡辺先生をはじめとする川島門下の諸先生方、さらにはその後に続きます利谷先生をはじめとするいわば第四世代ともいうべき研究者、すべて私法学者であります。しかも法社会学といいますのは同じ基礎法学の中にありましても法哲学とか法制史学のように、いわば専業形態というよりも、兼業形態でなされているわけであります。また兼業の中にも第一種兼業と第二種兼業がありまして、依然として第一種兼業の方もおられますし、第一種兼業から第二種兼業へ転化される方もあるわけであります。しかし法社会学というのは決して兼業あるいは片手間でなしうるものでもないわけであります。こういった私法を中心にして法社会学が発達・展開してきた――と一応ここでは申し上げておきます――ということには既に渡辺先生も指摘されておりますが、「法社会学が私法学者とくに民法学者を中心にして発達してきたことによる限界」と言いますか、或いは日本の法社会学の性格づけといったことも見られるわけであります。この点は一つの重要な研究課題と言っていいかと思われるわけであります。第二にそれでは、私法の法社会学とはいうものの、一体何をもって「法社会学」というのかということが問題になってまいります。例えば田中二郎先生も、行政法を研究するにあたっては実態を知るという意味で法社会学的な方法が重要だということをおっしゃっていますし、最近の利益衡量論といったものも結局は現実の利害状況を把握して、それを基礎にして考えなければならない、つまり法解釈学自身単なる論理の遊戯というものではありえないということを示しているわけであります。しかし多少の実態調査というものをすれば、それだけで直ちに法社会学となるわけではないのでありまして、こういった実態を背景に置くものをすべて法社会学だという必要はないと思われます。しかしそうかといって、法現象に関する社会科学的な研究、仮説を定立してそれを検証するというものに限定いたしますと、これもあまりに数少なくなってしまうということもありますので、ここではごく一般的に法社会学の作品、業績だとされているものを扱わせていただきたいと思います。レジュメにも簡単にいくつかの業績を列挙しておきましたが、これは代表的なものという意味であります。ただしその選択は極めて偶然的――決して恣意的ではないつもりですが――なものでありまして、しかも単行本になったものを中心にしております。こういったことも非常にたくさん業績のある中ではお許しいただけるかと思います。なお包括的な研究業績のリストについては森島昭夫先生が『法社会学講座』第二巻の中で、七一年までの段階ですが、かなり詳細に研究史をフォローされておりますので、それをご参照いただければと思います。それから法社会学において、法社会学論争あるいは法の解釈論争、さらには判例研究論争、経験法学に関する論争といったもは既にのが、これも私法を中心にしてなされておりますが、ここではそういったものは省かせていただきます。これは既に当初の打ち合わせで、私法の守備領域からはずすことの了解をえております。これ

二　まずこれまでの研究業績の回顧ということであります。大ざっぱに三つに分けました。この三つにすべて分かれるというわけでもありませんし、三つのうちの二つにまたがるものもあります。果たしてこういったものに分類していいかどうかわかりませんが、大きく分けますと第一に私法（制度）の社会経済的あるいは政治的分析、昨日の川島先生の言葉を借りますと、法の政治経済学といったものであろうと思います。この先駆者はなんと言いましても平野先生であります。平野先生のもろもろの業績、これは戦後のものというよりも戦前のものでありますが、まず『日本資本主義の機構と法律』（一九四八年）であります。これはその後『日本資本主義社会と法律』という題名で五五年に刊行されその改訂版が七一年に出ております。この「社会と法律」というものの中に収録されておりますものが最も代表的と言えるのではないかと思います。さらには『日本資本主義社会の機構』（一九三四年）、これは『日本資本主義発達史講座』に載った論文を書物にされたものでありますが、このあたりになりますと、法律的なという面より、かなり社会経済史的な観点でありまして——もちろん法律への関心はありますが——社会経済史的な分析がなされております。この「機構」あるいは「社会と法律」の中に収録されているものは川島先生も「これだけのレベルのものはない、いわばピカ一の研究だ」と言われておりますし、昨日もいろいろお話が出ましたように、まさにこういった

研究の最も代表的なものと言っていいかと思われます。戦後におけるこうした研究の継続といったものはいろいろなところに見出されると思いますが、一つは「日本近代法発達史」講座であろうと思います（一九五八〜六七年）。ただしこれはトータルな把握というよりも各法領域の研究でありまして、しかも時期も法体制準備期、確立期、再編期、崩壊期というようにかなりこまかく分かれております。しかし平野先生の研究の後に続くものと言えると思われます。さらに平野先生の研究の中にありましたマルクス主義的法律学という面における延長線上に出て参りますのは『新法学講座』（一九六一年）であるとか、渡辺先生がお書きになりましたもの、たとえば『日本における民主主義の状態』（一九六七年）であるとか、さらには先ほど出ましたＮＪないし民科による、いわゆる「現代法の研究」たとえば『現代法の学び方』（一九六九年）であるとか、あるいは『現代法』という雑誌に出ている成果、さらに現在刊行中の『マルクス主義法学講座』につながっていくだろうと思われます。

第二に私法（現象）の歴史的研究（法の史的発展）――これはいろんなものを包括する意味であれこれカッコの中に入れたりしましたが――ともいうべきものであります。その中には二つあると思われます。一つは川島先生あるいは戒能先生の研究――戒能先生の『入会の研究』は一九四三年のものでありますが、その影響力その他からいって一応戦後のものというふうに扱わせていただきたいと思います――これはいわゆる私法あるいは法律学の論理あるいはドグマチークのようなものの生成過程を扱ったものであります。例えば川島武宜『所有権法の理論』（一九四九年）は近代的所有権の確立過程を扱い、戒能通孝『入会の研究』は近代法の体系が導入された場合に入会権という古い権利がどのような変容をこうむるかということを研究された成果であります。もう一つはいわば立法史あるいは政策史といったようなものであります。たとえば福島先生の『地租改正の研究』（一九六二年）、渡辺先生の『土地建物の法律制度』（一九六〇、六二年）といったものです。渡辺先生のはとりわけ立法史、これまでだれも手をつけなかった特別法の立法史であります。そういったものがここに入れられるのではないかと思います。なおこの他に外国法について同様のことを試みた、例えば藤田勇先生の『社会主義的所有と契約』（一九五七年）であるとか、稲本洋之助先生の『近代相続法の研究』（一九六七年）だとか、あるいは戒能通厚さんのイギリス土地法についての論文などもこういった法の史的発展、いわば単なる法制度ではなくて法現象とりわけ法のロジックといったようなものを中心にした、法律家の手による歴史的研究と考えていいかと思われます。なおそうしますと法制史の研究というものをここに入れなければならなくなってくるのですが、そこまではここでは入れておりません。

三番目に私法（現象）の社会学的（実態）調査およびそれに基づく分析であります。これは相当広い範囲にわたるものでありまして、レジュメにいくつかの例を挙げております。家族に関しては非常に沢山の調査があります。湯沢先生のご苦心の調査によりますと一九七五年まででありますが、家族に関する調査報告は八五〇あるのだそうであります（講座『家族――政策と法』第三巻）。これには新聞社なんかの調査も含まれております。まさに百花撩乱と言っていいかと思われます。家族法研究はとりわけ家制度研究会という恒常的で極めて生産的な組織を中心にしてなされてきたものであります。この家族の分野における調査研究のほか、相続、物権、入会権についても大規模な調査がなされています。さらには取引法の分野、損害賠償の分野においても相当大規模な調査が行なわれているわけでありますす。ただ調査対象といいますのは必ずしも私法の全分野には及んでおりません。家族と相続と入会、この三つがおそらく最も調査が進んでいる領域だと私は考えておりますが、それ以外の分野はかなり手薄であります。いまあげた分野以外の分野になりますと、いろいろ論じられてはいるものの実態がはっきりわからないというようなままのことが多いわけであります。本来ならばこれらの研究のそれぞれについて研究の跡といったものをたどるべきでありますが、これをやりますと、例えば戒能先生の研究についてだけでも一日のシンポジウムを要するというようなことになるわけでありまして、とうていここで私がまとめることはできません。川島先生を始めとする業績は既に公知の事実であるという前提で、その中の私法の領域に属するものだけを扱いたいと思います。例えば戒能先生の著作集の中で言いますと第四巻の所有権から始まって、第五巻の入会、第六巻の家族、それから第八巻の公害も入るかと思います。福島先生のご研究も本になっておりますものだけではなくて、例えば『日本近代法発達史』の文字どおりの中心的編集者として、あるいはプリント版のままの業績といったものがあります。もっとも福島先生の業績を果たして法社会学として位置づけるのか法制史として位置づけるのかは、非常に難しいのでありますが、これも一つの法社会学的な研究の方向だというふうに見ていっていいかと思います。狭い意味でも法社会学と言えますのは、おそらくこの実態調査の面であろうと思います。いわゆるフィールド・ワークであります。この学会の会員の中にも一年の三分の一はフィールドに出て研究をされていたというような方も、あるようであります。最近でもフィールド・ワークを非常に盛んにおやりになっている方もいらっしゃいますが、フィールド・ワークにおける関心の推移は非常に注目すべきものであります。まず家族の研究、次にその家族の典型的な現われといったものを村落に求めるといった形での磯田進先生を始めとする村落研究、さらには農業資産相続特例法案をきっかけとして出て参りました農家相続調査、さらには民法典自身が慣習に委ねております入会についての調査といった形で、調査が行なわれているわけであります。家族の分野は先ほど申し上げましたように非常に多方面にわたっておりますが、例えば婚姻および離婚あるいは内縁について、高梨公之先生、唄孝一先生、湯沢雍彦先生、太田武男先生らの業績がありますし、親子関係あるいは養子、後見に関して鈴木ハツヨさん、湯沢先生の研究、それから扶養に関しては西原道雄先生、湯沢先生らによる研究があります。このあたりがいわゆる家族法の中でも中心的な領域であろうと思われます。当初は特殊日本的家族秩序を構造的に究明するという観点からするものでした。そしてこれはいわゆるイデオロギー分析というような形で既に川島先生によってなされたところであります。ところがこの家族の領域は単に農村との結びつきということばではなくて、後ほど触れますように、実は社会学者からいわば最も侵食されているというか社会学者による研究が最も多い分野でもあります。それはとりわけ家庭裁判所において心理学とか社会学とか教育学が家庭事件を扱うさいに必要とされるということをバックにしていると言えるかと思われます。それから相続に関しましては、先ほど申し上げましたように川島先生を中心にして『農家相続と農地』（一九六五年）というものにまとめられました膨大な研究があります。これはおそらく法社会学的な調査方法論を極めて厳密に適用した最初の調査であると言ってもいいと思います。しかもこの研究は利谷先生のグループにより、いわゆるボーリング調査という形でその後も定期的に行なわれるようになっていまして、今後もその方向で調査が行なわれていくでありましょう。こういったいわば丹念な調査による学界への貢献といいますのは非常に大きいと思います。こうした定期的な調査はいくらがんばっても一年間でまとめるわけにはまいりませんから、当然こんごも定期的になされることが期待されるわけであります。入会に関しましては『入会権の解体』についての川島先生グループの大研究のほかに、中尾英俊先生、小林三衛先生、黒木三郎先生を中心とする研究があること、これは言うまでもないことであります。民法典が拾い上げなかった物権に関しましては、水利権に関する渡辺先生の、鉱業権に関する石村善助先生の、温泉権に関する川島先生をはじめとする業績があります。それから取引法の分野については請負契約に関する川島・渡辺両先生の『土建請負契約論』（一九五〇年）をきっかけとし、さらに最近では椿寿夫先生を中心として約款研究が行なわれております。それからもろもろの新しい契約については最近『現代契約法』という形で北川善太郎先生が実態調査をしておられます。さらには取引約款になりますと、これは後ほどの実務という面との関連もありますが、非常に詳細な研究が行なわれています。損害賠償に関しましては医事法に関する唄先生の研究、交通事故についての太田知行さんのもの、六本佳平さんの『民事紛争の法的解釈』といった研究があります。

三　回顧に時間を取りすぎましたが、次に私法における法社会学の特質というところに移りたいと思います。いままでからもおわかりいただけると思いますが、法社会学といっても法学者による研究が多いことであります。その時々の課題にこたえるという形の実態調査が行なわれてきたわけであります。その際法解釈学に役立つような問題のたて方といったものがなされ、あるいは問題意識といったものがあるわけであります。これをどう評価するか、学者の仕事といいわゆる法的実践との関係をどうするか、これは既に何度も論じられてきたところであります。立法活動とか行政活動への参加という形の場合もありますし、それから各種諸団体、例えば損害保険約款についての私法学会における討議（私法三六号）というような、いわば業界との関係の問題といったものもあるわけであります。それぞれ、とかく実態を知らないことが多い学者には非常に役立つものであります。そしてそれも一つの研究成果ということになるわけですが、こういったものを法社会学として一体どう評価するかということは問題になりうる点であろうと思われます。ただ必ずしもすべての領域においてこうした研究が行なわれているわけではない点が問題であろうと思われます。いままでテーマの偏りと言いましたが、非常に限られた分野についてしか研究されていないことからもわかりますように、もっともっといろいろな約款研究がなされていいのではないかと思います。さらには国際的取引の分野、これはおそらく学者よりも実務家の方がはるかにレベルが上と言ってもいい領域だろうと思われますが、こういった国際競争が非常に激烈な中における国際的取引の法社会学的な実態というのは極めて興味があるものと思われます。多国籍企業あたりを中心にして少し研究がなされ始めておりますが、これも重要な分野ではないかと思います。さらには例えば相続について日本の農地相続と外国の相続とを比較研究するといった観点も、いろいろな意味で必要とされるのではないか。農家相続については既に川井健先生と清水誠先生による西ドイツの農村調査といった先駆的なものがありますし、利谷先生のグループがそういった外国との比較の試みをもっておられるように伺っております。次に、いままでの研究成果は何といっても個別研究にとどまっておりまして、研究の現状といったものを学界の共通財産とするという意味で、いままでなされた研究をまとめた教科書といったものの必要があるのではないかと思います。これは事実的なデータをまとめたという形でもいいわけですが、ちょうどソシオロジーの教科書のようなものの必要性であります。さらにはいわゆる法社会学の一般理論の必要性、先駆的なものとしては川島先生の『法社会学・上』

（一九五八年）のようなもの、さらには昨日お話がありましたようにエールリッヒの法社会学の体系を整理された磯村哲先生のもの。昨日のお話でエールリッヒの理論体系であると同時に磯村先生ご自身の体系でもあるということを痛感したわけですが、こういった研究ももっとなされるべきだと思います。一般理論はギュルビッチ、ティマシェフ、あるいはウェーバーの翻訳という形で提起されています。そしてこれらの成果は「法社会学講座」（一九七二～三年）という形でまとめられております。しかしどうもまだ満足すべき状態にあるとは言えないと思われますので、この面の研究も進められていく必要があるのではないかと考えるわけであります。

四　もう時間がありませんので最後に一言。先ほど利谷先生のお話にも出ましたように、来栖三郎先生は一九五四年に法社会学の方法として社会学的な方法を確立することが法社会学の任務であると述べておられますが、ちょうど二〇年後に『契約法』という七五六頁を契約各論だけに費した本を出されたわけであります。手付に関しても割賦販売に関しても、訴訟委任に関しても、これまでの教科書なり論文でこれだけ徹底的なものはなかったのであります。法の適用される事実をこれだけ徹底的に調べ上げたうえでの解釈論というものを前にいたしますと、そうした事実に無知で展開してきた解釈論というのはまさに恥じ入るほかないわけであります。

来栖先生のこの本というのはいわば実態を足で歩いて集められたもので、われわれにとっては目の覚めるような指摘に満ちております。こういったことを来栖先生のように単独で、しかも二〇年かけておやりになることに大きな意義がありますが、それとともにそれぞれの研究者が各自こういった実態を把握すべく調査し、解釈の方向としていわゆる法社会学的な方法の確立をしていくべきではないかと考えるのであります。しかも来栖先生の本は決して法社会学の本ではありません。それにもかかわらず、法社会学の立場からは法解釈学のいわゆる学説史であるとか学説を分類した本などよりも数倍役立つわけでありまして、こういったことを法解釈に関心を持ちつつ進めていくということが、今後の法社会学の課題になるのではないかと考えるわけであります。

第二に法解釈学と切り離された法社会学といったものが最近唱えられております。法律学においてはとかく実用性がないことにコンプレックスをもつというか、あるいはいわゆる実益論に左右されがちでありますが、しかし法の解釈に役立って初めて学問的な価値があるというわけではないのでありまして、法現象といった極めてバラエティに富んだ興味深い現象に関する科学的な研究、その法則性といったものを研究していくことが必要とされるのではないか。そして最近ではいわばそういった法律学を学んだ人が、社会諸科学を応用ないし利用してする研究が出てきておりますが、こういった方面への研究がもっともっと展開されていくことが期待されるわけであります。

私の報告はこの辺で終わらせていただきたいと思います。

〔付　記〕

日本法社会学会の創立三〇年を記念しての学会報告。なぜ民法学者が法社会学に関心をもつか、法社会学研究者に民法学者が多いかについて考えた。現在では民法学者以外にも法社会学に関心を持つ学者は増えていて、以前のような民法学者が多いとはいえない状況になっている。

9 法社会学 ——一九六〇年の出発

（一九九七年）

過ぎ去ったことを回顧（懐古?）的に書く歳ではないと考えているが、学界の一隅に身をおいてから、すでに三〇年以上を経過しているので、三〇年前の修業時代ともいうべき一九六〇年代のことを、思い起こすままに書いてみたい。

出発は安保の年、一九六〇年である。大学を卒業した年は、岸内閣による安保条約の強行採決以後、毎日のようにデモのため国会通いをしていた。いつも食堂の入り口でビラ配りをしていた樺美智子さんが亡くなった年であった。

あまり明確な問題意識もないまま、民法を勉強していたが、当時もっとも丁寧に読んだのはEhrlich: Grundlegung der Soziologie des Rechts. 1913. とJerome Frank: Law and the Modern Mind. 1930. であった。Ehrlichは（正門前の）有斐閣で売っていたリプリント版（印刷が不鮮明な海賊版?）で、苦闘しながら毎日一章ずつ読んだ。Frankはまだコピーのない時代であったから、ドイツに在外研究に出かけられた間、来栖三郎先生からお借りした本を、先生の書き込みを参考にしながら読んだ。

その頃川島武宜先生と碧海純一先生が中心になって経験法学研究会（EJ）が組織され、そこでPopper, Geigerの他、Parsons, Mertonなどアメリカの社会学の文献などを読んだ。この研究会での勉強（何度も合宿をした）は大変新鮮で、刺激に富んだもので、問題関心は今日まで続いている。

一九六二年に社会科学研究所の助手になり有泉亨、磯田進、渡辺洋三、潮見俊隆といった豪華な先生方の集団指導のもとに、きわめて自由な（無秩序な）勉強をする機会が与えられた。磯田先生との農村構造と家族の調査（神奈川県）、社研のプロジェクトの千葉県のアーバナイゼィションの調査、とりわけ住宅団地開発の実態調査にも参加した。

当時大規模に行なわれた農家相続調査にも加えていただき、相続の実態をどのようにして調べるかを、先生方から直に教えていただいた。均分相続により農地が細分化するから特例を設けるべきであるとする見解を検証しようとする調査であったが、全国一一道府県の調査の結果、農地は共同相続＝細分化されることはきわめて稀であることが明確になった。

相前後して川島先生の温泉権の研究にも参加させていただき、四万（群馬）、熱海などの温泉地を訪ね源泉の権利関係をめぐる調査をして、生きた法のあり方と役割について学んだ。

この後利谷グループのメンバーとして、農家の財産承継とりわけ「あとつぎ問題」に焦点を当てて、農家相続調査を続け、松川（長野）、松任（石川）、そして都市近郊の川越、小田原などの相続農家を訪ねて聞き取り調査をした。かなり根堀り葉堀りの質問にも答えて下さった、農家経営者からの聞き取り話のいくつかは今もヴィヴィドに思い出す。

一九六七年から、入会林野近代化法に基づく、神奈川県の入会林野コンサルタントとして、入会の実態把握をふまえて、権利関係の近代化の問題に取り組んだ。入会権については教科書で読んだだけではよくわからなかったが、現地で入会林野をみて関係権利者の話を聞き、これが入会権かとわかっていく過程を、今もはっきり思い出す。この入会林野整備の仕事は以来三〇年今日まで続いている。

ささやかではあるが、こうした調査経験は、後に法社会学の講義をする際、大変役にたち、学生たちから調査の話はおもしろかったという感想を聞いた。また書かれた法と現実に行われている法が違うことをいやというほど知らされたのも、調査の成果の一つである。

こうしたなか、社研の助手の慣習上の義務として、法社会学会と民科の事務局の事務を担当することになっていた。事務局員として理事会にも出席して、理事の先生方の意見を直接うかがう機会はきわめて貴重なものであった。当時は事務といっても会費（確か年二百円であった）の徴収と、学会開催通知ぐらいで（ただし学会は春秋の二回）、今のように大変なものではなかった。

二つの学会の事務局をほぼ五年間続けたおかげで、末川博、平野義太郎、戒能通孝、川島武宜、青山道夫といった大先生の謦咳に接することができた。今やこうした先生方はない。そしてこうした先生方を直接知らない世代の研究者も増えている。幸いにも直接お会いできた者の一人として、先生方の残された遺産とも言うべきものを後の世代に伝えていくことは、ささやかながら私のできることではないかと考えている。

〔付 記〕

法社会学会五〇周年を記念して寄稿した文章。当時の人々、学会の模様などについて回顧的にまとめたもの。

10　アメリカにおける法社会学の展開

（一九九六年）

一　はじめに

法社会学といえば、エールリッヒ、ウェーバーに代表されるドイツの法社会学が考えられたが、現在ではアメリカの法社会学が、量的にはもちろん、質的にも、主導的である。ところが、アメリカの法社会学は、エールリッヒ、ウェーバーといった巨星がいないため、焦点が定まらないだけでなく、法学者によるものだけでなく、社会学者、政治学者、人類学者による研究にまで及ぶ、きわめて多様な発展を示していて、容易に全体像がつかみにくい状況にある。

以下では、石村善助教授が長年にわたり研究されてきたテーマ[1]の一つであるアメリカの法社会学について、最近のＣＬＳ（批判的法研究）までを視野に入れて考察してみたい。[2]

アメリカの法社会学は、パウンドによる法社会学的法学に始まり、リーガル・リアリズム、法と社会研究、ＣＬＳを経て、今日に至っている。その特色は、法がどのような状態にあるかを前提として、法の果たす機能に注目し、法の改革（reform）をめざすものといえる。[3] したがって、法を静的に見るのではなく、常に動き、また動かしうるものであるという動的な見方に立っている。いわばきわめて実践的（プラクティカル）なものといえる。

実践的であるため、日本でいう法解釈にあたるもののなかにも、法社会学的アプローチが取り入れられていて、法社会学的なものを取り出すのが難しいという面もある。[4]

もっとも、こうした実践的なものであるため、日本に見られるような方法論の先行または方法論の独り歩きがないことは注目されてよい。

さらに、アメリカ社会は、少なくともヨーロッパからの移住以後、――つまり原住アメリカ人を除けば――わずかに三〇〇年を数えるにすぎない。そのため、アメリカ法の歴史が、アメリカ法の現状ときわめて近いものになる。これは、アメリカにおけるリーガル・ヒストリーが、法社会学とオーバーラップするという形として現れる。

本稿では、数冊の本でも扱いきれないほどの素材をすべて扱うわけにはいかないので、次のような形で、アメリカの法社会学の鳥瞰《かん》的な姿を提示してみたい。

まず㈡社会学的法学がどのようにして登場し、どのようなことを達成したか、㈢一九三〇年代のリーガル・リアリズムが、何故登場し、何をもたらしたのか、㈣「法と社会」研究が、どのようにして生まれ、どのような特色を持つのか。㈤法史学が、法社会学とどのような関係に立つか、㈥一九七〇年代に登場したCLSが、どのようにして生まれ、どのようなインパクトを与えたのか、㈦最後に、以上を踏まえて、アメリカの法社会学を考えるにあたっての特色（ドイツ・日本との比較）、現状をどう理解したらよいのかを考えたい。

いずれもが、独立に研究されるべき大問題であることは、わたくし自身、一九六〇年代からリーガル・リアリズム(5)を、CLSを一九八〇年代から、勉強してきて痛感するところである。しかし全体を見すえ、個々の研究動向をどのように位置づけるかが必要であると考えるので、あえて、荒っぽいスケッチで全体像を提示し、御批評を仰ぎたい。

二　社会学的法学

社会学的法学は、パウンド（一八七〇―一九六四）により唱えられ、展開された。おそらく一九一一年から一二年にかけてハーバード・ロー・レヴューに発表された「社会学的法学の領域と目的」を起点と考えてよいであろう。

パウンドは、これより先の一九〇六年に、ABAにおける「司法に対する国民の不満の諸原因(6)」という講演の中で、法が国民の期待するように機能しておらず、その改善のためには、行政的な裁定機関が必要であると、現実を見すえた法の活用を提唱していた。

こうした、法律に社会的事実を取り入れるという考え方は、ボストンの弁護士ブランダイス（後の最高裁判事）が、オレゴン州の女性の労働時間規制の合憲性が争われた事件[7]において提出した、ブランダイス・ブリーフに見られる。ブランダイスは、労働時間規制が合憲かどうかにつき、法律論を展開することなく、女性の労働時間規制をしないと、いかなる結果が生じるかについての統計的データを提出して、その必要性を訴えたのである。

こうした、社会学的事実を法解釈に援用することは、今日では珍しくはないが、当時はきわめて新しい手法であり、それ故に俊英なるブランダイスが、学者に先立って取り入れたのである[8]。

パウンドの理論は、かなり大規模なものであり、またすぐれた紹介がなされているので、いくつかの特色を指摘するにとどめたい[9]。

第一に、法を社会統制（ソシアル・コントロール）であるとする見方である。しかも、コントロールの主体は、政治的に組織された国家である。

第二に、法準則（リーガル・ルール）は、人間の利益の衝突を調整するものとして捉えられる。この利益は、法以前に存在するものであり、有限であるが故に必然的に衝突をもたらし、それを調整するために、法準則が必要とされ、裁判が重視される。

第三に、パウンドの理論は、あくまでも、妥当な解決をめざすための方法であり、それが可能であるとする。パウンドは、一九世紀から二〇世紀にかけての工業化・都市化の時代における法の社会化を唱えたのである。その視点は、法を基本的には合理的なものとしつつ、社会改革を進める道具として役立てようとするポリシー・サイエンスであり、プラグマティックないしインストルメンタリズムに立つものといえよう。

しかしながら、法への楽観的な信念が、後にリアリストたちによって批判されることになる。[10] パウンドによる社会学的法学と相前後して、一九〇〇年代から、ムーア[11]（一八七九―一九四九）、クック（一八七三―一九四三）といった人々が、法についての経験科学的研究をしていることが注目される。

また一九一〇年代に『基本的法概念』(Fundamental Legal Conceptions)（一九一九）において法概念の整理を企てたホーフェルド（一八七九―一九一八）も、間接的には、法学を経験科学化する試みといえるであろう。

法の研究として、経済学者R・イーリ[12]（一八五四―一九四三）の『財産と契約（二巻）』（一九一四年）およびJ・コモンズ（一八六二―一九四五）の『資本主義の法律的基礎』（一九二四年[13]）などがあげられる。これは、経済学者による法の研究であるが法社会学であるともいえる。

また、企業法の古典ともいうべきバーリ＝ミーンズ『現代会社と私有財産[14]』（一九三二年）も、法社会学のジャンルに入れることができるであろう。

さらに、ヘイル[15]（一八八四―一九六九）の研究も、法社会学の業績といえるであろう。

三　リーガル・リアリズム

一九三〇年代に登場したリーガル・リアリズム[16]は、アメリカ法学を席捲し、今日までインパクトを与えている。もっとも、何をもってリーガル・リアリズムというかについては、きわめて争いがある。[17] リーガル・リアリズムの中心人物を、J・フランク、ルウェリンとすることに争いはないとしても、グリーン、クック、ムーア、クラーク、アーノルド、ダグラス、F・コーエンといった人々を含めるか否かは、リーガル・リアリズムをどのように理解するかとかかわってくる。

また一九三〇年代に登場したということも、問題になる。[18] これより先、J・C・グレイ[19]（一八三九―一九一五）やカードウゾ（一八七〇－一九三八）の著作は、リアリズムの先駆をなすものといってよいが、一つの潮流となった一九三〇年（J・フランクの『法と現代精神』出版の年）を一応の起点を考えていく。

リーガル・リアリズムは、法学者による一つの運動ないし学派ともいうべきものであるが、それは学者の主導によるものではなく、むしろ、ホームズ、カードウゾといったすぐれた裁判官の方法により触発されたものというべきである。

すなわち、ホームズ裁判官[20]（一八四一－一九三五）は、一九〇二年に連邦最高裁裁判官に就任後、アメリカ法の発展に大きな貢献をした。とりわけ新しい社会、政治動向を読み取り、判例法をその方向へ導いていったことは特筆に値する。

ホームズの方法の特色は、何よりも論理の背後にある現実の世界、事実に基づく思考方法といえるであろう。したがって、裁判にあたっても、決して法理の形式的適用ではなく、事実の中からルールを見つけていく方法をとっている。

カードウゾ裁判官[21]は、長くニューヨーク州の裁判官として、先進的な州の法改革に注目すべき貢献をしてきた。また、イェール・ロースクールにおける講演『司法過程の性質』（一九二一年）『法の成長』（一九二四年）は、深い内省に基づく含蓄に富んだ古典として今日まで読まれている。

カードウゾ裁判官は、裁判官の判断過程を見事に分析し、けっして法論理の形式的な適用によるものでないことを示した。

このほか、リーガル・リアリズムの代表者と目されるJ・フランク[22]（一八八九－一九五七）も、衝撃的な『法と現代精神』（一九三〇年）を発表した時は、学者ではなく弁護士であり、一九三〇年代にニューディールの主役の一人として活躍した後、一九四一年から連邦控訴院（第二巡回区）の裁判官となり、法廷から、リアリズム方法論を実践した。

アメリカで、エールリッヒ、ウェーバー等を十分に摂取したのは、おそらくルウェリン[23]（一八九三―一九六二）であろう。ルウェリンは二度にわたりドイツ（ライプチッヒ大学）でアメリカ法の講義をしただけあって、ドイツ語を自由に使い、アメリカ法の紹介に多大の貢献をした。

リアリズムという意味では、M・レイディン[24]（一八八〇―一九五〇）が注目される。レイディンは、日本ではあまり注目されていないが、法についての透徹した考察は、今日でも十分通用するほど、すぐれたものである。

リーガル・リアリズムは、何であったのか。[25]それは、それ以前の法学への批判を踏まえ、法を、神話から解き放ち、法のはたらきをありのままに見ようとする法的思潮であるといえよう。そのいくつかの特色を、法社会学と関連させながらまとめておこう。

第一は、裁判所が法を運用するにあたって、その言明よりも、むしろ何を裁判によって達成しようとするのかに注目する考え方といえよう。フランクは、「裁判所のいったことより、裁判所がそれを述べるにあたって、したことのほうが重要である」としている。つまり、裁判所は、裁判を正当化するために、種々の説明（先例の引用、法規の解釈）をするが、それよりも、むしろ裁判の結論が重要であるとするのである。

第二に、このように裁判の理由よりも、むしろ結論を重視すると、結論が先に出て、あとは理由づけであるという見方になる。しかし、理由はすべてあとからの理由づけであるとするのは早計であるにしても、論理と心理の総合的判断としての結論の重視は、きわめて正当な指摘である。

第三に、以上のような考察方法は、いわば裁判過程を、リアリスティックに見ようとする法社会学的方法であると見うるであろう。

四　「法と社会」研究

一九五〇年代から、法ないし法現象が、政治学者、社会学者、さらに人類学者により取り上げられるようになった。これは、法が国民の生活において大きな役割を果たすものであるにもかかわらず、これまでほとんど、法律家、法律学者の独占になっていたのに対し、周辺分野の学者、とりわけ Ph.D をめざす研究者に法をめぐる問題が取り上げられるようになったのである。

政治学者は、政策決定機関としての連邦最高裁判所を研究対象とし、誰が裁判官であるかによりどのように判断が変わり、裁判官がどのように任命されるかといった政治的過程としての裁判所を研究した。[26] そこでは、法の論理よりも、むしろ端的な結論が重視され、裁判官のイデオロギー（リベラルかコンサーバティブか）と関連する分析がなされた。

社会学者は、犯罪、非行、人種、差別、家族の解体といった問題について、社会調査に基づいて、研究した。犯罪については、犯罪学の伝統があり、特に新しいものではなかったが、家族、差別などは、法の論理のかげにかくれた実態を調査や統計をもとにして明らかにし、法的論議の論理以上の光を当てるものとなり、以後、変動の激しい家族や差別といった問題について法社会学の定着した分野となった。[27]

法社会学研究をした社会学者としては、R・シュウォーツ、P・セルズニック、J・スコルニックがあげられる。バークレーの社会学者J・H・スコルニック（一九三一–）は『ジャスティス・ウィズアウト・トライアル』（一九六六年）において、オークランド市警の法執行を、調査をしたうえまとめた。これは、法が、実際の場においてどのように執行（適用）されているかを、実地観察に基づいて分析したもので、大きな衝撃を与えた。

またシカゴ・プロジェクトも、この分野に入るものといえよう。チェコ出身の亡命社会学者H・ザイセル（一九〇五–九二）とシカゴ・ロー・スクール教授H・カルヴェン（一九一四–七四）にひきいられたチームは、まず、『裁判遅延』

（一九五九年）について、次いで『アメリカの陪審』（一九六六年）において、それぞれユニークな手法を活用して、実態に迫り、分析したうえ、手固い議論を展開した。

シカゴ・プロジェクトは、法律学の視点をフルに踏まえたうえでなされた、古典的な法社会的業績として今日も参照される。[28]

フリードマンとともに、ハーストに学んだマコウレー[29]（一九三一-）は、歴史を十分に意識しつつ、ビジネス界において契約がどのように行なわれているかについて、斬新な視角からの調査を行い、法社会学の何たるか、その必要性を示す研究を公にした。また自動車のメーカーとディラーをめぐる契約のあり方を調査し、契約法のあるがままの姿を描き出した。

社会学者の業績としてあげうるものに、N・S・ティマーシェフ（一八八六-一九七〇）『法社会学入門』（一九三九年）がある。これは、石村教授が、川島武宜博士、早川武夫教授とともに訳された。この本の主眼点は法的ルール（rules of law）が、他の社会的ルール（道徳、慣習、エティケットなど）とどのように異なる特色を持つかにあてられ、法は倫理・命令的社会結合（ethico-imperative social coordination）であるとされるが、こうした特殊な用語法は、混乱を招くものと批判され、その故もあってか、浩瀚な学術書であるにもかかわらず、アメリカでも、日本でもそれほど影響を与えていない。

一九七〇年代に入って、人類学者が、法現象を取り上げ、新しい視座からアメリカという多元的社会を、分析し光を当てるようになった。[30]

先駆的には、ルウェリンが、A・ホーベル（一九〇六-九三）とともにまとめた『シャイアン・ウェイ』（一九四一年）があり、その後ホーベルが、『未開社会の法』（一九五四年）において、成果を概説する仕事をまとめた。

このあと、ローラ・ネーダー（一九三〇-）、サリー・ムーア（一九二四-）らが未開社会の法的現象を現代的問題のL・ローゼン（一九四一―）は、モロッコにおけるイスラム裁判について、ユニークな研究を公にしている。[32]
最近S・メリーが、本格的に法現象を、人類学の視点から分析する仕事をしており、また人類学者ギーアツの弟子
意識から分析して、新鮮な洞察を示した。[31]

五　リーガル・ヒストリー

さきにもふれたように、アメリカ法は、歴史が浅いため、法史学と法社会学とが必ずしも明確に分けられない。アメリカ法については、印刷術以前の原史料（写本）とか、考古学的資料（碑文）による研究といったことはなく、すべてが、いわば近代法であるといってよい。したがって、主として現在を扱う法社会学ときわめて近接する。

このことは、アメリカを代表するリーガル・ヒストリアンであるL・フリードマン（一九三〇―）が、同時に代表的法社会学者であるということに現れている。

このことは、フリードマンの師J・W・ハースト[33]（一九一〇―九七）についてもいえる。『アメリカ法の成長』（一九五〇年）『法と経済成長』（一九六四年）をはじめとする、ハーストの著作は、アメリカ法の発展を丹念に跡づけたものであるが、それはほとんど、そのまま法社会学研究につながっていく。

法は、あらゆる意味で歴史的所産であるとすれば、現在の法ないし法現象――契約、信託、離婚等――を法社会学的に研究するにあたって、その歴史をたどることは不可欠であるが、アメリカ法については、それは法史学そのものになる。

こうした法史的研究のテーマとしては、法律家、家族、企業、犯罪などがあげられる。

リーガル・ヒストリアンの代表格のフリードマンは、まず『アメリカにおける契約法[34]』（一九六五年）で、契約法の発展を社会経済的に分析し、契約法の社会における役割を明確に提示した。さらに『政府とスラム住宅』（一九六八年）

で貧困者向け住宅政策の問題を研究し、次いで『アメリカ法の歴史』[35]（一九七三年。第二版一九八五年）で、アメリカ法の通史を書いた。アメリカ法の通史は、これまでになかったものであり、要領を得たまとめは、一般に好評であった。[36]なお、必ずしも法社会学とはいい難いが、K・ホール（一九四四-）『マジック・ミラー』[37]（一九八九年）は、アメリカ法史を、コンパクトにまとめたものとして、現在のアメリカ法の理解に役立つ。

近時ホーベンカンプ（一九四八-）は、シャーマン法（反トラスト法）が、一九世紀末にどのようにして導入され、反トラスト法が、アメリカの産業発達にどのような役割を果たしたかについて、興味深い研究を公表し、論文をまとめたほか、『企業とアメリカ法一八三六-一九三七』[38]（一九九一年）を出版した。

リーガル・ヒストリアンのなかでも、ホーウィッツ（一九三八-）は、特異な地位を占める。後にふれるCLSに共鳴するホーウィッツは、『アメリカ法の変容・一七八〇-一八六〇年』（一九七七年）で、一八世紀から南北戦争前夜の一八六〇年までのアメリカ法の変容を、階級対立というマルクス主義的手法を取り入れて分析し種々の批判を呼んだ。

なお法学者ではないが、L・リーヴィ（一九二三-二〇〇六）が、主として憲法特に言論法の分野においてあらわした研究も注目される。[39]一九世紀前半のマサチュセッツ州の法発展における州裁判官L・ショウの役割を分析した『コモンウェルスの法とショウ長官』（一九五七年）は、特に著名な研究である。

六　批判的法学研究（CLS）

こうした法社会学の潮流のなかで、一九七〇年代に、CLSが登場してくる。これは学問的傾向というより、コミットメントを伴う一つの運動ともいうべきものであるが、一九六〇年代に揺らいだ法の権威への挑戦を前面に出し、それまでのロースクールの教え方に対する正面からの批判を含むものであった。

こうした批判的研究が、もっとも権威があるとされるハーバード・ロー・スクールを中心に登場したことに、この運動の特色が現れている。CLSを代表するD・ケネディ（一九四二―）とアンガー（一九四七―）はともにハーバードで教えている。つまり、エリート・ロー・スクールにおいて、これまでの法律学を正面から批判し、変革を訴える動きが、教える側から生まれ、これが学生に広く受け入れられたのである。[40]

CLSに先んじて一九六〇年代に登場した、「法と経済」あるいは、「法の経済学的研究」と比較した場合、[41]CLSは、明らかにレフトウィングのイデオロギーに立っている。正面からマルクス主義を標榜する研究もあるが、必ずしも教条的なものではない。[42]

CLSの特色は、そのマニフェスト的なものともいえる『法の政治学』（一九八二年。第二版一九九〇年）[43]からもわかるように、法にひそむ政治的契機をあぶり出し、批判の対象とするものである。例えば、法律家は法を援用することによりまさに、支配階級のイデオロギーにコミットしているとか、裁判は巧妙な政治的ポリシー・メーキングであるといった批判である。

このCLSが、これまでの法社会学研究と大きく異なるのは、ほとんどが、法学者によるものであり、社会学とか政治学といった専門家が見られなかったことである。これはCLSが、既成の法律家への内部的な批判として生まれたものであることからきている。

こうしたラディカルな法学研究の擡頭に対しては、きわめて厳しい批判が向けられ、学問の自由の議論にまでなった。

すなわち、CLSに対して、学生にニヒリズムを説く者は、ロー・スクールを去るべきだというラディカルな議論までが登場し、これに対して、学問の自由の視点から、CLSを、学問的営為としては擁護するという形で、激しい応酬が続けられた。この後、いくつかのロー・スクールでは、CLSに属する若い研究者に、テニュアを与えるべきといった形での争いにもなっていった。

ＣＬＳも、三〇年を経過し、過日の勢いはなくなっており、特にＣＬＳを名乗ることもなくなっている。またＣＬＳの理論家も、ケネディ[44]、Ｍ・タシュネット（一九四五―）を除いては、目立った成果を発表していない。

ＣＬＳは、むしろ分化していったといえる。つまり、人種差別をめぐっては、批判的人種理論[45]、女性差別をめぐっては、批判的フェミニズム理論[46]という形で、ラディカルな展開を見せている。

七　むすび――まとめに代えて

これまで、きわめて荒っぽく、大雑把ではあるが、アメリカにおける法社会学の展開過程を概観してきた。法の王国といわれるだけあって、あり余るほど豊かな材料（法現象、判例、立法、法曹）をもとに築きあげられた成果の、厚みと深みは、もはや全貌把握が不可能なほどである。これまでの紹介も、ごく目立つ、いわば上澄み部分であり、これらの背後には、きわめて広い裾野をなす研究成果が存在している。

以下いくつかの特色を指摘して、むすびに代えたい。

第一は、アメリカといっても、五〇の州と連邦という法制度（jurisdiction）を擁するだけあって、あり余るほどの興味深い素材に満ちあふれ、それが多様なテーマと、多彩な方法による分析をもたらしていることである。法律（解釈）研究に比較すれば、法社会学研究ははるかに少ないとはいうものの、あらゆる問題についての研究を見つけることができるほどである。

第二に、特に日本と比較して特色のあるのは、法社会学が、法学者だけによって研究されているわけではないことである。法現象は、むしろ法律家も参加して研究されているといってよいほど、多分野の研究者によって研究されていることである。これは、アメリカ社会における法の役割がきわめて大きいことにもよるが、やはり注目すべきことである。こうした多方面から、異なった視角で研究されることにより、法の研究は、より深まっていることは否定できない。

第三に、法学者、法律家による研究も、豊かな素材、多彩な研究方法に刺戟されて、きわめて盛んである。何よりも、専門の法社会学者の数が多く、副業的形態が多く、専門家の少ない日本と顕著な対照をなす。しかも、法社会学的とはいわなくても、法社会学として十分通用するような法学の研究が多いことも、注目される。

第四に、調査的、歴史的な研究に比較すると、理論的な作業が少ないことが指摘される。エールリッヒ、ウェーバーのような法社会学の理論的な作業が、ないとはいえないにしても、少ないことは、イギリスと比較してもいえる。[47]これは、法社会学が、独自の学問領域というよりも、法の研究のための一つのアプローチと考えられていることによるものではないか。もっとも、ＣＬＳは、こうした傾向からいえば、理論化をめざすものとはいえるが、ＣＬＳは、アンガーの著作を除けば、やはり、個々の問題についてのＣＬＳ的な分析に特色があることからいっても、一般理論をめざすものとはいえない。

このような展開を示してきたアメリカの法社会学は、今や、法社会学研究のメインランドといってよく、日本の法社会学に大きな示唆と刺戟を与えてくれるものといえるであろう。

（1）　石村教授は、法社会学を五〇年にわたり研究されてきた。それは、エールリッヒ、ウェーバーの法社会学研究に始まり、鉱業権の研究という歴史的、社会学的研究として、さらにその後は、アメリカの法社会学への関心から、プロフェッション、アフリカ法研究などに広がる。

これらの成果の一部は、『鉱業権の研究』（勁草書房、一九六〇年）、『現代のプロフェッション』（至誠堂、一九六九年）、『法社会学序説』（岩波書店、一九八三年）（書評本書**12**）といった著作にまとめられたもののほかは、近づきやすいとはいえない。著作集として公刊されることが期待される。

石村教授は、『法社会学講座二　法社会学の現状』(岩波書店、一九七二年) 第一章「各国法社会学の現状一　アメリカの法社会学」(五〜三八頁) を書かれている。アメリカの法社会学の展開と、研究の現状を詳細に紹介検討されたもので、今日でも高い参照価値がある。しかし、当然のことながらCLS、八〇年代以後の研究は入っていない。本章は、潮流を中心にしたもので、石村論文に代わるものをめざしてはいない。

(2) 本章は、〝研究〟というよりも、私がこれまでに行った法社会学の講義 (中央大、上智大、横浜国大) の、「アメリカにおける法社会学」の部分のノートを基礎にしている。石村教授にふさわしい論稿を献呈できなかったことをおわびしたい。

(3) 本章で扱う研究の背景をなす、アメリカ法の変容を扱う、最近の注目すべき研究書として、M. J. Horwitz : The Transformation of American Law 1870〜1960 (Oxf. U. Pr. 1992) (以下、Horwitz で引用) がある。その時々の法的問題に対する、学説による批判が中心になっていて、パウンドやリーガル・リアリズムについては、扱われているが、法社会学そのものは、正面から扱われていない。

(4) アメリカでは、法律論は、ほとんど判例・実際の事件を前提としていて、日本のように、抽象的な条文の解釈はない。したがってあらゆる法律論は、実態を踏まえ、社会学的データを前提にしている。そのため、日本のように、法解釈学と法社会学を区別する意味は小さい。

(5) 一九九〇年代に、リアリズム法学をテーマとする三冊の本が、公刊された。本章でも、リアリズムを中心にしたほうがよかったと思うが、リアリズムについては、別にまとめたいと思うので、あえて、本論の一章とした。まず L. Kalman : Legal Realism at Yale 1927-1960, Univ of N. Carolina Pr. 1986 (以下、Kalman で引用) である。本書はリアリズムのメッカともいうべきイェール・ロー・スクールを中心にまとめたものであるが、リアリズムよりも、イェール・ロー・スクールの人物、内部対立を、政治学者の視点で扱うもの。

興味深い書評として、J. W. Singer : Legal Realism Now (Review Essay) 76 Cal. L. Rev. 465 (1988), Schlegel : 41 Stan L Rev. 435 (1989) がある。

次に、J. H. Schlegel : American Legal Realism and Emprical Social Science 1995 Univ of North Carolira Pr. (以下、Schlegel で引用) である。本書は、著書自身リアリズムの「ストーリー」であると強調する (p.13) ように、誰が、どのようにといった人物が中心になっている。しかし、法の世界に経験科学を導入しよう、あるいは法を科学化しようとする試みが、詳細にたどられていて、ファーストハンド資料を用いてきわめて興味深く語られている。

第三に、Fisher Ⅲ, Horwitz, & T. Reed : American Legal Realism　Oxf. U. Pr. 1993というリーディングスが出ている。基本的な資料を集めたもので役に立つ。

（6） Pound : Popular Dissatisfaction with the Administration of Justice, Report of the ABA 1906, 400. この講演の背景については Horwitz : 217. 参照。

（7） ブランダイスの手法は、この後、州の立法の合憲法（合理性）をテストする戦術として用いられることになる。P. Strum : Brandeis : Beyond Progresism　Harvard. U. Pr.（1984）59 ff. なお、ブランダイス・ブリーフについては本書**7**参照。

（8） Horwitz : 188.

（9） パウンドについては、高柳賢三博士以来広く紹介され、著作も何冊も翻訳されている。ただ、コモンロー讃美、アメリカ法の大御所といった紹介が多かった。高柳『米英の法律思潮』（海口書店、一九四八年）三六頁、一八二頁。パウンドを法社会的な視点から紹介したのは、六本佳平「パウンドの法社会学」法協九〇巻一〇号（一九七三年）一三一一頁、同『法社会学』（有斐閣、一九八六年）（第一章第二節）である。

我妻栄「アメリカに於ける社会学的法律学㈠㈡」法学志林二八巻七号、八号（一九二六年）も、パウンドの紹介である。

なお参照、G. Edward White : From Sociological Jurisprudence to Realism : Jurisprudence and Social Change in Early 20th Century America. 58 Va. L. Rev. 999（1972）.

（10） パウンドはハーバードにおいて、社会前的法学の導入に臆病（timidity）であったといわれる（Gordon : Book Review. 93 Mich L. Rev. 1231. 1259（1995））。

（11） Underhill Moore については、Schlegel chap 3、あるいは29 Buffalo L. Rev. 195（1980）.

（12） R. Ely : Property and Contract（1914）.（本書は鳩山博士、我妻博士が引用されている）。

（13） J. Commons : Legal Foundations of Capitalism 1924.

（14） A. Berle & G. C. Means : The Modern Corporation and Private Property（1932）.

（15） Hale（コロンビア・ロー・スクール）については、N. Duxbury : Robert Hale and the Economy of Legal Force, 53 Mod. L. Rev. 421（1990）が、イギリス人から見た新しい評価である。なお参照、Horwitz : 163ff. 322 n. 12.

なお、参照・拙稿「法と経済」研究についての覚書」エコノミア九八（一九八八年）（本書***22***）。

（16） リーガル・リアリズムについては、注(5)の Kalman, Schelegel, Horwitz のほか、E. N. Garlan : Legal Realism and Justice 1941, Col. U. Pr.　W. Rumble : American Legal Realism, Cornell U. Pr. 1968（ルウェリンとフランクの対立を扱う）。M. Radin : Legal Realism, 31 Col. L. Rev. 826（1931）. J. P. Dawson : Legal Realism and Legal Scholarship, 33 J. Leg Ed 406（1983）.

G. Gilmore : Legal Realism, Its Cause and Cure 70 Yale L. J. 1037（1970）.

E. A. Purcell : Amirican Jurisprudence between the Wars : Legal Realism and the Crisis of Democratic Theory, 75 Am, Hist, Rev, 424 (1969).

リーガル・リアリズムについては、日本にも古くから紹介がある。

高橋賢三『現代法律思想の研究』（改造社、一九二七年）。同・前掲書注（9）（前著からの英米法関係のものの再録）。

鵜飼信成『現代アメリカ法学』（日本評論新社、一九五四年）。

（17）ルウェリンは、リアリストの名を列挙している（Llewellyn : Some Realism about Realism. 44 Harv. L. Rev. 1222. 1226n. 18.（1931））。

（18）Schlegel は、リーガル・リアリズムだけでなく、経験的法科学を中心にしているため、一九一〇年代から活躍していたムーア、クック、オリファントといった人々を扱っている。

また、Kalman は題名通りイェールの人々を中心にしているため、リアリストとはいえないような人々をも含めている。

（19）John Chipman Gray : The Nature and Sources of Law 1909.

（20）ホームズ Oliver Wendell Holmes, Jr. の著作としては、The Common Law 1881, New ed. by M. De Howe 1963, Collected Legal Papers 1920など。

評伝として M. De. Howe : O. W. Holmes　vol 1 1957　vol 2, 1963.

（21）カードウゾについては、著作が守屋善輝教授により見事に訳されている。『裁判過程の性質』（中央大学出版部、一九六六年）、『法の成長』（同、一九六六年）、『法律上の矛盾対立』（同、一九六七年）。研究書として B. H. Levy : Cardozo and the Frontiers of Legal Thinking 1938., R. Posner : Cardozo. U. of. Chicago Pr.（1990）.

A・カウフマン（ハーバード）が、長らくカードウゾの伝記の執筆に携わっており、ファイルを見せてもらったこともあったが一九九九年に公刊された。Kaufman : B. N. Cardozo in Mr. Justice A. Durham and P. A. Freund. ed. Phoenix Pap. 1964.

（22）フランクについては、主著が邦訳されている。Law and the Modern Mind 1930棚瀬孝雄＝棚瀬一代訳『法と現代精神』（弘文堂、一九七四年）、Courts on Trial 1949　古賀正義訳『裁かれる裁判所　上・下』（弘文堂、一九七〇年）。J. M. Rosenberg : Jerome Frank : Jurist and Philosopher, Philosophical Library 1970.　J. Paul : The Legal Realism of Jerome Frank 1959, R. Glennon : The Iconoclast as Reformer Jerome Frank's Impact on American Law, Cornell U. P. 1985. B. Ackerman : Law and the Modern Mind, 103 Daedalus 119（1974）. 高柳・前掲書注（9）。鵜飼・前掲書注（16）。

（23）ルウェリンが、リアリズム法学においてどのような意味を持つかについては、W. Twining : Karl Llewellyn and the Realist Movement Weidenfeld & Nicholson 1973が決定版であり、今日まで、この研究を凌駕するものは出ていない。

一九九三年ルウェリンゆかりのライプチッヒで開かれた生誕一〇〇年シンポジウムの記録として、Drobnig & Rehbinder（hrsg）; Rechtsrealismus, Multi kutuelle Gesellschaft, und Handelsrecht : K. N. Llewellyn and seine Bedeutung heute, Duncker 1994.

ルウェリンの著作は、石村教授が、愛読され、深く研究されている。特に、The Bramble Bush（1930）を高く評価されている。Jurisprundence（1960）に収録された論文、未収録の The Normative, the Legal, and the Law Jobs, the Problem of Juristic Method 49 Yale L. J. 1355（1940）を重視されている。

（24）レイディンについては、内田力蔵訳『法と市民　上』（有斐閣、一九五四年）に短い紹介がある。

（25）リアリズムは、学派（school）というにはあまりにまとまりなく、また運動でもない。法へのリアリスティックな関心を持ち、リアリスティックな観方をする一群の人々の総称というほかない。

（26）政治学者による司法行動研究の代表作として H. Pritchett : The Roosevelt Court（1948）, G. Schubert : Quantative Analysis of Judicial Bebavior（1959）, W. Murphy : Elements of Judical Strategy（1973）, G. Schubert : Bibliographical Essay : Behavioral Research in Public Law, 57 Am. Pol. S. Rev. 433（1963）.

（27）社会学者による研究を集めたリーディングスとして、次の二つが有用である。

Frieman & Macaulay : Law and the Behavioral Sciences Bobbs-Merrill 1969. 2ed. 1977.

R. D. Schwartz & J. H. Skolnick : Society and the Legal Order Basic. 1970.

石村善助「最近の法社会学リーディングスについて」法時四四巻四号（一九七二年）に紹介されている。

ほかに W. Evan（ed）: Law and Sociology 1962. W. Evan（ed）: Sociology of Law, Free Press 1980.

（28）こうした「法と社会」運動に対しては、フリードマンが論評を加えている。

L. Friedman : The Law and Society Movement, 38 Stan. L. Rev. 763（1986）.

（29）S. Macaulay : Non-Contractal Relations in Business, 28 Am. Soc. Rev. 55（1963）.

Macaulay : Law and the Balance of Power : The Automobile Manufacturers and Their Retailers, Russell Sage, 1966.

（30）法人類学については、参照、W. Twining : Law and Anthropology : A Case Study in Interdisciplinary Collaboration, 7 L. Soc. Rev. 561（1973）.

近時の業績としては次のようなものがある。

J. Starr & J. F. Collier : History and Power in the Syudy of Law. 1989 Corn. U. Pr.

Hoebel : The Law of Primitive Man 1954. 千葉正士＝中村孚美訳『法人類学の基礎理論』（成文堂、一九八四年）。

（31） L. Nader（ed）; Law in Culture and Society, Aldine Press 1969. L. Nader（ed）; The Disputing Process : Law in Ten Societies, 1978. Sally Moore : Law as Process : An Anthropological Approach, RKP 1978.

（32） L. Rosen : The Anthropology of Justice, Law as Culture in Islamic Society, Cambridge U. Pr, 1989. 本書については Sally E. Merry による興味深い書評がある（90 Col. L Rev. 2311（1990））。Sally. E. Merry : Getting Justice and Getting Even : Legal Consciousess among Working-Class Americans（1990）（Book Review by E. Mertz 26 L. Soc Rev. 413（1992））.

（33） 一九八〇年までのハーストの著作は、1980 Wis. L. Rev. 1131. 以下に掲げられている。ハーストは、法社会学者というよりも、法史学者であるが、一九八〇年ウィスコンシン大学マディスンで行われた「法の社会」学会に出席されており、そのとき短時間ではあるが、あいさつ以上の話ができたことを思いおこす。

ハーストの業績については、R. W. Gordon : Willard Hurst as a Colleague 1980 Wis L Rev 1124, ibid : J. Willard Hurst and the Common Law Tradition 10. L & Soc Rev. 9（1975）, Scheiber : At the Borderland of Law and Economic History. The Contributions of Willard Hurst, 75 Am. Hist. Rev. 744（1970）など参照。

ゴードンは、ハーストが叙述的な歴史ではあっても、theory をめざしていることを指摘している（Gordon : 1980 Wis. L. Rev. 1124）。法学における歴史という視点については、Gordon : Historicism in Legal Scholarship. 98 Yale L. J. 1017（1981）が参照されるべきである。

（34） これは、社会における契約の果たす役割の研究のため、ウィスコンシン州における、一九三六年から六一年までの判決を、一九〇五年から一五年までの判決と対比し、契約がどのように複雑化したかを描き出そうとしたものである。

（35） はじめてのアメリカ法通史ということでたくさんの書評が出たが、なかでも参照。M. Tushnet : Perspectives on the Development of American Law : A Critical Review of Friedman's "A History of American Law" 1977 Wis. L. Rev. 81.（1977）.

（36） フリードマンは、二〇冊近い著書を公にしている。代表作としては、本文所掲のもののほか Law and Society 1977. 石村善助訳『法と社会』（訳者あとがきに一九七九年までの著作目録がある）（至誠堂、一九八〇年）、American Law 1984, Total Justice 1985, The Republic of Choice 1990. Crime and Punishment in American History, Basic Books 1993.

（37） K. Hall : The Magic Mirror（1989）.

（38） Hovenkamp : Enterprise and American Law 1991.

（39） Levy の著作は憲法に関するものが多い。The Law of Commonwealth and Chief Justice Shaw, Harvand. U. Pr.（1957）Harper pbk. The Establishment Clause, Macmillan（1986）.

（40） ＣＬＳは、日本に移してみれば、一九五〇年代のマルクシズム法学を想起させる。つまり、法を政治的な抑圧の道具と考え、法律の論理を、支配をおしかくすものという見方をするのである。

（41）「法と経済」研究は、いかなる意味でも法社会学とはいえないので、本章でも検討の対象から除く。ただ、法の経済的分析は、法社会学とりわけマルクス主義的法社会学にも通ずる面がある。参照拙稿・本書***22***。

（42） ＣＬＳは、すでに二〇年以上の歴史を持ち、これに関する研究、文献は、尨大である。代表的論文は、次の二冊のものまとめられている。Critical Legal Studies, Essays from Harvard Law Review 1986. A.C. Hutchinson（ed）: Critical Legal Studies 1989.

一九八四年までの文献目録として、次の二つがある。

Critical Legal Studies : A Bibliography comipled by Alan Hunt. 47 Mod. L. Rev. 369（1984）, D. Kennedy & K. L. Klare（ed.）A Bibliography of Critical Legal Studies 94 Yale L. J. 461（1984）. もっとも包括的な紹介として参照、松井茂記「批判的法学研究の意義と課題――アメリカ憲法学の新しい潮流㈠㈡」法時五八巻九号、一〇号（一九八六年）。ほかにM. Kelman : A Guide to Critical Legal Studies 1987. 36 Stan. L. Rev. 1～（1984）に七〇〇頁近く一六篇の論文がＣＬＳを弁じ、批判している。

（43） D. Kairys ed : The Politics of Law : A Progressive Critique 1982ケアリズ編・松浦好治＝松井茂記編訳『政治としての法』（風行社、一九九〇年）については、いくつかの書評が出ているが、特に興味のあるものとして、参照、W. E. Forbath 92 Yale L. J. 1041.（1983）, S. Levinson 96 Harv. L. Rev. 480（1983）.

アンガーについては、石田眞「自由主義批判と法社会学」およびこれに対するわたくしのコメント「法の社会理論と法社会学」法社会学四四（一九九二）（本書***11***）。

一九八七年に出版された三冊のアンガーの著作（Politics : A Work in Contructive Social Theory. Social Theory, False Necessity, Plasticity to Power）については81 Nw U L Rev 589（1987）以下に法学者だけでなく、社会学者、政治学者、歴史学者、哲学者、宗教学者など一六名によるシンポジウムがある。

（44） D. Kennedy : Sexy Dressing, et. Harverd U. Pr. 1993, Sexual abuse をテーマとして、抑圧された者のためのストラテジーを論ずるものであるが、過日のダンカン節ともいうべきものは見られない。

タシュネットは、もっぱら憲法、公民権法の研究に傾いており、特に、ＣＬＳということを感じさせない。近作として、M. Tushnet : Making Civil Right Law. Oxford. U. Pr. 1994.

（45） Critical Race Theory として、マイノリティの保護のあり方、ヘイト・クライム、ヘイト・スピーチへの対応、さらには、アファーマティブ・アクションの再検討といったことも議論されている。

Randall Kennedy の Racial Critique of Legal Academia 102 Harv. L. Rev. 1745 (1989) とこれに対する反論 (S. Brewer, Ball, Delgado ら) 103 Harn. L. Rev. 1844 (1990) 参照。

(46) 性差別は、ＣＬＳより、むしろフェミニズムの立場から、きわめて精緻で、複雑な問題状況になってきている。単なる平等ではなく、妊娠とか体力の差といったことを理由とする異なった取扱いの問題は、the difference debate として激しく論じられている。法学者、政治学者による議論をまとめたものとして、Leslie Friedman Goldstein (ed): Feminist Jurisprudence, Rowan & Littlefield. 1992, ユニークな選集として参照、Frances Olsen (ed); Feminist Legal Theory Ⅰ・Ⅱ Dartmouth 1994.

(47) イギリスについては、R.Cottrell : The Sociology of Law , Butterworth, 1984, 2ed 1992という概説書がある。ibid : Law's Community, Legal Theory in Sociological Perspective, Oxf. U. Pr. 1995.

〔付　記〕

アメリカにおける法社会学は、ドイツの法社会学と比較するといくつかの顕著な差異がある。社会学者が主流のアメリカの研究から学びうるもの、さらにはリーガルリアリズム、ＣＬＳとの関係にも触れた。

11 アンガー ――自由主義法批判と社会変革〔石田眞報告へのコメント（日本法社会学会）〕

（一九九二年）

法の社会理論の提唱者としてアンガーをとり上げるにあたっては、種々の見方が可能である。まず、アンガーは、たしかにハーバード・ロー・スクールの教授であり、ジュリスプルデンスほかの講義を担当してはいるが、普通の意味ではローヤーないしロー・プロフェッサーとはいえないことである。さらに、アンガーの研究を、法社会学といってよいかとなると、これまた問題である。アンガーは、一九九二年までに、公にした七冊の著書による限り、法社会学者というより、社会理論家というべきであろう。

ここでは、アンガーの考え方を、私なりにまとめておきたい。

第一は、法ないし制度を、人間のつくったもの（artifact）とする考え方をとることである。これは自明のことであるが、アンガーは、人間がつくったものであるが故に、オルタナティブが考えられ、よりよいものへ再建していくことができるとする視点に立つ。

したがって、歴史は理論のための例証としての意味をもつものとされ、制度的な所与のものとは考えられないことになる。

この考え方は、法や社会の歴史性を承認ないし前提とするが故に、歴史的に発展してきたものを、簡単には変革することはできないという保守的思考――サヴィニー以来、法律家には一般的な考え方――とは対照的である。

こうした視点から、アンガー・コスモスともいうべき社会像が、自由にそしてきらびやかに展開されていく。アンガーの提示するオルタナティブを、何故とるべきなのかについての弁証は、まさに彼の信念ともいうべきものである。「詩的」とも評されるだけあって、アンガーの思考（自問自答であるという見方もある）についていくのは、ときには爽快感さえ覚えることもあるが、一体この世界は、何であろうかという感じはぬぐえない。

第二に、右のような議論の展開におけるアンガーの姿勢は、石田眞報告が明らかにしているように、リベラリズム批判である。アンガー自身、レフティストと称しており、「解放」(Emancipation) ということばを多用することからわかるように、左からのリベラリズム批判である。デュルケーム、ウェーバーなどとともにマルクスを援用することもあるが、マルクシズムとは一線を画している。

第三に、アンガー理論の法学または法社会学にとっての意義である。アンガーは批判的法研究（ＣＬＳ）を代表する一人とされるが、ＣＬＳについてはキャリントン教授（デューク大学）が、こうしたニヒリストは大学に居場所はないという批判をして、学問の自由論にまで及ぶはげしい論議をまきおこした。つまり、ロー・スクールで教えられる伝統的な法律科目との接点が、どこに見つけられるかである。他のＣＬＳの学者の研究では、法の歴史的研究（タシュネット）であれ、法イデオロギー批判（ケネディ）であれ、明確にロー・スクールで教えられる法律学を批判するかたちをとり、ほとんどがロー・レビューの論文として発表されている。しかし、アンガーは、ロー・レビューに発表することは稀で、「ＣＬＳ運動」を除く六冊を最初から単行本のかたちで発表している。おそらくはロー・レビューの読者よりはるかに広い層に訴えかけようとしているものと考えてよい。そして、法律以外の分野（政治学・社会学ほか）からの批判が、必ずしも好意的とはいえないが、出ている。

他の分野の学者から見れば、当然アンガーはロー・スクールの教授ということになるから、アンガーの著作を、政治学や社会学に属するとは考えないであろう。ある意味ではインターディシプリナリーなものということになるであろうが、それだけに法律学との接点はきわめてつかみにくい。

アンガーは「勇敢なスーパー理論家」とも評されており、一九八七年に同時に刊行された三冊本の『ポリティクス』は法律独特の世界を、ますますはなれていっているように思われる。

そうだとすると、法社会学者は、アンガーを読んで、何を得られるか、である。一九七二年、デビューしたばかりの若き（二五歳）アンガーの講義（ほとんど、何も見ないで教壇上を歩きまわりつつ話すスタイル）をきき、何冊かの著書に眼を通した限りでは、わたくしの理解力の不十分さ、関心の違いもあるが、法社会学にとって、新しいもの、示唆的と考えられるものを発見しえていない。あるいは、精読しなければならない著作であるとは考えられなかった。

この点、ＣＬＳの他の学者との差であり、ケネディ、タシュネットらの著作は、新しい視角に立って問題提起をしており、種々の示唆に富むものと考えられる。

これは、アンガーの関心が彼なりの見方による、近代社会の改革案ともいうべきものであるから、ないものねだりというべきかも知れない。

〔付　記〕

法社会学会における石田眞報告へのコメント。アンガーは八〇年代にはＣＬＳ（批判的法律研究）の中心として精力的に活躍していたがそれほど大きな影響を与えたとはいえない。アンガーとＣＬＳについては本書**10**参照。

12 〔書評〕石村善助『法社会学序説』（岩波書店、一九八三年五月）

（一九八四年）

一　待望久しい、石村教授による法社会学の教科書が公刊された。三十有余年ひたすら、法社会学を研究し、講義されてきた著者によるものにふさわしく、充実した、文字通りの労作である。しかし、『法社会学序説』という書名にあるとおり、法社会学への序論的意味をもつもので、法社会学の全般が一冊でわかるといった教科書ではない。

法社会学は、戦後だけを問題とするとしても、すでに四〇年近くの研究成果があるが（本書九六頁以下に簡単な概観がある）、これまで、概説書、教科書というべきものは、翻訳（ウェーバー、ティマーシェフ、ギュルヴィッチ、ルーマン）を除けば、少ない。気がつくままにあげれば、川島武宜『法社会学（上）』（一九五八年）、黒木三郎編『現代法社会学講義』（一九七六年）、及川伸『法社会学入門』（一九七八年）といったところであろうか。川島博士のものは上巻のみで、扱われているのは法、慣習といった基礎理論だけであり、第二のものは各論的問題を扱ったもので多数の執筆者によるため、まとまっているとはいいがたい。このほか川島博士の編集による『法社会学講座一〇巻』（一九七二〜三年）があるが、やや特殊的、専門的でそれほど利用されていないようである。このほか、法社会学における巨星ともいうべき、戒能通孝、川島武宜、渡辺洋三の三博士の著作集があるが、多くは各論的研究である。法社会学は、「未知の課題を無限に秘めた領域」（本書まえがき）であるだけに、全体を見渡すようなものは——とくに一人の著者によるものは——至難のわざというべきだからであろう。しかし、兼業の法社会学者の多いなかで、専業の法社会学者として、理論面においても数々の論文を発表し、各論（調査研究）面でも、『鉱業権の研究』（一九六〇年）、法曹などプロフェッション、さらに裁判の研究を続けてこられた著者こそは、法社会学の概説書を書く適格者であることは、大方の異論のないところである。

本書は、まさに人を得て書かれた本格的なものであるが、扱われているのは、法社会学史および法社会学の理論的系譜である。

二　ひとわたり内容を紹介しておこう。第一章、法社会学（一二七頁まで）、第二章、法の社会学理論の二つの章から成る。第一節序説では、法社会学の研究対象、研究方法、さらには「法社会学」という言葉の系譜がたどられている。第二節、法社会学の発生では、一九世紀に遡って各国における先駆者が紹介され、今世紀における法社会学の成立が概観される。そして、法社会学成立の背景として、キルヒマンによる法学批判とカントロヴィッツらによる自由法運動があったとされ、さらに法社会学発生の思想的基盤として、セルズニックによる、歴史主義、道具主義、反形式主義、多元主義の四動因が紹介されている。つづいて、補論のかたちで、社会学と法として、社会学の側からの法の発見が、コント、デュルケムらの研究を中心にふれられる。

第三節は、現代法社会学の展開と課題として、西欧各国における法社会学の展開と、日本における法社会学の展開が、戦前と戦後に分けてたどられている。とくにエールリッヒと末弘厳太郎博士の交流を軸にした日本の法社会学分析（八六頁以下）は、きわめてユニークで興味深い。またマルクス主義と法社会学の関係についても、平野義太郎博士の研究を中心に立ち入った叙述がなされている。次いで、現代法社会学の課題として、今日における法社会学のあり方について提言がなされ、「固有の法社会学」への志向が示唆される。補論として、法社会学批判と題し、一九五〇年前後の「法社会学論争」についてのコメントが付されている。

以上のように、第一章では、法社会学の成立、展開、課題が扱われているが、それぞれについて、代表的見解を紹介しながら叙述が進められ、豊富な注により補われ、法社会学という正体のつかみがたい学問の姿が、かたよりのない、明解さで描きつくされている。

第二章「法の社会学理論」は、のこり二五〇頁近くを占め、「ひとつの概観と展望」という控え目な副題がついている。第一節序説では法律学における「法」の定義が法社会学研究にとってどのような意味をもつかが問題とされ、パウンドの考察によりながら、droit と loi、Recht と Gesetz といった二種の法をさすことばの意味と、right と law という英語が必ずしもこれに対応しないことが論じられている。これにつづいて、「特殊的に法的なもの」の標識をあきらかにするのが、法社会学理論の課題であるとされ、この課題に正面からとりくんだ法社会学者の中から、エールリッヒとM・ウェーバーを古典家中の古典家であるとし、第二節は、この二人による法の社会学理論にあてられる。この節は、本書中の圧巻ともいうべき部分で、二人の巨人の理論を、長年の深い読みにもとづいて展開する。

まず、エールリッヒには、三七頁がさかれ、その主著『法社会学の基礎づけ』（一九一三年）によりながら、その理論の骨組を提示する。まず、法を「団体の内部秩序」ととらえる考え方が、詳細にフォローされ、次いで法と強制に関する議論、そして、法的事実に関する考察が紹介される。慣行、支配、占有、意思表示の四つを「法的事実」とするエールリッヒの議論については、これまでも祖述されてきたが、本書では、この四つの法的事実の相互関係について、慣行と支配を「人の法」的側面、占有と意思表示を「物の法」的側面として位置づけ（一六一頁）ひとつの仮説的理解であるとして提示している（これに関しては磯村・後掲も参照）。次に、エールリッヒによる「法曹法」に関する議論が論じられ、法曹――裁判官、法学者、立法者、官僚――による法形成の諸態様が紹介される。つづいて、国家の法についてのエールリッヒの議論が扱われ、国家の成立、国家と法のかかわり、司法制度の展開、裁決規範と干渉規範の生成が論じられている。注目すべきは、エールリッヒといえばすぐに連想される「生ける法」ということばが、必ずしも多く使われてはおらず、中心的概念ではなかったのではないかという指摘である（一七七頁）。

ウェーバーについては、六〇頁がさかれ『経済と社会』中の「法社会学」（世良晃志郎訳ほか二種の邦訳がある）が、詳細に紹介される。まず、ウェーバーの問題関心が西洋における法の合理化にあったことが確認され、次いで、法の社会学的概念とりわけ「習俗」「習律」「法」という基本概念が説明され、強制装置によって保障された規範だけが「法（客観的法）」であるとは考えられていなかったことが明らかにされる（一八九頁）。この点は、ウェーバーといえば「法とは強制装置によって保障された規範である」というステレオタイプな理解に修正を迫るものとして注目される。

次いで、公法と私法に関するウェーバーの見解が提示され、これまで私法中心に論じられてきたことは、間違ってはいないが、公法ないし国家と法に関する考察が重要であるとして、その概略が示される。つづいて、法の生成過程に関する議論、とりわけ有名なカリスマ的法啓示の理論が紹介される。

さらに、法の合理化、経済と法の関係、法発展の諸段階についてのウェーバーの考察がくわしく紹介される。最後に、「現代における法の反形式的傾向」として、法における非合理論、「心情」の役割といった示唆的なパラドックスが紹介される。

小結として、この二人の古典家の提起した問題が、今日もきわめて示唆多いものであり、これをうけとめることが、遺産の継承であると主張される。

第三節は、現代における法の社会学理論の諸傾向と題され、ハートとフラー、ガイガーとルーマンの考え方の要点が簡潔でしかも批判的に提示され、次に川島博士による「法の社会制御モデル」の考え方が紹介、検討される。

第四節は、法の社会学理論――「システムとしての法」への序説と題され、法をシステムとみる近時の考え方が提示される。この部分は近時著者によって展開されている考察方法であり、ユニークなものであるが、議論はやや抽象的である。

三　以上みたように本書は、法社会学の基本的問題に入念かつオリジナルな検討を加えたものとして恒久的価値をもつものといえるであろう。しかも、やや単調ではあるが、平明な文章は、きわめて味わい深く、文字通り精読に値いするといえるであろう。とりわけ、先にもふれたエールリッヒとウェーバーを扱った部分は、これから両者の研究をしようとする者にとっては、不可欠の文献となるであろう。学説や理論の紹介は、原典にもとづいてなされなければならないことは、あらためていうまでもないほど当然のことではあるが、現実には、エールリッヒといえば「生ける法」、ウェーバーは法は「強制装置により保障されたもの」といった、単純で受け売り的な学説紹介がまかり通っていることを想起すれば、本書の丹念で、わずらわしいと思われるくらい原典に忠実な紹介は、特筆に値する。とくに、以前から翻訳のあったウェーバーに加え、エールリッヒもつい最近全訳が公刊され（河上倫逸・フーブリヒト訳『法社会学の基礎理論』（みすず書房、一九八四年））、近づきやすくなったとはいうものの、それほど理解しやすいものではないことを考えれば、こうした批判的紹介は貴重である（同じように、エールリッヒをもう一つの主著「法論理」とともに紹介するものとして、磯村哲『社会法学の展開と構造』第三編（一九七五年）が本書とともに読まれるべきである）。

ハート、フラー、ガイガー、ルーマンらの理論の紹介の部分も、原典による入念なもので、これらの人々の理論の理解に資するものといえる。ただ、この四人をとり上げることには異論の余地もあろう。ハート、フラーといったふつう法哲学者として扱われている人々の考え方を法社会学的にみた評価は、貴重ではあるが、パウンドやセルズニックといった、法社会学の発展により大きく寄与した人々をさしおいて、とり上げなければならないかどうかは問題になろう。ガイガーについては、手頃な解説が乏しいうえ、そのオリジナルさ故に貴重であるし、ルーマンも新しい考え方の代表であり、村上洋一、六本佳平両教授による立派な翻訳があるが、その理論はわかりやすいとはいえないだけに解説として役に立つ。

本書の構想として、問題とされるのは、著者が法社会学とされるものの範囲である。わが国において法社会学というのは、きわめて広い意味に用いられ、社会学的データを使った法解釈や、法に関係のある実態調査が、法社会学であるとされている。本書では、それよりはるかに狭く、法の社会学的理論ともいうべきものが中心に扱われている。

そのため、本書は経験科学的な法社会学であり、法社会学を社会学化しようとするものであるという批判もある（及川伸・本書書評・日本法社会学会編『続法意識の研究』一八八頁（一九八四年））。法社会学の扱うべき領域や方法論にコンセンサスがあれば格別、方法論についても問題領域についてもきわめて多様性がある以上、法社会学の範囲が狭すぎるといった批判はあたっているとはいえない。本書のような、法律学より社会学寄りの法社会学は、エールリッヒやウェーバー以来、今日にいたるまで、欧米における主流の考え方といえるであろう。ただ、前述のように、わが国においては、法解釈学ないし法解釈学にきわめて近い法社会学がむしろ主流といってもよい現実をふまえると、社会学寄りの法社会学では魅力がないとか役に立たないという不満も十分考えられる。こうしたことを考えれば、本書でも法社会学の存在理由、とりわけ法解釈学との関係についての著者の見解が示されていたならばよかったと思われる。わが国では法社会学が、ほとんど法律学者により研究され講じられていることを考えれば、余計その感を深くする。

次に、同じく本書の構想についてではあるが、本書は誰を読者として予想しているかである。これまで本書を教科書という呼び方もしてきたが、はたしてこれは教科書たりうるかである。もし、本書に書かれたことだけを教えるとしたら、法社会学とされるものの一部でしかないことになろう。それ故に、『法社会学序説』と名づけられたのであろう。しかし、はじめて法社会学を学ぶのには適当なものとは思われない（法社会学入門とされなかったのはそのためであろう）。したがって、本書は相当法社会学を学んだ者向けの概説書といえるであろう。ただ、法社会学の概要を一冊で知りうるような本は是非とも必要であり、著者は、それを書く資格をもっとも備えておられる法社会学者の一人であるだけに、実証研究を中心にした部分を他日にまわされたのは惜しまれる。本書の分量を半分にしてもよいから、実証研究として、どのようなことが、どのような方法で、どの程度研究されているかの概観が欲しかったと思う。石村教授は、L・フリードマンの Law and Society 1977を訳されているが（『法と社会』（至文堂、一九八〇年））、日本版の「法と社会」が必要であると思う。今はただ、そうしたものが少しでも早く公刊されることを願うばかりである。

本書には、相当くわしい注がついている。主として邦文の文献に関するものであるが、これらは一種の文献目録として役立つ。その意味でも研究者にとっては有用である。ただ、索引がないのは、通読するよりは折にふれ参照すべき、レベルの高い学術書であるだけに、惜しまれる。人名索引までは大変かもしれないが、せめて本文中の事項索引はつけてほしかった。なお、パウンドの没年が誤まっている（1952→1964、七九頁）ほか二、三引用の誤りが見うけられた。

〔付　記〕

法社会学の専門家によるまとまった教科書。ウェーバー、エールリッヒとともにアメリカの法社会学をも丁寧に紹介されている。

13 〔書評〕六本佳平『法社会学』（有斐閣、一九八六年二月）

（一九八七年）

一　法社会学は、以前ほど花形ではなくなっている。しかし、学門分野として、あるいは大学の講義として定着したといえるであろう。法社会学者は、兼業が多く、専業が少ないことは今日でも同じであるが、数少ない専業の法社会学者六本教授による本格的な体系書が公刊された。川島博士を代表とする第一（明治）世代、渡辺洋三教授を代表とする第二（大正）世代につづく、昭和世代によるはじめての体系書であり、新しい世代にふさわしい特色をもつ。

まず、内容を紹介しておこう。法社会学とは何か、他の法学諸分野との関連についての簡潔な概説をする序に続いて、第一部総論・第二部各論に分けられ、総論では、古典的法社会学理論としてエールリッヒ、パウンド、ウェーバーの理論が紹介される（第一章）。次に法の社会学的理論として、著者による社会秩序モデル、紛争過程、法システムが展開される（第二章）。第三章では戦前からの日本の法社会学の発展が要領よくまとめられている。第四章では、経験的探究の方法として、法社会学のフィールドワークにおける、データ収集と処理の手法がのべられている。

各論では、まず法意識が扱われている（第五章）。法意識論は、法社会学会でも三年にわたりシンポジウムが開かれ、そこで著者は、法意識(1)と法意識(2)に分ける分析視角を提示された（本書一九五頁）。ここではそれらを中心に日本人の法意識の特色についても言及されている。第六章は、紛争の非公式処理として、近時欧米でも盛んに研究されている紛争解決（dispute settling）が論じられる。第七章は、法使用と題され、何らかの問題がおきたときに、どこまで法に頼れるかという問題を扱う。これは、訴訟回避傾向の強いといわれる日本人を、法使用という面から比較研究した著者の英文で発表された研究成果に基づくものである。

第八章は、弁護士と法的役務と題され、プロフェッションとしての弁護士をアンケート調査や種々の研究をもとにまとめられたもので、数々の興味深く、しかも一般的知見になっていない指摘が多い。第九章裁判過程は、裁判の機能と形態について、ウェーバー、ルーマン、フラーの研究を参照しつつ解明する。巻末に、相当くわしい邦文、欧文文献リストがのせられている。

二　本書は、限られたスペースでは紹介しきれないほど、内容豊富なものであるが、いくつかの特色を指摘できる。

まず、いずれの章も、著者による論文ないし実態調査に基づいていて、単なる他人の研究や学説の紹介ではないことである。そして『民事紛争の法的解決』（一九七一年）にまとめられたように、民事紛争が、現実にどのように解決されているかについての理論と実態への関心が全体を貫いている。

次に、総論の部分、とりわけ第二章では、著者の法社会学理論が提示され、それが各論の各種の問題と有機的に関連づけられていることである。これは、これまでの法社会学が、憲法、行政法、民法、刑事法といった実定法分野に対応する法社会学といった色彩が強かったのに対し、本書は、そういった実定法との対応ではなく、法社会学にとって重要なテーマが、そのまま正面から扱われている。

第三に、右のことと関連するが、著者がアメリカとドイツで社会学を研究されていて、いわば社会学的な法社会学になっていることである。しかし、法律学とりわけ法解釈学にとって重要な問題は、きちんとおさえられている。社会学系統の法社会学が、とかく法律家の関心と異なっていて役に立たないという批判がなされることが多いが、本書はそれを免れている。

三　浩瀚な内容の本書については、まだまだ書くべきことはあるが、評者としての感想を若干述べて結びとしたい。

まず、法社会学といえば、農村とか、家族といったように、いわばおくれた、法と実態とのギャップの大きい分野を思い出し勝ちであるが、本書ではそうしたことが扱われていない。しかし、こうした研究は時代を画したものだけに、研究成果も少しは紹介してほしかった。

次に刑事法についての法社会学研究が、とりわけアメリカでも盛んであるが、そうした研究動向も盛りこまれていたらと思う。ないものねだりになるが、ほとんどふれられていないのは、やはりバランスを欠くと思う。

横組で一頁に一〇〇〇字近くが収められ、見出しが少ないためやや読みにくい感じはするが、煩をいとわずとりくめば、法の世界にもこんな興味深いことがあったのかということを教えられ、法への新たな関心をかきたててくれる書物といえるであろう。

〔付　記〕

若い世代の代表者による教科書の紹介。法社会学は領域が決まっていないため取り上げる問題が人によって異なるが、本書では著者らしいテーマ選択がなされ、実態調査により研究状況が論じられている。

Ⅲ　比較法

14 法文化の比較 ――〈講演〉

（一九九一年）

一　はじめに

法文化の比較とはなんぞや、というのはなかなか難しい問題で、一九九一年度東京大学にできました専修コースのなかにも比較法文化論というコースと科目があり、横浜国立大学の国際経済法学研究科でも一九八九年から比較法文化論を開講していています。大阪大学では一九八〇年代から田中茂樹教授が比較法文化論という講義をされているようです。こういう問題への関心が出てきたと、そういうことでお考えいただければと思います。

法文化の比較というのは、比較法とは区別した意味で使っております。比較法ということでありますと、ほとんどの大学で開講されています。ただ中身は、英米法なりドイツ法なり、外国法を教えるというかたちのところが多いようです。それとは別に、本来の意味での比較法のかたちがとられているところもあります。

比較法といえば法の比較です。民法何条とドイツ民法何条とがどういうふうに違うのかというかたちで、もう少し極端に言えば書かれた法の比較、あるいは判例の比較という、最も狭い意味での法の次元の問題であります。ところが比較法文化というのは、法に関するもう少し広い意味での、あるいは、その社会におけるカルチャーとしての法というものを比較の対象にして考えていこう、ということであります。

実はこの問題は最近、日米経済摩擦(1)というようなことで、年に何回か日米協議をやるたびに、日本の系列取引であるとか閉鎖的な商取引慣行(2)、あるいは訴訟にやたら時間と訴訟費用がかかることであるとか、あるいは役所と企業との仲が良すぎて，ツーカーではないかとか，あるいは行政指導[3]といった大変便利なものがあって，日本の会社だけ優遇されているのではないか，このようにアメリカからいろいろ文句を言われます。これらもある意味では，単に法律の意味が違うということ以上に，法についての考え方が違う，あるいは法の運用の仕方が違うという問題です。それを今度は日本から言うと，アメリカに行くとあらゆる機会に訴えられてかなわないと，いわば訴訟過剰社会といいますか，何でもかんでも訴訟だ，そういうことで日本の会社は大変痛めつけられていると，こういう批判が返ってくる。このへんにいわば法についての考え方，あるいは動いている法そのものの差異というものがかなり明確に現れてきていると言えるのではないかと思います。したがいまして，とりあえずは社会における法の広い意味での機能の比較ということが，今日の話の中心になると考えていただきたいと思います。

もう一つ新しいところでは湾岸危機，その後湾岸戦争ということになって，一応終わったことになりますが，この際にも，いったいアラブの人々はどういう考え方をするのだろうかということに非常に関心が高まって，湾岸ものといいますか，あるいはアラブもの，イスラムものの本が非常に売れた。要するに今まで知らなかったことが突如世界の舞台に出てきて，サダム・フセインが世界をかき回すというようなことになったわけですから，いったいこの行動様式はどうだろうと，どうも湾岸の人々，あるいはイスラムの人々というのは我々と考え方が違うんではないかと。これはものの考え方はもちろん違いますが，法に関連しても，いろいろ違うということがわかったわけであります。これもやはり，法というものについての考え方に日本と違ったものがある，ということの認識に大いに貢献したと考えられます。

実は法文化の相違について，最も早くから関心を抱いてそれについての研究を進めてこられましたのが，野田良之先生でありまして，野田先生は一九八五年に亡くなられましたが，私は学生時代から先生の大ファンで，野田先生の講義には，フランス公法であれフランス私法であれすべて出て先生のお話を聴きました。亡くなられる一年前に車で一時間ほど御供したことがございまして、いろいろお話を伺ったこともあります。野田先生がこの分野の先覚者でありますす。お書きになったものがいろいろ残されておりまして、現在では『内村鑑三とラアトブルフ』[4]という本がありますが、これは法文化に関する講演その他が集められております。体系的なものではありませんが、このあたりを読めば、野田先生の考え方というものが非常にはっきりわかります。

それからもう一人、比較法学会の理事長をされております、大木雅夫先生のお書きになりました『日本人の法観念』[5]という本があります。これは日本人が法と考えるものが、世界的な視野で見た場合に、どのような特色を持っているのかという関心からのものです。一般に日本の法というのは大変遅れている、西欧とは比べものにならないくらい遅れており、しかも法を重視しない、前近代的であるとされるわけですが、そういう非常に否定的な評価に対して、いや必ずしもそうではないと、もう少し日本の法の積極面を評価するという姿勢です。日本の法をもう少し別の視点から見た場合に、必ずしも西洋の法が正しくて日本の法がまだ遅れてそこへ到達するのに相当時間がかかる、そういうものではなくて、日本の法はそれなりの意味を持っている、そう否定さるべきものとばかりは言えない、このようなかたちで日本人の法というものの考え方について非常に広い視野から反省をされたといいますか、考え直されたもので、読んで大変役に立つ、いろんなかたちでサジェスションの多い本です。それは結局、単に法規の意味がどうであるか、例えば売買の担保責任の規定がドイツと比べるとどうであるか、といったそういう細かいことではなくて、もう少し法全体の動きを見据えた場合に、日本の法というのはどういう特色があるのか、こうしたことを問われています。この点は最後にもう一度触れる予定でいますが、そういう視点から研究されております。

そのほか、法哲学者でありますが、阪大から成城大学に移られた矢崎光圀先生が日本法を視野に入れていわゆる法文化の視点から考察されております。『日常生活の法構造』[6]という本がありますが、その後半部分に法文化に関することが出てまいります。

このように、法文化への関心というのが最近かなり出てきておりまして、法文化という言葉も割に聞かれるようになってきています。そこで法文化の比較にいったいどういう意味があるのか、何のためにするのか、何を比較するのか、それはどういう目的に資するのか、これらの問題を考えてみたいというのが本日の私の意図であります。ただ私は民法学者でありますので、話がどうしても民法あるいは私法の問題中心となって、本来はそういうことをやれば当然公法、あるいはよりバラエティのある刑事法の分野まで見据えていく必要がありますが、ちょっとそこまで及ばないと思いますのでその点は、ご勘弁いただきたいと思います。

大正一〇年に出た末弘巌太郎先生の『物権法』[7]という本があります。末弘先生は私の先生の先生の、もう一つ前の先生ぐらいに当たる大先生で、私はもちろんお会いしたことはありませんが、その末弘先生が若いときに出されたこの本に、非常に力のこもった序文があります。日本の民法典が明治期にできて、大審院が判例でそれを展開していくわけですが、物権法の分野においてそういう判例法を研究するに当たって、末弘先生はこういう問題提起をされています。当時は物権法を含めて非常にドイツ法の影響が強かった。日本の民法教科書をもしドイツ語に訳したならドイツでも通用するのではないかというくらい、ある意味では形式的・抽象的なものであった。しかし判例ということで実際の事件を扱っていく場合、つまり法を日本の問題に適用すれば、たとえドイツの法律に範を得た法律であれ、当然そこにいわばローカル・カラーが出てくるはずだ。それを見なければいけない、判例を勉強するというのはそこに意味があるということを非常に力を込めて書いておられる文章であります。これは前にも読んで感銘深く思っていたものですが、ほとんど忘れておりまして、つい最近これを読んで改めてさすがだとびっくりしたのであります。つまり同じ法律でも、適用する場所あるいは適用する人が違えば当然、そこにローカル・カラーあるいは土着性という言葉を使ったりいたしますが、そういうものが出てきていいし、出てくるはずである。それは実は先程申し上げました比較法文化論です。つまり物権という所有権秩序に関連する論理の所産であって、普遍的なものであるかのごとくに見えるものについてすら、実は土着性が非常に強いということになるわけであります。

それは言い換えると結局は歴史性とも言えるわけですが、そういうことでいけば、法の歴史性つまり法というのは、歴史による以外説明できないようなところがある。法というのは論理体系から展開された矛盾のないものではなくて、むしろ歴史によってしか説明できない、論理的には矛盾だらけのものであるといっていいわけですが、その問題につき当たる。一九世紀の歴史法学者のサヴィニーは、法は、ちょうど言語がそうであるように、決して人がつくってつくれるものではない、法というのは成るものである、という考え方をとっております。[8] そこに、その社会にとっての法というものが見られるのでありまして、サヴィニーは特に比較ということを中心にしているわけではありませんが、その考え方に通ずるものがあるのではないかと考えています。それから言いますと比較法文化論ということを改めて言う必要がないとも言えるわけであります。しかしやはり先程申し上げましたような日米の問題、あるいはアラブ世界の問題等を考える際に、あるいは中国との問題にしろアフリカの問題にしろ、日本の国際化の進展とともにどうしても我々と違った考え方をする――向こうから見れば、我々と違った考え方をする日本人というふうに見えるわけですが――ことについての認識をしておくことは、あるいはそれをもとにした勉強なり研究なりをすることは重要ではないか、と考えるわけです。

二　社会における法

次に、「社会における法」という問題に移りたいと思います。法というのは社会規範だといわれる。社会において、規範ないしルールがあるとします。たとえば違反をした場合に制裁を受けるようなものを規範だとすれば、法というのはその意味では代表的なものだとされる――刑事罰はもちろんのこと、他人を侵害した場合損害賠償をしなければならないとか、行政法規でも例えば道交法に違反するとキップを切られて反則金を払わなければならないというふうに規範として非常に厳しい——わけですが、しかしこの規範というのは何も法が独占しているわけではない。もう少し小さなグループの場合でもいろいろ規範があります。例えばサークルなんかでも会費を払うこととか、あとかたづけを当番制にするとかというようなことが決まっている場合に、これは法ではないんだから無視していい、ということになるかといえばそうではない。違反すれば、それなりの制裁を受けて、会費を払わないから除名するという処分を受けることになるわけです。サークルにさえそういった規範がありますし、その他のいろいろな社会的な組織、学校あるいは会社においても、それぞれの規範があるわけですが、そういう場合に日本では法の地位というのは割に高い。何か社会規範を挙げて下さいというと、法律が一番怖いです、あるいは罰則が一番怖いです、とこういう答えが返ってくることが多い。

日本では国家法が必ずしもそれほど強い力を持っていたわけではなかったのですが、明治以後のいわゆる近代法の体制の下で、強大な国家権力の下に国家法を執行するということをやりましたので、国家法が非常に力を得て、社会的なルールという場合にまず法律に目が行くということになっているわけであります。

しかしこれは決してあらゆる社会に普遍的なことではないのであり、法よりも宗教がはるかに高い地位を占めている社会がある。つまり宗教上の戒律に反してはいけないけれども、法というのは知らなくていい、あるいは関係がないと、こういうような人々が、例えばアジアであるとか、イスラムの世界などには、相当数いるわけであります。イスラムの人々にとっては、ムハンマドという預言者を通じて示された神の思し召しというのは、何よりも重要な守るべき掟です。(9) そして、国が制定した法律はいわばその神の教えを具体化したものでしかない、ということでありますので、神の教えに反するような法律をつくるわけにいかない、という関係になるわけです。仏教では必ずしもそうではありませんが、ヒンドゥー教の人々はイスラムと割合似た考え方でありまして、宗教が人々の行動の隅々まで規律している。(10) その場合に、インドの国家法がどうであるかということよりも、ヒンドゥー教の教えの方が優先するというかたちになるわけであります。

そのほかにも宗教とは別個のモラルのようなものがより重要だという考え方もありうるわけです。それからいいますと社会において法のしめる位置というのは非常に差異がある。これは比較法文化論の問題であり、つまりその社会における法の位置——法は何番目か、というような聞き方をしてもいいのかもしれませんが——を比較することになるわけです。ただ宗教との関係だけは、法文化の比較をする場合に忘れてはならないことだと思います[11]。日本は割に宗教と無関係に法律を論ずることができるし、むしろ宗教と関連させると法律違反になる。日本の憲法は世俗国家つまり政教分離の建前を採っておりまして（憲法二〇条、八九条）、不用意に宗教との関係を考えると憲法違反、あるいは法律違反ということになるわけです。しかしこれも一つの考え方というに過ぎないのであり、先程言いましたように、法というのはアラーの神から来るという考え方を取りますと、法は宗教に直結している。それからニュートラルな考え方を取りますと、アメリカなどがそうですが、これはおそらくセパレーション、政教分離になると思われます。イギリスなどに行くと現在も国教というのがありますので、宗教が独特の地位を占めているわけです。それからインドネシアに行きますとイスラム教が国教になっていますので、これを中心にした国家構造になる。マレーシアも同じであります。

したがって宗教と法律との関係といった場合、我々は世俗主義に慣れておりますが、それはむしろ例外だといってもいいくらいであります。現在ではカトリックを国教とする国は（以前はかなりありましたが）それほど多くはありません。ポーランドのように大部分の人がカトリックだというような場合には、宗教をやはり無視できないことになります。そういうことで、法だけを取り出せばそれは法として扱いうるのですが、そのほか法がその社会においてどういう役割を果たしているかというのは、やはり改めてその社会ごとに考えていかなければならない。決して我々の慣れた思考、日本的な考え方が通用するわけではないのであります。

もう一つの考え方として、法というのは要するに財貨の分配ルールに過ぎないという非常に極端な考え方があります。これはアメリカにおいて法の経済分析[12]という考え方として論じられていて、あらゆる法は要するに経済の分配組織の一つであって、誰にどういうものを分配するかを決めるルールに過ぎない、したがってこのルールを動かすことによって経済構造あるいは社会構造を変えていくことができるという非常に極端な考え方です。もっとも、これはむしろ法を経済的に分析した場合の議論として考えるべきだと思います。つまり法というのは財貨分配のルールに尽きるといっているわけではなく、あらゆる問題を経済的に無駄がないように、効率性を目指していく、こういう考え方で貫いていくことも可能であります。ただシカゴ大学を中心としてアメリカでそういう学派があるということで、アメリカではすべての人がそう考えているという意味ではもちろんありませんが、こういうのもやはり一つの考え方ではあります。日米経済摩擦というのは法は経済の分配ルールであるというアメリカの考え方と無関係ではないと思います。

そういうことを前提とした上で、ここでお話ししたいのは、先程いいました一つの文化としての法ということでありまして、法というのは一つの生活様式ともいうべきもの、あるいは、文化であると、こういう視点に立つべきではないか。つまり、社会の中で法を取り巻く環境といいますか、法を扱う人、それに対する人々の反応、法がどういう役割を果たしているか、法がどれくらい守られているか、そういったことを見ながら法の問題を考えていく必要があるのではないかと。この分野での研究が最近非常に盛んになってきておりまして、これはもともとは法人類学（anthropology of law）という学問です[13]。先覚者としてはグラックマンという南アフリカ出身の人類学者がおり、法人類学、特にアフリカのいろいろな社会の研究をしたいくつかの本を出しております。また消費者問題で有名なラルフ・ネーダーのお姉さんのローラ・ネーダー（一九三〇〜）は今はキャリフォルニア大学のバークレーで人類学の先生をしていますが、彼女は法人類学についていくつか論文を書いており、問題提起をしております。そのほか、女性の人類学者がかなりこの分野を研究しておりまして、後ほどちょっと紹介しますが、ブランダイス大学のメリーという人がおります。それから、ここで今回法文化の比較をお話しするということにしたのと相前後して、短期間ですがアメリカへ参りました。その際にプリンストン大学のローレス・ローゼンという人類学者に会うことができました。この人は日本でも有名なギアーツ(14)（一九二六〜二〇〇六）という人類学者の弟子に当たる人でありますが、モロッコの法廷とか訴訟といったものを長年研究した人です。彼が、つい最近、小さな本ですが **Anthropology of Justice; Law Culture in Islamic Society** という本を出しました。これはあのモロッコ、映画にもよく出てきますアフリカ北部の、ちょうどスペインの対岸ぐらいに位置する、モロッコの社会における訴訟を実地に見聞してまとめた本であります。ギアーツも実はモロッコを前から研究しておりまして、モロッコとインドネシアを比較した『二つのイスラム社会』という本があり、翻訳が岩波新書で出ております。ローゼンはそのうちのモロッコについて、人々がどういう法行動をとっているかということをアメリカと対比して論じております。ローゼン教授はシカゴ・ロー・スクールを出た人でありまして、したがってロイヤーの資格も持っています。現にコロンビア・ロー・スクールのレクチャラーもしているのです。ローゼンのような人が出てくれれば、今後こういう方面がますます盛んになっていくのではないかと思います。一〇〇ページぐらいの本ですが、大変小さな字で印刷しておりますので、非常に内容豊かな本であります。

また、ハーバード・ロー・スクールでも一九九一年から、従来フェローとして研究しておりましたF・ボーゲルというイスラム研究の学者を正式のスタッフに加えました。ということは、ハーバードでもイスラム法を重視するという姿勢が現れてきているというふうに考えていいわけであります。短時間ですが、ヴォーゲルと話をしました。エジプトで研究したことのある立派な学者だと思います。ハーバードも、以前から中国法とか日本法のような東アジアの法には関心を持っていたわけですが、イスラム法学者を加えたというのは非常に重要な意味を持っているのではないかと思います。

ハーバード・ロー・スクールは一九八九年にディーンになったクラークが、ワールド・ロー・センターにしようとする構想をたて、募金活動をすすめて人的物的に充実をはかっています。そういうディーンのもとですから、イスラム法の学者がハーバードに加わったというのは十分理解できることであります。わが国ではまだそこまでいっていないです。中央大学で黒田寿郎さんという方がイスラム法の概論をかなり長くやっておられますが、それ以外のところではまだ、アラブ世界の問題を扱う、イスラム法の本格的なロイヤー、もちろんアラビア語もわかる、コーランも読める、そういう学者が必要だということはまだあまり認識されてはいないようであります。認識されている方はおられるにしても、現実にそういった人を育てたり、そういうものを大学の科目として必要とするというところまでは至っていません。しかしこれからの国際化時代における法ということを考えていく場合にはこれはほとんど不可欠だといっていいと思います。中国法[15]についてもある意味では同じことかもしれませんが、中国法でありますと、日本法というのは明治以前からの中国法の影響下にありますので、なんとなくわからなくはないというところがありますが、イスラム法となりますと、本格的に取り組まないとそう簡単にはできないことでありますので、ますますそういう必要がある。それは今回の法文化の重要性ということとの一つの焦点になることでありまして、私にはこれからイスラム法をやる元気も力もとうていありません。ただこういうことをやって下さいということを皆さんがたに訴えて、その中から百人に一人とは言いませんが、千人に一人ぐらい、よし、やってみようという方が出てきて下さることを願って、イスラム法、イスラム法と当分言い続けていこうと思っております。その意図はおわかりいただけるのではないかと思います。

三　法と法文化——何を比較するか

次に、比較法文化という場合にいったい何を比較するかという問題であります。比較というのは小さいころかやります。切手を集めてこれとこれではどっちがきれいかとか、昆虫を集めてきてこれとこれはよく似ているけれどもやっぱり種類が違うとか、そういうことから比較が始まっている。しかし比較するといっても蜻蛉とチューリップの比較は普通やらないわけで、虫なら虫というある程度共通点があるものについて、共通点を前提にして違いを探求していくことになる。法に関しても、いろいろなものの比較というのが可能であります。これまで比較法としてやって参りましたのは、だいたいは法制度の比較であります。例えば日本の司法審査制とアメリカの司法審査制（judicial review）とどう違うか、ドイツはどうか、あるいは憲法裁判についてどうか、売主の担保責任についてどうか、不法行為についてどうか、製造物責任についてどうか、ということで、だいたい同じ枠に乗っかるものの中で差異がどうなっているかということを議論する作業であります。例えば動産売買につきましては、おそらく最も偉大な比較法学者の一人といっていいラーベル（一八七四〜一九五五）という人が見事な業績[16]を残しておりますが、そういうところにまで達するわけです。これはだいたいは法規ないし広い意味での法としての判例法を比較しているということになる。つまり法制度 **legal system** あるいは法規 **legal rule** の比較です。そのほかに比較法でよく問題になるのが、法の系統というものです。例えばフランス法系統、あるいはドイツ法系統というように、フランス法の考え方を取り入れているベルギーであるとか、ドイツ法を取り入れているスイスとかオーストリアとかいったふうに系統を分けてその系統相互間の比較をする。これは実は世界の比較法を考えますと主流の考え方でありまして、ツヴァイゲルト[17]とか、一九九〇年に亡くなりましたダヴィド[18]というフランスの比較法学者もそういう比較をされています。それから、これも亡くなられましたがコンスタンチネスコ[19]という人もそういう法系統、世界の代表的なリーガル・システムを取り上げている。例えばツヴァイゲルトは、ドイツの比較法の大御所で、先程ふれた大木先生の先生に当たる人ですが、ローマ法系、ゲルマン法系、スカンディナビア法系、それから東ヨーロッパ法系、というような系統に分けておられます。こういう系統でいえば最も親しみがあるのが **civil law** と **common law** という分け方です。これは普通、大陸法と英米法という訳し方をいたします。今いいました法系統をまとめて、ドイツ法とかフランス法などを大陸法[20]といい、これは法典の解釈という形で法を導き出す、日本と同じような法系です。それから英米法というのは裁判所の判決を基礎にしてその中から法を導き出していくという考え方に立つ。ここには法についての考え方の違いというのがきわめて明瞭に出てくる。こういうのが比較法として行われているものであります。

そのほかによくありますのが、法的正義 **justice in law** の比較です。これは刑事法で考えていただければわかりますが、窃盗とか殺人とかという自然犯的なものはどこの国でも罰しているわけですが、罰し方にもいろいろありまして、死刑を残している国と死刑は廃止してしまう国というように、何が **justice** か、なされた不正に対してどのようにして正義を回復するのかという場合に、それぞれの国によって処罰のしかたが非常に違ってくる。この違いについては、例えば賄賂といったものについて、アジアの国では割合厳しくない。昔中国では公務員には給料を与えなくてもよろしいという考え方があったそうであります。なぜかというと公務員はもらう機会が多いからもらえばいいだろう、公務員というのはもらう地位であるという考え方です。今でもアジアの国のなかには、税関で調べられても金を出せばすぐ釈放してくれるところがあるということを聞いたりいたします（聞いたというだけですからそのとおりかどうかわかりませんが）。それに対してアメリカのような国では政治家は一〇〇ドル以上の寄付を受けると届けなければならない、さもないと賄賂になるというような、非常に厳しい考え方がとられている国があります。したがって何をもって **justice** というかというのは、やはりその社会に特有のものでありまして、先程殺人の例を挙げましたが、古代のギリシアをはじめ、今でもいくつかの国では残っていますが、年寄りはひそかに処分してよろしいという考え方をしていた社会というのは決して少なくない。こうした問題についてはウエスタマーク（一八六二〜一九三九）という人の **moral idea** についての大きな本[21]があります。それは今アメリカで問題になっているアボーションから、幼児殺、窃盗、殺人といった、あらゆる行為についてどの社会でどういうふうになっているかということについて、百科事典風に書いている本であります。それほどまでに非常に違っている。これらも比較すれば、まさにウエスタマークの本にあるように面白くて仕方がないということになるわけですが、これも今までになされていることです。

それより重要なのは実は法の運用とか法についての考え方です。法についての考え方はすでに二のところで触れましたので、ここでお話しすべきは法の運用方法という問題ではないかと思います。この違いというのはやはりかなりのものでありまして、例えば先程もいいましたが、普通、許可といえばいろいろ書類を準備してぽんと役所に出して、役所の方は書類を見て許可するかしないかを決めて返事をすると考えがちであります。しかし日本では役所の許可がいるという場合に、実際にはそんな単純なものではなくて、許可を得たい人は、実は私はこういうことについて許可を得たいけれどどうしたらよろしいかと相談に行って、役所の方ではこういうものを用意しなさいと言う。それで用意して持って行くと、いやまだここがおかしいからこうしなさいと言われ、いったん戻って言われたとおりに直してもういっぺん持って行ってまた直して、ということを何度も何度もくりかえす。そのうちに役所の方でだいたいこれでよかろうということになって、それでは正式に出しなさいという過程をたどるわけですから、必ず許可が得られることになっている。こういうやり方は、行政指導と呼ばれております。これはフェアなのかフェアでないのかというのは難しい問題だと思います。アメリカでは、それはおかしいではないか、許可というのは何も事前に相談して得るものではないので、そんなやり方は認められないという。つまりアメリカの会社が日本においてあることをしようとすると必ずそういうことをするようにといわれるわけです。そんなことはとうていできない、許可するのかしないのかすぐ返事しろと。そういうことを言うと日本ではそういうイエスかノーか、という方式をやったことはありませんと役所の方では言う。つまり日本ではノーというのは言わないことになっている。イエスといえるような条件を相手がつくってくるまで行き来するということになるわけでありまして、そのような運用の仕方をする。そういうのは法の条文のどこにも書いてない。例えば大学で新しい学部をつくる場合には文部省（現文部科学省）に相談に行って学部をこういうふうにつくりたいからと言うと、それに文部省からいろいろ指導があって、それに合うような条件を二年ないし三年かけてつくって行って、それでやっと認可が得られることになるんですが、その場合でもそういうことしなさいというふうには書いてない。自信がある人は本来はぽんと出して、通るかもしれないし通らないかもしれない、ということでいいはずなのです、しかし今言ったような形に動かしている。こういう運用方法を極めてユニークだとアメリカは言うわけです。しかし日本から言わせるとそれはそれで合理性がある、ということでありますから、こういった運用方法についての差異があるということなどはもっと重要な点だと思います。

それと同じなのが、法の守り方あるいは守らせ方とも言うべきものです。例えば日本の大学でも新学期になって履修登録をするわけですが、あの際に、何月何日までにしなさい、遅れるともう受けつけませんよというところで終わるわけです。ところがアメリカの場合には、遅れたり、いったん出したものを変えた場合には五〇ドルのチャージがありますよということが書いてある。実際変えて取られたという人も聞きましたから、書いているだけでなくて現実に取るのだと思いますが、こういうことをして法を守らせようとするわけです。つまりルールへのコンプライアンスを確保するため、そこまで行くわけです。ところが日本では必ずしもそうではない。書いてあるけれども実際にはそうではないというような形で、手心というような言葉を使いますが、法に対する厳しさというのにもいわば幅がある運用をしますし、それが今度逆に守り方の方でもうまい守り方がでてくるわけです。車を運転される方で、まったく道交法に違反しないで走れる人はそういらっしゃらないと思いますが、必ず何らかの意味で違反をしているわけです。しかし、スピード違反の場合も、駐車違反の場合もすぐに処罰されるわけではない。

ドイツではバスに時刻印のあるキップを持って乗ることになっていますが、乗車口で調べるわけではない。もし持っていないことがわかると二〇マルク払わなければならないと書いてありまして、持っていなくてもだいたいは見つからないそうでありますが、見つかって払うという人もいるそうです。一〇回に一回見つかってもともとだということになるのです。私が見ている限りでは、ドイツ人はそう書いてあるから有効な切符を持って乗っているようであります。乗ってきた平服の検査員に見つかり二〇マルク払ったということを見たこともありませんので、みんなきちんとオブザーブしていると思います。そういう守らせ方もありうるわけでありまして、これも法の執行としては非常に興味があるものではないかと思います。

それから最近最も注目を浴びておりますのは、紛争解決方法についての差異です。日本ではよく訴訟嫌いでインフォーマルな調停とか和解とかあるいは第三者が入るようなものが好まれていると言われるわけで、いわゆる **negotiated justice** というもの、つまりジャスティスをネゴによって決めていこうとする、当事者の交渉で決めたものですから当事者が納得している、したがって守られやすい、よく話し合い解決といわれたりしますが、それに当たるわけです。しかしこれはアメリカでは非常に評判が悪いのでありまして、どちらが正しいかというのは裁判所が決めるものであって、そんなネゴなんかやる必要はないということであります。ただ最近ではアメリカでも割にこの **negotiated justice** といいますか、ＡＤＲ（代替的紛争解決法）というのが広く行われるようになってきておりまして、ハーバードでもサンダー教授が中心になってＡＤＲの研究[22]がなされております。紛争が起きた場合にどういう解決をするかについては、まさに比較の対象になるだろうということであります。

四　比較の対象——どことの比較か

それでは以上のような事柄について、いったいどこのものを比較するのかであります。

従来の比較法はいわば似た者同士の比較をしていた。あるいは英法と米法の比較というような、兄弟の比較のようなことであった。ただイギリス法の専門家に言わせると、いやイギリス法とアメリカ法は違うんですという。近ければ近いほど違いが目立つ。外から見ると大した差ではないようでもそうした違いはありますので、決して比較に意味がないわけではないのですけれども、大局的に見ると似た者同士といってもいいようなことでありまして、ドイツ法とフランス法も、もちろん言葉は違いますがそう特に違っているわけではないという見方もできる。もちろん考え方が違う点がありますから、そういう違いがあることはありますが。

その場合に、日本から言わせますと、ドイツとかフランスとか最先端の国というのは同時に、理性で考えられる最も完成したものだ、したがってこれこそ目指すべき普遍だ、という考え方でいけば――これはマックス・ウェーバーが言っておりますように、西洋がなぜ普遍でありえたかという命題[23]になるわけでありますが――、これはラショナリズム、つまり理性的に考えればおよそどんな人でも同じような結論に達する、そういうものの完成された状態だということになります。独、仏比較は、その中のいわばマイナーな比較という形だったわけです。しかし、これから重視されるのは先程申し上げましたような西洋法と非西洋法の比較であります。東西比較というような言い方もなされますが、私は東というよりもむしろ非西洋といった方がより正確ではないかと思います。非西洋の中には、日本も属しておりますがアジア、イスラム世界などがある。それからユダヤというのは国としてはイスラエルだけでありますが、ユダヤ人はアメリカなど世界各地にいて独自の言語・文化を持っている。とくに離婚法などに関して世俗法と違った法を持っております。ユダヤ女性は離婚した場合に前の夫の許可のようなものがない限り再婚できないというシステム[24]がとられているため、再婚できなくて困っている女性がいることが今アメリカで問題になっています。このようにある宗教に属しているがために、ある法的制約を被るという意味で、ユダヤ法というのは依然として力があるといっていい。

それからヒンドゥー法であります。ヒンドゥーの人たちにとっては、自分たちの宇宙はヒンドゥーだけである、というとちょっとオーバーかもしれませんが、そういっていいくらいヒンドゥー世界の中に浸りきっている。それからアフリカは、大陸は一つでありますけれども部族によってものすごく分かれている。部族が個々に法を持っている。

同じケニアに住んでいる人でも、どの部族かによって違う法律の適用を受けるというぐらい細切れの tribal law という形になっております。[25] これは商社の人々が製品を売りにいく際に気づかされることでありますが、このように非常にバラエティに富んだ法律がある。これはドイツ法とフランス法の比較というのとはあらゆる点で隔絶しているわけです。法規の内容が、あったとしても違うし、法についての考え方が違うし、紛争解決法も違う。コミュニケーションそのものが非常に難しいわけであります。

ここで申し上げておきたいのは、先程日本を含むアジアといいましたが、いったい日本はウエスタンだろうかノン・ウエスタンだろうかということであります。毎年開かれる経済サミットでは、西側先進国という言い方をしておりまして、日本もこれに入っているわけです。つまり西かどうかというのは何も方角の問題ではなくて、むしろシンボリックな意味になってきておりますが、それを前提とした場合でも、法律の世界を考えた場合、日本は今やウエスタンだといっていいのかどうか。これは、今日の問いかけの一つとしたいと思っている問題であります。日本は一見非常に西洋法の影響を受けております。[26] しかし果たして、それだから西洋法の中に入れていいかどうかというのは問題ではないかと考えております。

この他にも、現在まことに流動的でありますが、社会体制を区分基準とした考え方があります。以前のいい方でいうと資本主義、社会主義という体制です。それを前提とするといったい法がどう違うのか。二、三年前までは社会主義法というような形で資本主義法と比べられるような形になっておりましたが、社会主義体制が非常に流動的になっておりまして、それが今のまま続くかというのは予測できないことであります。そうなってまいりますと、一口に社会主義国、資本主義国というような言い方はできないということであります。中国は今後も社会主義をめざす、と言っておりますので、社会主義法というのが消滅してしまうわけではないかも知れません、しかしこういう社会体制というものによる差異にもとづく比較というのは依然として重要な意味をもっているということはいえると思い

ます。(27)

五　比較の目的――何のための比較か

次に、それではいったい何のために比較をするのかということであります。比較法の研究というのは当初から大変実際的な目的のために行われてきました。例えば取引をしたい、ついては相手の国の法律がどうなっているだろうか、こういう発想だったわけで、現在でもある意味ではそうだといっていいわけであります。ところが日本では状況は違うわけで、明治維新後突如、藩ごとの法令のようなものでは困る、中央集権国家になった以上は近代的な法体制をつくることが必要だと、そういう考え方で最初にやりましたのが、猛烈な勢いで外国の法制度を勉強することだったわけです。憲法については伊藤博文であるとか、民法については梅謙次郎とか穂積陳重といった人が外国法を勉強して、それをもとにして日本に合った法律をつくっていく。これは何も比較を目的としたわけではないのですが、そのためにいろんなものをいわば部品として集めて、その中から日本の法律をつくり上げていく。これはこれで非常に偉大な作業だったと思います。一九九八年に民法は百年を迎えますが、百年たっても、カタカナは読みにくいから、ひらがなにという考え方は出てきておりますが、（追記　平成一六年に現代語にされた）それでも民法の根本的な内容そのものを変えようという考え方は出てきてない。これは民法がそれだけ周到に準備されたものであったということを意味しているわけでありますが、そういう目的だったわけです。

比較法という学問が始まったのはヨーロッパでも一九世紀だといわれております。一九世紀の末にフランスで、比較法制協会というものがランベールを中心にしてつくられて、各国の法制比較をやった。その頂点に立つのが一九〇〇年に行われたパリ万博での比較法大会――万国比較法大会といいますが――でありまして、その時に各国の法制の比較を学者や政府関係者がするというプラクティカルな目的があったわけです。これは現在でも同じことでありまして、日本で例えば製造物責任法が必要ではないかという場合に、アメリカではどうなっているのか、ＥＣ（ＥＵ）はどうかという情報が有り余るほどあるわけですが、それらを参考にして、いいところを取り入れてつくっていこうという発想であります。[28] しかしこれは、何も比較法を目的としているわけではなくて、法の制定に外国法を参考にしようということで、それだけでは学問的なものとはいえないとも考えられるわけですが、いずれにしろそういう問題です。それから裁判においても、ある問題に当面して、どうも今まで日本にはなかったような問題だという場合に、諸外国で同じような問題についてどんな解決をしてるかという形で外国法の助けを借りる。[29] これはこれでまた重要であります。それから何よりも、実務的にはいわゆる渉外事件であります。人的な国際交流が盛んになると共に渉外事件が多くなっていることは皆さんご承知のとおりでありまして、渉外事件の場合にはある事件が起きた場合にどこの国の法律を適用するのかが問題になる。日本の法が適用される場合にはそれでいいわけですが、例えばウルグアイの法律が適用されるということになると、ウルグアイの法律をどうやって知るのか。条文が手に入ってもそれをウルグアイの法律家がどう解釈しているのかというのがわからないと困る。それを日本の裁判所はどうしたら知ることができるだろうか。だから日本に限らず、どこの裁判所でも渉外事件に関しては、法律を調査する労苦が少ない自国法の適用をしたがるといわれます。しかしそういかないこともあるわけで、そういう場合には、正確に外国法を知る必要があるわけです。

さらには cultural defence という問題があります。[30] 詳しくお話しする余裕はないのですが、例えばキャリフォルニアに住んでいる日本人の女性が、夫が浮気したというので子供二人を道連れに自殺をはかり、子供は死んでしまったけれども母親の方は生き残ったという場合に、その女性の弁護人は日本文化の下においては、夫が浮気した場合の妻というのは、屈辱に耐えかねて子供を道連れに自殺することは何も悪いことではないという弁護をしたわけです。結局、日本ではそうかもしれないけれども——日本でそうかどうかも問題だと思いますが——アメリカではそれは通用しない、刑事法というのは、キャリフォルニアではどうかという問題であって、たまたま日本人がそういう考え方に基づいて心中をしたとしても、そのことを考慮するわけにはいかないということになったわけです。しかしそういう場合に当該の人のバックグラウンドをどう考慮するかという点では、非常に問題を提起した事件でして、もう五年くらい前になりますが、有名な事件です。そういう問題が今後は出てくる可能性があるわけです。同様の問題がラオスのモン族の人が妻を殺したという事件においても、同じようなディフェンスとして出てきております。日本でも外国人が多くなってまいりますと、外国人が自国の文化の価値観に基づいてなした行動について日本法が評価する場合に、日本法の評価が妥当するのか、当該の人の価値観が妥当するのか、という問題として出てきうるわけです。さらに興味のある問題がありまして、ボストンで、先程言いましたメリーという人類学者が、労働者階級の間の紛争の調査をした経験を架空の事件にいたしまして、ジョーンズとスミスの間の隣人間の事件として報告したわけです。どういう事件かというと、ゴシップを言われたというので怒って、暴力を振るうというような脅しがあった、それと階段の掃除をするかどうかというようなことも絡んで紛争になっていたという事件でありますが、それだけを言ったらある裁判官が「それはヒスパニックだろう」と言った。裁判官は事件を扱っているのでそういう紛争をおこすのはヒスパニックに違いないということがわかるのです。そしたらそれに対して、ヒスパニックであろうと誰であろうと関係はないという議論と、いやヒスパニックだったら、ヒスパニックなりの解決をする必要があるという議論が出てきたそうです[31]。つい最近アメリカの法社会学者のフリードマン教授が日本に来まして、その時にちょっと聞いたのですが、最近割り当てられて陪審員を務めたそうでありますが、その事件のなかでやはりヒスパニックの問題が出てきて、正確ではありませんが、兄と妹が一緒に歩いたりするだろうかということが問題になった。そのときに、陪審員の中にヒスパニック系の人がいて、いや我々はいつもするのだと言ったので、その問題が片づいてしまったということです。つまりそういうことが裁判の中にも出てくるという点が非常に重要だというわけです。

それは individualized justice つまり非常に個別化された、その当事者にとってのジャスティスというものをどこまで追求していくのか、それともヒスパニックであろうとチャイニーズであろうとジャパニーズであろうと、無関係に裁判をしていくのかという問題です。それに実はアメリカが現在直面しておりまして、言語をどうするかという問題もありますが、そのへんでも法文化の問題を考えることが必要になっているのではないかと思います。

今まで触れましたように、比較法学といいますのはそういうものを学問的な作業としてやっていくことになるわけですが、そうなると単なる比較法ではなくてむしろもう少し広い視野の比較法文化、法文化まで取り入れた研究が今後の方向として必要になるのではないかと考えております。

六 「違い」の受け取り方——Taking Difference Seriously

次に「違いをどう考えるか」ということでありますが、ドウォーキン教授にならって Taking Difference Seriously というふうにタイトルをつけてみました。彼は Taking Rights Seriously という本を書いているのですが、やはり違いというのは重大に受け取らなくてはならない、ただ違いがあるということだけではなくて、それを認識しそれを尊重するか、それとも克服するかを考える。従来は差異があると、何とかこれをなくそうという方向に行ったわけです。アメリカに来たからには、みんなアメリカ人のように、みんな英語を喋れと、そういうことだったのです。最近は確かサンフランシスコでも投票用紙が四ケ国語で書かれているそうでありまして、ある意味では迎合という言い方もできるかもしれませんが、そういうふうに違いを尊重するのか、それともサンフランシスコで投票するのだから、英語でというふうにいくのかという問題になるわけです。ヨーロッパではＥＣの統合にもなって、ある程度法の統合のようなことを始めておりますが、しかしこれも、各国の独自性を何とか失いたくないという前提の上に立っているわけで、やはり違いを前提とした上での問題ということになるわけであります。

七　日本人の眼

最後に、日本人の眼で見るという観点で、これまでも見てきましたように、実は我々はしょせん日本人でありまして、日本人の眼で外国を見ると非常に珍しく見える。陪審なんかがテレビに出ると「へえ、陪審なんてあるの」ということで見ている、ところがアメリカ人から見ると、日本で行政指導で何度も何度も役所通いしている人がいると、「そんなことがあるの」ということになるのでありまして、やはりそれは、自分たちにないものであって初めて見えてくるわけです。日本人は何度も何度も役所通いをしてる人を見ても、「ああ、やってる」というぐらいで、あまり問題を感じない。そこに重大な問題があるといいますか、逆にある意味では日本人でないと見えないものがある。よく「色眼鏡をかけて見てはいけない」という言い方をいたしますが、実は色眼鏡をかけないと見えないものがあるということでもある。色眼鏡をかけて見ているだけではいけないと思いますが、色眼鏡をかけて見るべき問題が非常に多くあるのではないかと思います。幸か不幸か、日本はいろんな意味で国際交流の真只中にありますので、そういうものを見据えていくということが必要ではないか。それが日本法とはいったい何だろう、どういうふうに日本を位置づけていくかにつながるというか、自らを知るという問題にも関係していくわけで、外国法にぶつけてみて初めて日本法の姿がわかってくるということです。ゲーテが言葉についていうように、日本語だけしか知らない人には日本語はわからない、外国語を何か一つ知っていないと本当に日本語がわかったとは言えないと、こういう言い方をいたしますが、それに当たるわけであります。

日本の比較法の大先達でフランス法の杉山直治郎先生がおられましたが、杉山先生が戦前法律学辞典にお書きになりました「比較法学」という項目がありまして、その中に「比較法学の効能」ということで一三あげておられますが、この紹介をもって今日のお話の結論に代えさせていただきたいと思います。最初の方は略しまして四番目からいきますと、㈣着眼の高さと大局の達観とを得せしむる機能、㈤限界を知らせしめ、あらゆる方面より考究を促す機能、㈥深みある思索を誘導する機能、㈦批判的改進的施策を促進せしむる機能、㈧創造的活動力を旺盛ならしむる機能、㈨法律研究の無味乾燥を救う機能、㈩国内的法律関係と渉外的法律関係の文化的研究を可能ならしむる機能（以下省略）、このように言っておられるわけです。こういう非常にプラクティカルなものとともに、日本の法律を勉強する際に、我々の勉強している「日本法とはいったい何だろう」ということも考えていくことができるのではないか[32]、そのためには各国には、独特の法文化というものが存在し、その相違がもろもろの問題に関連していると言えるのではないかと思います。

（1） 日米経済摩擦については、参照、藤倉皓一郎、長尾龍一編『国際摩擦―その法文化的背景』（日本評論社、一九八九年）、宮里政玄、国際大学日米関係研究編、『日米構造摩擦の研究』（日本経済新聞社、一九九〇年）
自動車の安全性に関する法文化的研究として参照。J. Mashaw : Regulation and Legal Culture, The Case of Motor Vehicle Safety, 4 Yale J. Reg. 257（1987）Mashaw : The Struggle for Auto Safety 1990 Harv. U. Pr.

（2） 日本的商慣行については、三輪芳朗『日本の取引慣行』（有斐閣、一九九一年）がフレッシュな問題提起をしている。参照、道田信一郎『契約社会・アメリカと日本の違いを見る』（有斐閣、一九八七年）。

（3） 行政指導については参照、成田頼明「行政指導」現代法二巻（岩波書店、一九六六年）塩野宏「行政指導」行政法講座六巻（有斐閣、一九六六年）
Narita : Administrative Guidance, 2 Law in Japan 45（1968）.
Pape : Gyosei Shido and the Antimonopoly Law 15 Law in Japan 95（1982）.
M. Young : Judicial Review of Administrative Guidance 84 Col. L.Rev. 925（1984）.

（4） 野田良之『内村鑑三とラアトブルフ』（みすず書房、一九八六年）
Noda : Introduction au droit japonais. 1966 Libraire Dalloz. 英訳 Introduction to Japaniese Law. 1976 U. Tokyo Pr.
法文化は、地理的条件にも制約される。野田先生の法文化論は、そうした点に注目する。

地理と法というのは、古くはモンテスキューの『法の精神』にまで遡るが、近時、野田先生や和辻哲郎『風土』（英訳あり）をふまえて、風土的比較法を唱える学者として、グロスフェルト教授（ミュンスター大学）がある。

Grossfeld : Geography and The Law 82 Mich. L. Rev. 1510（1984）.

なお Grossfeld : Macht und Ohnmacht der Rechtsvergleichung 1984 も参照。

文化のパターンということであれば、戦前から行われている。内外の古典的なものとして、次のものがあげられる。

R. Benedict : Patterns of Culture 1934、米山俊直訳『文化の型』（社会思想社、一九七三年）

飯塚浩二『比較文化論』（評論社、一九四八年・復刻一九七〇年）

ドイツ系のアメリカの政治学者による比較法文化論として Ehrmann : Camparative Legal Culture 1976 Prentice がある。

また、Barton, Gibbs, Li, Merryman : Law in Radically Different Cultures, West 1983というケースブックがあり、相続、横領、契約、人口抑制の四つの問題につき、エジプト、ボツワナ、中国、キャリフォルニアの比較をしている。

ヨーロッパ法文化については、ヨーロッパ法制史の泰斗による次掲参照。F.Wieacker : Foundations of European Legal Culture（tr. by E. Bodenheimer）38 A. J. Comp.Law. 1.（1990）.

（5）大木雅夫『日本人の法観念』（東京大学出版会、一九八三年）。

本書についての興味深い評価として、五十嵐清「比較のなかの日本法」判タ五〇〇（一九八三）。

（6）矢崎光圀『日常世界の法構造』（みすず書房、一九八七年）二八七頁以下。

（7）末弘厳太郎『物権法』（一九二一）序文。一九八八年「西洋法の日本化」というシンポジウムがチュービンゲン大学で開かれている。これについて52 Rabels Z. 762（1988）に概要報告がある。

（8）サヴィニーの法は生成するものであって、つくられるものではないという歴史法学の考え方は Savigny : Von Beruf. unser Zeit für Gesetzgebung und Rechts wissenschaft 1814. 3 Aufl. 1892において示された。

（9）イスラム法については参照、遠峰四郎『イスラム法入門』（紀伊国屋新書、一九六四年）、真田芳憲『イスラーム法の精神』（中央大学出版部、一九八五年）（くわしい文献目録がついている）、有益な英語文献として参照。J.Schacht : The Origin of Muhammadan Jurisprudence 1950 Oxf. U. Pr: ibid: An Introduction to Islamic Law 1964.W. C. Smith: Islam in Modern History 1957 Princeton. U. Pr. J. C. Exposito : Islam: The Straight Path 1988 Oxford. U. Pr.

（10）インド法については、デレットの膨大な研究がある。しかし、必ずしも、西欧法との対比という視点ではない。Derrett : Essays in Classical and Modern Hindu Law. 4 vols 1976-8. Brill. ほかに ibid : Religion, Law and the State in India. 1973 Faber.

インド社会についてのユニークな研究として、参照。L. Rudolph & S. Rudolph : The Modernity of Tradition 1967 U. Chicago Pr.（第五章にイギリス法との関係）最近の研究として M. Galanter : Law and Society in India 1989 Oxford. U. Pr. がある。

（11） 第三世界における宗教との関連について、参照。

D. E. Smith（ed）: Religion, Politics, and Social Change in the Third World 1971.

西洋中世における、宗教の法への影響について H. Berman : Law and Revolution : The Formation of the Western Legal Tradition 1983 Harvard U. Pr. が、資料的のみならず、思想的、分析的にもきわめて有益である。

（12）「法と経済」については、きわめて多様な発展をみせている。Posner : Economic Analysis of Law. 3 ed. 1986が、一つの傾向を代表するものである。古典的なものとして、G. Calalresi : The Costs of Accidents 1970 Yale. U. P. 邦語文献として小林秀之、神田秀樹『「法と経済学」入門』（弘文堂、一九八六年）。

こうした動向についてのスケッチと主要文献について参照。拙稿「『法と経済』研究についての覚書」エコノミア九八号（一九八八）（本書**22**）。

（13） 比較法文化という視点から有用な法人類学の業績として次のようなものがあげられる。

M. Gluckman : The Judicial Process among the Barotse of Northern Rhodesia 19555.

Hoebel The Law of Primitive Man 1954. Harvard. U. Pr. 千葉正士・中村孚美訳『法人類学の基礎理論』（成文堂、一九八四年）。

Nader, L（ed）: Law in Culture and Society 1969

Llewellyn & Hoebel: The Cheyenne Way 1941

Rosen, L.: The Anthropology of Justice 1989 Camb. U. Pr.

Moore, Sally : Law as Process 1978 RKP.

J. Collier & J. Starr : History and Power in the Study of Law 1988 Cornell. U. Pr.

便利なリーディグスとして千葉正士編『法人類学入門』（弘文堂、一九七四年）。研究動向のサーベイとして有益。

W. Twining: Law and Anthropology 15 L. Soc Rev, 561（1973）.

（14） Geertz : Islam Observed 1968 Yale. U. Pr.

Ibid : The Interpretation of Cultures 1973 Basic.

Ibid : Local Knowledge 1983 Basic（梶原景昭他訳『ローカル・ノリッジ』（岩波書店、一九九一年））

（15） 中国法をどうみるかは巨大な問題である。仁井田陞、福島正夫博士の研究が第一にあげられ、比較法文化の視点からは宝庫といえる。

ＣＬＳの理論家アンガーの中国社会の見方（Ungar : Law in Modern Society 1976）に対する中国法研究者からの批判として W. Alford : The Inscrutable Occidental? 64 Tex. L. Rev. 915（1986）が、示唆に富み、法文化という視点からも有益である。

（16）　E. Rabel : Das Recht des Warenkaufs 4 Bde. 1936.

ラーベルの弟子ラインシュタインの契約法の研究も戦前の代表的研究である。

M. Rheinstein : Die Struktur der vertraglichen Rechtsverhältnisse in anglo-amerikanischen Recht 1934.

（17）　Zweigert-Kötz : Einführung in die Rechtsvergleichung auf dem Gebiete des Privatrechts 1971 2. Aufl. 大木雅夫訳『比較法概論・原論上・下』（東大出版会、一九七四年）

（18）　R. David & J. E. C. Brierly : Major Legal Systems in the World Today 1964 Enlarged 1978.

（19）　Constantinesco : Rechtsvergleichung 3 Bd.（1971）（紹介・大木雅夫　比較法研究三四・三六号）。

こうした研究動向について、五十嵐清『民法と比較法』（一粒社、一九八四年）、同「法系論と日本法」法哲学年報一九八六年度参照。ツヴァイゲルトのいう法圏（Rechtskreis）も一つの、法文化圏という見方ができる。また、より狭く、たとえば、概念法学派、自由法学派といった学派も、一つの法文化とみることもできる。

（20）　アメリカの大陸法研究として次のようなものがある。

von Mehren & J. Gordley : The Civil Law System 2 ed. 1978（主としてドイツ・フランス法）

Merryman & Clark : Comparative Law, Western European and Latin American Legal Systems 1978.

Merryman : The Civil Law Tradition 1969 2 ed., 1985（紹介・望月礼二郎「大陸法と英米法――ひとつの素描」望月他編『法と法過程』（創文社、一九八六年））

Glendon, Gordon & Osakwe : Comparative Legal Traditions, West 1985（西洋法の比較）。

（21）　E. Westerwarck : The Origin and Development of the Moral Ideas 2 vols（1906. rep 1971）.

（22）　裁判によらない紛争解決についてはＡＤＲの研究が盛んである。代表的なものとして S. B. Goldberg, Green & Sander : Dispute Resolution 1985.

（23）　M・ウェーバーの有名な命題は、『宗教社会学論集』の序言にある。「近代ヨーロッパの文化世界に生を享けた者が普遍史的な諸問題を取扱おうとするばあい、彼は必然的に、そしてそれは当をえたことでもあるが、次のような問題の立て方をするであろう。いったい、どのような諸事情の連鎖が存在したために、他ならぬ西洋という地盤において、またそこにおいてのみ、普遍的な意義と妥当性をもつような発展傾向をとる――と少なくともわれわれは考えたい――文化的諸現象が姿を現わすことになったのか、と。」（M・ウェーバー、大塚久雄・生松敬三訳『宗教社会学論選』（みすず書房、一九七二年）五頁。なお参照、Bendix : Max Weber (1960) 折原浩訳『マックス・ウェーバー』（一九六六）

ウェーバーのイスラム観とりわけカーディ裁判については B. Turner : Weber and Islam 1974 RKP, 樋口展雄訳『ウェーバーとイスラム』（第三書館、一九九四年）W. Schluchter (Herausgeber) Max Webers Sicht des Islams 1987 Suhrkamp.

(24) 離婚法をめぐるユダヤ法の問題として参照。

Note : Jewish Divorce and Secular Courts : The Promise of Avitzur 73 Geo. L. J. 193 (1984).

(25) アフリカの部族法については、グラックマンの研究（前掲注(13)）のほか、近年、多数の成果が公けにされている。もっとも、エジプトとか、南アフリカのような植民地は、母国法をとり入れて独自の法体系をつくっている。

植民地への法の移植という視点から興味深いのはスリランカと南アフリカである。簡単なスケッチとして参照、千葉正士編著『スリランカの多元的法体制』（成文堂、一九八七年）、拙稿「南アのアパルトヘイト」（法学セミナー、一九九一年一月号）。

法の移植について参照、Watson : Legal Transplant 1974, Harrell Bond & Burman (ed) The Imposition of Law 1983.

(26) 東と西の法文化比較については、野田良之先生古稀記念『東西法文化の比較と交流』（有斐閣、一九八三年）所収の論文、ただし、東西の比較する論文は少ない。なお日本法哲学会『東西法文化』（一九八六）参照。

(27) ソ連法を、社会主義法というより、ロシア法と見る見解として参照。

H. Berman : Justice in the U. S. S. R. (1963).

初版の Justice in Russia 1950には邦訳がある（明山和夫訳『ソヴェト法制度論』（朋文社、一九五六年））。

渡辺金一『コンスタンティノープル千年』（岩波新書、一九八五年）によると、ビザンツ世界も、広義の憲法体制をもった特異な法文化をもつともいえる。

(28) 契約については、ラインシュタインの研究（前掲注(16)）のほか、英仏法の研究として D. Harris & D. Tallon : Contract Law Today : Anglo-French Comparisons 1989. Oxford がきわめて示唆に富む。日仏の比較研究として、日佛法学会編『日本とフランスの契約観』（有斐閣、一九八二年）がある。

(29) ドイツ生まれのアメリカの比較法学者ラングバイン教授（イエール）の、ドイツ民事訴訟における、裁判官の権能の強化が、アメリカにもとり入れられないかという問題提起は、比較法の意義について興味深い論議を呼んでいる。

Langbein : The German Advantage in Civil Procedure 52 U. Chicago L. Rev. 823 (1985) 反論として、Gross : The American Advantage :

The Value of Inefficient Litigation 85 Mich L. Rev. 734（1987）.

この後の論議については Reitz : Why We Probably Cannot Adopt the German Advantage in Civil Procedure 75 Iowa L. Rev 987（1990）参照。

（30）cultural defence については参照、Note : The Cultural Defence in the Criminal Law, 99 Harv. L. Rev. 1293（1986）.

（31）この事例は Merry : The Culture of Judging. Book Review of L. Rosen, 90 Col. L. Rev.2311に紹介されている。

（32）西洋法との比較を視野に入れて日本法を研究したものとしては、A. von Mehren（ed）: Law in Japan, 1963 Harvard U. Pr. が本格的なものといえる。

H. Tanaka with M. Smith : Japanese Legal System 1976 U. Tokyo Pr. このほか雑誌 Law in Japan 所載の論文。

日本法の特色として、もっとも論じられたのは、法意識論である。川島武宜『日本人の法意識』（岩波新書、一九六七年）の問題提起をうけて、大規模な法意識調査が行われている。最近の議論は、六本佳平『法社会学入門』（有斐閣、一九九一年）第6講にまとめられている。

〔追記〕本稿は一九九一年七月四日学習院大学法学会主催の講演会における講演に加筆したものである。こうした機会を与えて下さった森永毅彦学部長をはじめ、関係者に謝意を表したい。テープにとって下さった小宮、前田両氏、テープおこしをして下さった信国幸彦氏にお礼申し上げたい。

膨大なテーマを扱うものとしては、あまりにスケッチ的なものであるが、こうしたものが必ずしも多くないことから、若干の参考文献を掲げて公表させていただくことにした。

〔付　記〕

学習院大学の講演会（一九九一年）における講義速記をもとに加筆し、注をつけたもの。

比較法は、法律、法文　法規の内容の比較ではなく、全体としての法文化の比較が必要なことを強調した。こうした観点からの法文化比較研究は必ずしも多くはないが、法制度支援の動きとともに盛んになりつつある。

Glenn: Legal Tradition of the World, 3ed は、古代法、Islam まで含め、かなりグランドスケールな仕事であるが、必ずしも明確なイメージは浮かばない。

Reimann-Zimmermann: Oxford Handbook of Comparative Law, 2006にも Glenn による法伝統研究の概観がある。

15　開発と法
――開発途上国の法の研究のために

（二〇〇一年）

一　はじめに

アジア地域をはじめとする、開発途上国においては、インフラストラクチャーとしての法制度の整備が、重要かつ緊急の課題となっている。開発途上国は、当然のことながら中央集権（全国）的な整備された法制度をもたず、そのことが開発（development）ないし近代化（modernization）の障害となってきた。

一九八九年横浜国立大学に大学院国際経済法研究科が発足して以来、わたくしは、「法と社会」「比較法文化論」を担当して、法制度の機能、役割について、講義してきた。さらに一九九二年に、開発コースができてから、もうけられた「社会基盤と法制度」を担当し、博士課程においては「開発基礎講義」「国際企業法制」を担当した。さらに一九九八年、国際社会科学研究科への改組後は、国際経済法学系の「発展と協力」の講座を担当してきた。

これらは、主として東アジアの開発途上にある国家における、法の発展を扱うことをこころがけてきた。

以下では、開発にともなう法制度整備の問題を考えるにあたって、これまでほぼ一〇年以上にわたって、講義で扱ってきた問題をふりかえりながら、開発と法制度の問題を考えることにしたい。

ただ、わたくしの講義のスタイルは、開発に関連する論文を読みながら[1]、それに関連したことについて話しをしていくかたちをとっていて、まったく体系的ではないが、少なくとも論文の著者の考え方をフォローするという意味では、いきあたりばったりではない[2]。

もとより、開発と法制度というのは、膨大なテーマであり、一生の研究テーマといってもよい。しかし、国際経済法学の草創期に模索と試行錯誤を重ねながら講義してきたことについて、まとめておくことにも、何らかの価値があるのではないかと考えて、まとめたものである。(3)

本来は、より本格的なものをまとめるべきであろうが、まだとうていそうしたものをまとめるだけの蓄積も、時間もないので、中間報告として公表させていただく。中間であれば、最終報告が予定されるべきであろうが、はたして、それができるか否かおぼつかない。

あくまで、この新しい領域においては、領域に関する概説書もガイドマップも少ないので、これからそうしたものを準備してくださる方のための参考になればと思い、まとめたものである。

二　法と社会——基本的視点

「法と社会」「比較法文化論」「社会基盤と法制度」「発展と協力」と、講座の名称はことなるが、いずれについても、わたくしの関心はほぼ、次のようなものであった。とはいっても、当初から、こうした構想のもとに、講義してきたというよりも、何度か講義を重ねるうちに、まとまってきたものという方が正確である。しかし、研究生活のはじめから、法社会学の研究、法社会学的な方法ないし視点を心掛けてきたことからくる関心事であった。

(1)　法と社会の相互関係

第一は、あたり前のことであるが、法は社会によって形成されるものである（社会の産物）とともに、社会が法によって形成されていくということである。前者の見方は、社会によって法が異なることを意味するものであり、比較法の原点ともいえる。

もっとも、法を人類社会に普遍的なものと前提する考え方からいえば、法が社会によって異なるのはおかしいということになるが、法が社会的産物（social product）であるとすれば、社会により法が異なるというのは、自明なことといえる。法が、人間のつくるもの（artifact）と考えるか、社会に生まれてくるもの（das Werdende）と考えるかが問題になる。後者と考えると、社会の産物たる法が、社会によって異なることと結びつくが、artifact と考えても、社会の必要に応ずるものとして、生み出されてくるものと考えれば、やはり社会により異なることが理解されうる。[4]

後者の考え方は、法によって社会をつくり、変えていくというものであり、社会的エンジニアリングの考え方（R.Pound）である。開発途上国においては、国づくり nation building のために、法が用いられていて、うまくいっているところと、挫折を重ねているところがあることは、周知のとおりである。

(2) 法と法文化

次に、わたくしの講義では、書かれた法（法文、条文）がどんなものであるかよりも、社会において、生まれた法、人々が拘束されていると感じている法ないし規範に注目してきた。[5]

書かれた法であれば、法令集や判例集、概説書等によって、知りうる。そして、それを他国の法と比較して、ここはこうなっているといった比較検討をすることができる。しかし、わたくしは、こうした法（条文）の比較ではなく、社会に現実に行われている法に注目し、法のはたしている役割、法の使われ方、法への尊重などといった法に関する現象（法文化）を比較検討したいと考えてきた。条文と違って、こうした法文化は把握し理解すること自体が容易ではない。しかし、いくら条文があっても、ほとんど利用されていないとか、条文はあるが、それとはまったく反対のことが現実には行われていることが少なくないことを考えれば、やはり現実に、法がどのように社会において機能しているかに注目していく必要がある。

裁判例があれば、こうした実態の把握に役立つが、途上国においては、裁判例は公刊されていないか、あるとしても入手することはきわめて困難であることを考えれば、law in action の把握の難しさがわかる。なお、たまたま判例があるとしても、それがいかなる経緯で争われるにいたったのかを知る必要がある。

(3)　社会における法の位置

法が社会においてどのような位置をしめているかは、社会によって異なる。まず宗教との関係であるが、ある社会においては、法よりも宗教の方がはるかに高い地位と強い力をもっていて、[6] 法のもつ権威は必ずしも高くはない。たとえば、ヒンドゥー社会、[7] イスラム社会[8] においては、人々の行動は、決定的にヒンドゥーの教え、イスラムの教えに支配されていて、国家の制定した法は人々の意識においてはさほど注目されない。

そもそも国家法が意識されていないというにとどまらず、たとえ国家法を知っていたとしても、自己をより強く拘束する宗教的社会的規範により、自己の行動を律しようとするのである。

次に、政治との関係を考える必要がある。法は、政治のルールであるともいえるが、社会によっては、法は政治（または政党）によって、まげられることがある。つまり、政治は、法によってなされはするが、都合が悪ければ（法が邪魔になれば）法を陰に陽にまげたり、違反することが認められるのである。ヨーロッパの絶対主義国家においては、国王は法に拘束されない君主であり、都合の悪い法には拘束されないとされたのである。[9]

政治と並んで注目されなければならないのは、軍（隊）の地位である。[10] いまだに多くの発展途上国においては、軍は、統治三権――立法、行政、司法――と並ぶ第四の力（権力）として君臨しており、国防という名による法の無視――その頂点としてのクーデター――が行なわれる。

軍のこうした地位は、単に異常なものとして見るよりも、むしろ「制度化」されたものとして考えられるべきものである。こうした力の行使の前には、法の支配は吹きとぶ。

東アジアにおいても、ミャンマー、インドネシアだけでなく、フィリピンそして中国（P.R.C）においても、第四権の力は強く、法制度そのものをゆるがすものとなっている。

(4) 公法と私法——政治制度と私法

法制度の構築という場合、公法と私法とで異なることが注目されなければならない。国家の支配機構、国家を維持していくための制裁をともなった刑法などは、いかなる新興国家においても、おかれる。これに対して、私法の整備は、政治機構ほど緊急なものとは考えられないため、どうしてもその整備確立が遅れる。もちろん裁判所制度だけは、つくられることが多いが、裁判所において適用される実体的規範については、なくてもすむために、さらにはその整備がきわめて困難な作業であるため、相当の時間を要する。

このことは、日本においても、裁判所（大審院）は明治八年につくられているのに、実体法の整備は明治二〇年代に着手され三〇年代に入って本格化していることからもいえる。

経済開発のための市場機構には、法的整備が不可欠である。市場機構を確立することは、国際的、国内的な経済開発の前提である。それは、契約が遵守され、公正な交換が保障され、安定的な供給を保持するといったことである。[11] これらは、いわば市場の自生的ルール（Hayek）によって保障されるものともいえるが、安定した経済組織を備えていない社会においては、とうてい自生的ルールにはたよることはできない。やはり、市場機構を法的に保障する必要がある。さらには、外国資本・技術への依存の態様の規制も新興国家にとっては不可欠の事柄である。

三 開発をめぐるいくつかの問題

開発ないし開発途上国の法を研究するにあたって、考えなければならない問題についてまとめておきたい。第一は、開発について、第二は、植民地と新興国家について、最後に日本の場合を考えておきたい。

(1) 開発研究（Development Study）

非西洋社会（Non-western Society）については、多くの学問分野が、これまでとりくんできた。もっとも早いのは

人類学であろう。次に、社会学、さらには政治学が、非西洋社会に注目し、調査、研究がなされてきた。(12)

とくに、戦後のアメリカ政治学は、政治的発展に注目し、非西洋社会（アジア、アフリカ）の政治構造、政治行動を、大規模に研究してきた。

これに対して、法学からの非西洋社会研究は、ごく例外的な研究を除けば少なかった。法においては、一種の技術として、より進んだ国のものに眼が向けられ、伝統にとらわれた非西洋社会の法は、実用的な目的に役立たないとして、あまり注目されなかった。

しかし、法の発展についての多様な理解が深まるとともに、関心が向けられ、アフリカ・アジアの法の研究が進められた。

さらに、こうした地域における法制度構築が、現実的課題になるとともに、法移植の問題として、半ば実践的なとりくみがなされた。「法と開発」については、これまで栄光と没落が語られてきた。しかし、そのイメージは、必らずしもマイナスばかりのものであるべきではなく、研究の視角として、今日においても、学ぶべきものがある。(13)

もともとは、単線的な社会発展論ないし近代化論から、どんな国も西洋モデルの社会発展の道をたどるべきものであるとする、単純ともいえるシェーマにもとづいて、そのためにはお手本ともいうべき、欧米のような合理的な法制度を構築すべきであるというのが「法と開発」理論の考え方であった。

しかし、この単純な図式は、その根底にあった単線的社会発展論が批判され、発展形態の多様性、社会的伝統の重視といった視座の転換とともに、修正を迫られることになった。

現在では、それぞれの社会のもつ法伝統、土着法の尊重をふまえた、制度構築が志向されるようになってきている。

しかし、社会のあり方そのものが、きわめて流動性に富み、また社会内部の民族的、宗教的多元性（インド、中国、マレーシア等）を考えると、法の近代化というのは、それほど容易なことではない。

さらに、制度は設計通りに運用されていくことは稀であり、多少ともゆがめられ、修正されていく。現実の運用のなかで、feasible なものにしていく作業が必要とされる。

開発と法の研究にあたっては、いわゆる第三世界研究ないしはマルクシズムの立場からの研究が無視されてはならない。社会主義の凋落とともに、マルクシズムは、失墜したかのごとく語られたりするが、第三世界研究にあたっては、依然としてきわめて有益な視座を提供する。

その代表的なものとして、Ghai-Luckman-Snyder による『法の政治経済学』[14]があげられる。本書は、インドで出版されたものであり、必ずしも広く知られてはいない。しかしマルクス、エンゲルス、レーニン、グラムシからはじまって、いわば発展途上国の経済制度と法の役割についての論文の抜すいを収録したものである。第三世界には、マルクシズムの分析が、今日でも妥当することがわかる。

(2)　旧植民地と新興国家

開発途上国は、多少とも帝国主義列強の植民地であった国家が多い。そうした国にあっては、宗主国の法制度がとり入れられている[15]。

法制度の輸出国として、最も大手は、フランスであろう（フランス民法 code civil）。しかし東アジア地域についてみれば、おそらくはイギリスである。インド、パキスタン、ビルマ（ミャンマー）、マレー、香港をはじめ、旧イギリス植民地は、イギリス法をもとに私法制度をつくっていた。

もっとも、植民地における法制度は、国民の間に浸透するものではなく、ごく上層部の人々にのみ適用される法律で、大部分の人々にとっては、無縁のものである。

契約法の紛争については、膨大な判例法をもっていても、現実の市民間の争いに関しては、法も裁判所もまったくなきが如く、慣習的に争いが解決されていくのである。

植民地とはいっても、一国のみならず、いくつかの法制度が重塁している国もある。たとえば、スリランカ（セイロン）は、一六世紀にポルトガルの植民地になったため、一部でポルトガル法が残存し、次いでオランダ人が、ローマン・ダッチ法を移入し、これが今日まで、かなり広範に残っている。最後にイギリスの植民地になり、イギリス法が、ほとんど全面的に法をぬりかえることになる。

イギリス法とはいっても、判例法であるため、移植は容易ではないが、基礎的なコンセプトや法理（dogma doctrine）は、移入されている。たとえば、インド法には、イギリス契約法の約因（consideration）の考え方がとり入れられている。

世界の大国アメリカ合衆国も、二〇〇年前には、ヨーロッパの先進諸国と比較すると、新興国家であった。そこへ、イギリスの法制度をとり入れていくことになる。もっとも当時イギリスは、独立をかちとった敵国であり、アメリカの独立はイギリスの克服ということにあったといってもよい[16]。

しかし、主流をしめるアングロサクソンの人々が、イギリスの法制度の影響から脱するわけにはいかず、結局は、どの州においてもイギリス法を事実上、継受していくことになる（ルイジアナ州だけがフランス法を継受）。この際、最も多く典拠とされたのが、出版されて間もない Blackstone の『イギリス法釈義』（一七六五〜六九）であった。この四巻本は、イギリス法を、きわめてわかりやすい（利用しやすい）かたちで提示したもので、新制度形成に大きな影響をもった。

もっとも、国家構造に関しては、ロック、モンテスキューの政治思想が、決定的ともいうべき影響力をもったことは、あらためていうまでもない。しかし、私法、裁判所制度については、イギリス法を全面的にとり入れたものといってよい。ただし、一九世紀に入るとともに、独自の発展をとげ、アメリカ（州）法が形成されていくことになる[17]。

(3)　日本をどのように理解するか

講義にあたって、常に念頭においたのは、日本をどう考えるかという問題である。日本も、一三〇年前には、明治維新を迎えたものの、法制度の構築のようなことは、考えも及ばぬくらいの国家であった。その中から、法律家の養成、法律用語の作成という基本的な作業からはじめ、ほぼ三〇年で、自力で、民商法をはじめとする法制度整備をなしとげた。(18)

この法典編纂作業は、不平等条約の改正のためという、外国と外務省からの圧力もあり、またボアソナード、ブスケらを中心とするフランス人の援助をえたとはいうものの、西洋法的な伝統を欠いていた日本に、まがりなりにも、法整備をなしとげたことは注目に値する。

このことは、法制度がなかっただけでなく、法律用語さえ、新たにつくり上げなければならなかったことを考えると、その歴史的意義は決して小さくない。

さらに、法典編纂後の一〇〇年間に、この法典を法改正、解釈などにより、日本社会に定着させてきた、法律家——裁判官、弁護士、学者、官僚——の業績も、注目すべきである。(19)

法律用語を、自国語でつくり出すという作業の重要性はあまり注目されていない。しかし、西欧法を移植するにあたって、まず法概念に対応する日本語をつくり出すことから出発せざるをえなかったという困難さの克服は、たしかに注目に値する。(20)

植民地であった国は、当然のことながらほとんどが宗主国のことばによる法律、法制度が行われている（インド、スリランカ、マレーシア、シンガポール、香港、フィリピン等）。

これに対して、植民地の経験のない国では自国語による法制度をつくりあげている（日本のほか、タイも自国語による法制度をつくりあげた）。

もっとも、法整備を始めた国々に対して日本が範を垂れるといったものではないことはいうまでもない。(21)時代が異なり、また国が異なる以上、そのまま役立つものではない。しかし、他国に役立つものであれば、日本の経験を、十分に検討し反省したうえで、生かすことは、意義深いことといわなければならない。[22]

植民地についていえば、戦前、日本の台湾、朝鮮、そして満州への進出には、法制度の移植を伴っていたことが想起されねばならない。朝鮮に関しては、併合（一九一〇年）後も、総督府がおかれ創氏改名までが行われたが、法制度の変更まではいかなかった。

ところが台湾に関しては、かなり大規模な法の移植が試みられ、中華民国の成立後も、とくに私法については、日本法と類似する法が存在している。[23]

四　研究状況

以上の考え方を前提として、いくつかの地域ないし国家についての研究の状況を概観しておきたい。まったく体系的ではなく、わたくしの関心のあるものに限られるが、これまでの一般的な叙述を補完するものである。

主として、東アジア諸国についてふれるが、アフリカとラテン・アメリカについても見ておきたい。[24]

東南アジア法として、安田信之教授は、以下でふれた国の他に、フィリッピン、ブルネイ、ラオス、カンボジア、ミャンマーを扱われている。中国と韓国は扱われていない。

東アジア法に関する最新の、そしてレベルの高い研究書としては、Jayasuriya ed:『アジアにおける法と資本主義と権力――法の支配と法制度』[25]（一九九九）があげられるべきである。本書は、Jayasuriya による、東アジアにおける法制度分析のためのフレームワークを描写する序章以下、香港――中国、中国（PRC）、インドネシア、マレーシア、台湾、ベトナム等のほか、インドネシア、シンガポールなどの問題もカバーされている。

本書のキートーンは、市場経済、経済発展を支えるための法制度の創設、維持を扱うものであり、市場、市民社会、国家主義（Statism）などがキーワードになっている。

さらに後半のいくつかの論文では、こうした国家（マレーシア、インドネシア、台湾、PRC）における「司法権の独立」または、裁判所が、統治機構において占める位置についての議論と歴史が扱われている。

まずインドに関しては、一九世紀の偉大な比較法学のパイオニアのH・Sメイン（一八二二〜一八八八）に遡る。[26]自らインドに行政官として赴き（一八六二〜六九）、インド社会における法の発展を観察し、そこから、いくつかの歴史法学の著作を生み出した。もっとも著名な『古代法』（一八六一）は、インドに渡る前の作品であることが注目される。そして、インドでの経験をふまえて、法進化論ともいえる考え方を展開した。

新しい研究としては、M・ギャランター教授（ウィスコンシン大学）によるものが「近代化」という問題意識をもって、現地において研究したもの[27]で特筆に値する。

その後は、ヒンドゥー法そのものの研究は Derrett 教授によるものがあるが、近代化という視点からのものはあまり眼つかない。

東アジアには、イギリス植民地から成立した二つの混合国家ともいうべき国家がある。一つはシンガポールであり、他は香港である。

シンガポールは、一九六五年マレーシアから分離独立した国で、日が浅いが、きわめて近代化され、法制度も完備した西洋近代国家の外観をかまえている。しかし、中身は、マレーシアからの独立に象徴されるように、中国流の考え方、マレー系の人々の考え方が根強く残っていて、きわめて異色である。[28]

香港は[29]一九九七年までイギリスの植民地であったことから、イギリス風の法制度と裁判所制度をもっている。中国への返還後は、中国化がすすみ、特別行政区（SAR）としての地位も二〇四七年までである。しかし、返還後も、イギリス式の法的伝統は続いており、中国本土化しているとはいえない。

中国（PRC）について、いまやおびただしい研究がなされていて、全貌を把握することはきわめて困難な状況にある。[30]何よりもPRCに関しては、断片的なニュースやデータはあるが、まとまったピクチャーをえるのが難しいことになる。PRCが巨大な国で、全体をつかみにくいだけでなく、公式のデータ（法令、裁判例etc）といったものが、ほとんど公刊されないことになる。

公刊されないこと自体、中国法の特色ということもできる。つまり、法を事前、事後に公にして、国民に法の順守をよびかけるといった、いわばデモクラシーの前提というべきことがなされない。これは、そういった体制が不備だというよりも、むしろ積極的に公刊すべきではないという考え方にたつものといってもよい。

マレーシアは、[31]一五世紀以来マラッカが港湾都市として、マレー半島領域がポルトガル、オランダを経て、イギリスの支配に移り、一九五七年に独立した。法制度としては、土着法（マレー法、アダット法）のほか、イギリス法の影響が強く、裁判所名、バリスター、ソリシターといった法律職名にも、イギリス法の影響が強い。このほか、イスラム法がモスレムの人々（マレー系に多い）の法（属人法）として行われている。このようにイギリス法、土着法、イスラム法の混合した複雑な法制度であるが、シンガポールに比較すると、まだ整備されているとはいえない。法律用語は、これまですべて英語であったが、一九八四年にすべての法曹にマレー語の試験が課されるようになった。しかし、法学部では、Atiyahの契約法や、Gowerの会社法などのイギリスのtextbookが、リプリントして使われている。

インドネシアにおいては、折衷主義（syncretism）が行なわれ、競い合う伝統、ことなった信仰、さまざまな世界観の間に相互の寛容があったとされるが、当然その間の緊張もあった。[32]

インドネシアでは、イスラム教が国教の地位をかちえるほど有力であるが、これについては、インドネシアには折衷主義、相互の寛容ともいうべきものがあり「慣習はイスラム教を吸収し、イスラム教も、慣習にあわせるところまでいった」[33]とされる。それにもかかわらず、両者には対立はあるが、両者の調整機構ともいうべきものがある。

タイは、植民地化されたことはなく、王朝が続いている国家であるが、軍の力が強く、民主主義がそれほど強くはない。[34] 国民の大部分は佛教徒であるが、佛教の法律、政治への影響は強くはない。しかし日常生活においてはコミュニティーのもつ意味が大きく、しかも、紛争が裁判として争われることは少ないという。ビジネス・ローの分野においては、グローバル化の影響をうけてはいるものの、自国語による法学教育と法実務を維持している。

スリランカについては、一九八二年に調査旅行に出かけたことがある。Legal Museum といわれるほど、いくつもの法の影響が、混りあっているが国家内の政治的混乱もあってか法制度として、きわめて未整備である。[35]

このほか、最近注目を浴びているのが、ベトナム、カンボジアである。いずれの国も実地に脚を踏み入れたことはないので、何ともいえないが、とくにベトナムの法的近代化がどうなっていくかは、きわめて興味がある。[36]

アフリカについては、Gluckman による部族法研究があるが、これは部族法そのものの研究であって、近代化と直接には結びつかない。しかし、部族法の制度が決して、非合理的で、信頼できないものではなく、それなりの合理性をもって運用され、一定の役割を果たしていることを示すものとして、やはり不朽の業績といえる。[37]

東アジア地域で、これにあたるものはそれほど多くはないが、法制度整備のためには、Gluckman のような基礎的研究をふまえる必要があることを示すものとして評価されなければならない。

アフリカの開発研究としては、サイドマンの業績[38]を無視することはできない。

また、アフリカ法といえば「アフリカ法ジャーナル」の編集者 A.N.Allott 教授[39]の名を逸することはできない。他にナイジェリア出身のイライアス教授[40]が多くの著書を出しているが、アフリカにおける出版のため、ほとんど見ることができない。

こうしたアフリカ研究の研究状況をサーベイしたものとして、貴重なのは、Y.Ghai のアフリカ法研究のサーベイである。[41] Ghai 教授は、ガーナ出身で、イギリスで教育を受けた法学者で、アフリカ諸国での法の発展をたどったものできわめてインフォマティブである。

ラテンアメリカにおける問題は、主としてアメリカの学者の関心事であった。メリマン、カースト、ガードナーらは、中南米における法を研究している。

なかでもJames Gardnerの『法的帝国主義』(一九八〇)[42]は、中南米へのアメリカの法的思考の移植(輸出)を扱ったもので、批判はあるものの基礎的研究として重要である。

Merryman教授(スタンフォード)は、とくに南米におけるラテン系の法制度について研究している。もともと、イタリア法の研究を始めたメリマン教授は、civil law tradition(同名の著書がある)をコモンローとの対比で紹介されている。

ラテンアメリカの法発展については、一九六〇年代にKarst教授(Ohio→UCLA)が、主として土地改革について、研究を発表している。[43]

五　む す び

以上、雑多で、断片的な報告をしめくくるにあたって今後の研究への、いくつかの課題をあげておきたい。

第一は、開発途上国の法の研究にあたっては、その国の法伝統を把握する必要があることである。いうまでもない自明のことではあるが、ある国、社会における法のあり方、役割が異なる以上、その国の伝統・歴史といったものから出発しなければならない。

たとえば宗教との関係でいえば、どんな法もくつがえすことができないほど宗教の力の強い国(インド―ヒンドゥー教)もあれば、外来の宗教により、法的伝統がゆらいだ国(インドネシア―イスラム教)もある。

さらに、法を法であるが故に尊重するという考え方が強く、法の支配が相当徹底している国(香港、シンガポール)

もあるが、逆に法の支配が根づかない国（中国をはじめとする儒教の人治主義が強い国）もある。

第二は、書かれた法よりも、生きた、運用されているがままの法に注目すべきである点である。法は、実現されていようがいまいが、法であるとする考え方をとれば別であるが、そうでない限り、やはり実現され、現実に行なわれている法こそが重要である。書かれた法は、往々にして現実の反対であることは、しばしば眼にするところである。現実に行なわれている法の把握は、きわめて困難ではあるが、ある意味では、書かれた法と現実との乖離そのものが、問題のカギになっていることが多いことからいっても、この点を強調しておきたい。

第三に、本章ではあまりふれられなかったが、法の移植可能性である。法は、科学技術とは異なって、簡単に他国への移転定着化ができるものではない。やはり、その国の法的伝統を十分に考慮したうえでの移植が必要なことである。

一九六〇年代に盛んであった「法と開発」の問題点は合理的な西洋法制度をいわば技術のように持ちこもうとしたことからものである。単なる技術的なルールだけではなく、法価値（legal value）に関連する場合には、とりわけ定着化が困難である。アジア的価値（Asian Values）をめぐる問題も[44]、まさにそうした単純な普遍主義への批判ないし反論として登場してきたものである。

第四に、開発についていいえば、経済開発を中心に考えるとすれば、市場メカニズムをささえる法についての研究が必要とされる。市場と法というのは、高度に発達した経済体制においては、研究されているが、市場経済の創出、維持については、必ずしも十分に研究されてはいない。グローバルなマーケットをバックにして、一国内の市場秩序を維持していくことは、きわめて困難になっているが、市場法制の研究が必要であろう。

第五に、こうした開発途上国の法への関心は、実践的な契機から来ているが、それにとどまってはならない。グローバル化にともなう、人、もの、資本、情報の移動に関する法的問題の解決は、きわめて重要であるが、それとともに、法の比較研究のための基礎研究が深められることが必要である。

（1）　講義の中で読んできた論文（英文）は、毎年違ったものであった。何年度に何を読んだかは、今ではわからなくなってしまったが、とくに有益であったものをあげれば、以下のごとくである。
M.Galanter: The Modernization of Law in M.Weiner（ed）: Modernization 1966.
A.N.Allot: The Limits of Law 1980.
Y.Ghai: Law, Development and African Scholarship 50 Mod.L.Rev.750（1987）.
K.Jayasuriyaued: Law, Capitalism and Power in Asia: The Role of Law and Legal Institution, Routledge 1999.

（2）　講義には、必ずしも多くはなかったが、留学生が参加し、自国の事情について語ってくれた。中国や韓国の留学生だけでなく、エストニア、ルーマニア、セネガル、インドネシアからの留学生が、話してくれたことは、クラスにおける講義を興味深いものにしてくれたことを記しておきたい。

（3）　一九九一年の学習院大学での講演（「法文化の比較」比較法雑誌二五巻二号（一九九二）本書***14***）のなかで、本章での考察の概要をのべたことがある。一〇年を経た今、あい変らず、同じことのくりかえしであることに恥じ入るほかないが、その後の見聞や講義の経験により少しは進歩したものになっていると考えたい。

（4）　法は社会に自生的なものであるとするHayek（一八九九～一九九二）の考え方については参照
F.Hayek: Law, Legislation and Liberty vol.i,Rules and Order 1973 chap 4.

（5）　法文化論という視点は、近時いくつかの書名になっている。
木下毅『比較法文化論』（有斐閣、一九九九年）（主として西洋法に関する比較法）
竹下賢、角田猛之『マルチ・リーガル・カルチャー』（ミネルヴァ書房、一九九八年）
法文化というより法伝統というとらえ方をした、大規模で本格的な研究書として最近刊行されたH.Patrick Glenn: Legal Traditions of the World Oxford Univ. Press 2000 3ed 2007（以下Glennで引用）がある。始源的（Chthonic）、タルムード法、市民法、イスラム法、コモンロー、ヒンドゥー法、アジア法の七つの法伝統に分けて、それぞれについて、本格的な分析と統合がなされている。

（6）　法と宗教の関係についていは、いくつかの問題がある。一般には、宗教を法律が規制できるかという問題であるが、ここでは宗教が法律の内容にどれほど入っているかである。

H.J.Berman: The Interaction of Law and Religion. Abington Press 1973 本書は、法と宗教との衝突よりも、法と宗教の相互依存について明確にのべた著作である。これを発展させて西洋法の伝統をまとめたものとして、H.J.Berman:Law and Revolution I, Harvard.U.Pr 1983, II Harvard. U. Pr. 2006.

なお D.E.Smith: Religion, Politics and Social Change in the Third World Free Press 1971は、第三世界における宗教を扱うものとして有益である。

(7) ヒンドゥー法は、宗教そのものともいえるもので、法制度として扱いうるかが問題になる。これについては、H.P.Glenn: op.cit 注(6) Chap.8. Hindu Legal Tradition のほか、より簡潔なものとして Zweigert-Kötz: Introduction to Comparative Law 1977 3ed 1998(以下 ZweigertKötz で引用) Chap 23 Hindu Law、他に、Derrett による膨大な研究がある。

(8) イスラム法については、フランスで droit muslim として研究されてきた伝統があるが、イギリスを中心に研究が盛んになっている。最近のものとして H.D.Glenn: Chap 4. op.cit (注(6)) Zweigert-Kötz: Chap 22 Islamic Law.

アメリカ人による新しい研究として、L.Rosen: The Anthropology of Justice. Camb. Univ Press 1989(モロッコにおける裁判の研究) ibid: Justice in Islam. Oxford. Univ. Press 2000.

(9) 王(支配者)が法に拘束されるか、は西洋法思想、政治思想上の重要問題である。王は、法に拘束されることはないとする考え方に対して、治者たる王も拘束されるとする、法による統治(Government under Law)、法の支配(Rule of Law)の法理が確立する。中世においては、教皇が「全ての人々を裁き、誰からも裁かれることのない」支配者として君臨した。J・ストレイヤー・鷲見誠一訳『近代国家の起源』一一頁(岩波新書、一九七五年)。

(10) 軍は、三権分立という場合には、考えられていない。しかし、現実の政治構造においては、軍は発展途上国の多くにおいて、きわめて強い影響力をもっていて、第四権ともいえる。やや古いが、新興国家(アジア・アフリカ・ラテンアメリカ等)における軍の役割を研究したものとして、次掲がある。J.Johnson (ed): The Role of the Military in Underdeveloped Countries, Princeton U.Pr.1962

(11) 市場経済と民法について、星野英一『民法のすすめ』(岩波新書、一九九八年)第三章は、簡潔に、わかりやすく、問題状況を描き出している。

(12) 開発(development)は、近代化(modernization)社会変化(social change)、経済成長(economic growth)、開発途上国(under developing country)といった概念と関連して、政治学、社会学、人類学、歴史学で論じられた。いくつか代表的な研究として、D.Lerner.: The Passing of Traditional Society: Free Press 1958 G.Almond & J.S Coleman: The Politics of the Developing Areas: Princeton U.Pr.1960 S.N.Eisenstadt: Moderization: Growth and Diversity Indiana U.Pr.1963. R.Bendix: Nation-Building and Society 1964.

（13）「法と開発」問題に関する研究史を丹念にたどったものとして、次掲の論文は、インフォマティブである。

B.Z.Tamanaba: The Lessen of Law-and-Development Studies（二冊の選集についての Review Article のかたちをとっている）89 Aw.J.Int.Law 470（1995）.

LM.Burg: Law and Development: A Review of the Literature & a Critique of "Scholars in SelfEstrangement" 25 A.J.Comp.Law.492 (1997).

この二つを利用して、法と開発をまとめたものとして、中越淳夫「法と開発研究における『新しい法と開発運動』の展開」横浜経済法学九巻一号（二〇〇〇）。

Law and Development に関する代表的な論文は、Anthony Carty ed. Law and Development Dartmouth Pub.1992 に写真リプリント版が収録されている。なお A.J.Comp Law の二五巻三号は Law and Development を特集し、メリマン教授の『比較法と社会変化』のほか数頁の文献案内をのせている。

Law and Development: The Future of Law and Development Research（International Legal Center 1974）は、トルベックが委員長をつとめるガランター、ガイ、メリーマンなども入った委員会の報告で公刊されなかったが、しばしば引用される重要なものである。

発展途上国にある国における、法的近代化の問題を描いたものとして、次の論文は古典ともいえる地位を占める。M Galanter: Modernization of Law（M.Weiner（ed）Modernization 1966）民族的ナショナリズム（Ethnic Nationalism）の観点から、法と開発の問題を論ずるものとして、Amy L.Chua（Duke→Yale）がいる。

Chua: The Privatigation-Nationalization Cycle: The Link Between Markets and Ethnicity in Developing Countries 95 Col.L.Rev.223 (1995) ibid: Markets, Democracy and Ethnicity: Toward a New Paradigm for Law and Development 108 Yale L.J.1（1998）（とくに南アフリカ、カザフスタン、ベトナムについて論じている。）

日本において法と開発に関する研究は、あまり多くはない。代表的なものとしては、下記参照。

安田信之『アジアの法と社会』（三省堂、一九八七年）同『ASEAN 法』（日本評論社、一九九六年）同『東南アジア法』（日本評論社、二〇〇〇年）（ASEAN 法を改訂しタイトルを改めたもの）

松尾弘：「善良な政府と法の支配(1)(2)(3)」横浜国際経済法学七巻二号八巻一号、二号（一九九八～九）

（14）Ghai-Luckman-Snyder（ed）: Political Economy of Law: A Third World Reader Oxford U.Pr. Dehli 1987.

（15）旧植民地における法制度は、意外に研究されていない。植民法に法制度が必要とされなかったことによるのであろうが、インドや南アフリカは、独立前に法制度がかなり整備されていた。

ビルマ（ミャンマー）、オランダ領インドネシアの植民地研究家として、J.S.Furnivall（一八七五〜一九六〇）がいる。イギリスの植民地官吏として長くビルマに滞在し、ビルマの大学およびケンブリッジで教えた。著書としてNetherlands India 1944, Colonial Policy and Practice 1948. ファニヴァルについては、F.N.Trager in Int. Ency Soc Sc. Biographical Supplement (1978).

台湾、朝鮮、満州などの植民地についての研究はあるが、法制度についてはきわめて少ない。とくに、どんな法律が制定されてかではなく、それがどのように運用されたかは、ほとんど研究されていない。

たとえば、台湾については、織田万『清国行政法一九〇五〜一五がある。また矢内原忠雄『帝国主義下の台湾』（一九二九）のなかでも、法制度についての言及がある。なお、Ramon H.Myers & Mark R.Peattrie ed: The Japanese Colonial Empire 1984という本がある（その一部Edward I-To Chan: The Attempt to Integrate the Empire がMerryman 520以下にプリントされている。

(16) アメリカにおけるイギリス法の移植については、おびただしい文献があるが、次掲は要領よくまとめている。

D.Boorstin: The Americans: The Colonial Experience 1958

ibid: The Mysterious Science of Law 1941（とくに何故Blackstoneが受容されたかについてのユニークな研究）

(17) M.S.Lipset: The First New Nation, The United States in Historical and Comparative Perspective Basic Book 1963はアメリカを新興国家として、その興隆を比較歴史、社会学的に論じたものである。

また L.Hartz: The Founding of New Societies Harbinger 1964はアメリカ合衆国のほか、別の著者らによるラテン・アメリカ・南アフリカ、カナダ、オーストラリアとの比較において、新しい社会の形成の問題を扱っているが、法的側面にはふれられていない。

(18) 日本における、法制度の整備については染野義信「裁判制度」鵜飼他『日本法発達史講座六』（一九五九）。

(19) かつては、日本法を、西欧法を模倣したものとして、いわば連続的にとらえていたが、今日では、日本法は、一〇〇年以上の間に独自の発展をとげた法として見られるようになった。

北川善太郎『日本法学の歴史と理論——学説継受』（日本評論社、一九六八年）

拙稿「日本社会における民法」法学教室一八一（一九九五）（著作選集第二巻***1***）

(20) 三ケ月章「法と言語についての一考察」『民事訴訟法研究七巻』（有斐閣、一九八七年）

(21) アジアのなかにおける日本法を位置づけようとするものとして、安田信之、「アジアのなかの日本法」現代の法、方法論　現代の法一五「法学の理論と方法」（一九九九）

(22) 一九九六年に財団法人国際民商法センターが発足した。とくにアジア地域における、民商事に関する各種法制の調査、研究、研修、情報交換を行って、各国の民商事法とその運用の発展を支援し、よりよい国保取計の法的仕組みを探求することが目的とされている。

これにもとづきベトナム、中国、モンゴル、ミャンマー、カンボジアなどの法制度支援活動がなされている。

鮎京正訓「『法制度支援』とは何か？　それをどう考えるか？」社会体制と法　創刊号（二〇〇〇）。

(23) 戦前（昭和一〇年代）に我妻栄博士は、中華民国民法に関する著書を出版されている。

(24) J.h Merryman, D.S.Clark and J.O.Haley ed. The Civil Law Tradition: Europe, Latin America and East Asia. The Michie Company 1994（以下 Merryman で引用）は、J.H.Merryman and J.D Clark: Comparative Law: Western European and Latin American Legal Systems 1978の successor edition であるが、日本法研究者の Haley 教授を加え、東アジア法関係の資料を加えたユニークなものである。日本のほか韓国（朝鮮）、中国、タイ、インドネシアなどが扱われている。長らく準備中で mimeogroph 版であった本書の一部を、Merryman 教授からいただいていたが、一九九五年三月に出版されたばかりの本書をいただいた。すぐ紹介することを約束しながら果せないでいる。

(25) K.Jayasuriya（ed）: Law Capitalism and Power in Asia: The rule of law and legal institutions 1999. Routledge.

(26) H.S.Maine の作品としては、Village Communities 1871, The Early History of Institutions 1875 Dissertations on Early Law and Customs 1883などが、インド赴任後の作品である。

メインほど注目されていないが、C.P. Ilbert（一八四一～一九二四）もインドに赴任し（一八八二―六）、インドの法や政治についての著作（The Government of India 1898）をあらわし、それをもとにして、イギリスにおける立法技術に結びつけた。A.B.Keith: Sir. Courtney Peregrine Ilbert. Ency Soc Sc.vil.578（1932）.

(27) ガランダー教授（一九三一～）は法社会学者であるが、若いころインドで研究した。Galanter : Law and Society in India 1989 ibid: Competing Equalities U.California Pess 1984（本書についての Liebman 教授による書評はきわめて示唆に富んでいる98 Harv. Rev.1679（1985）.

(28) Kevin YL Tan（ed）: The Singapore Legal System. Singapore U.Press 1999.

(29) N.Miners: The Government and Politics of Hong Kong, Oxford U Press 1995.

Y Ghai: Hong Kong's New Constitutional Order, Hong Kong U Press 2ed 1999.

Welsh: A History of Hong Kong, Harper Collins 1993.

(30) 中国法は、古い伝統をもっていることは、いうまでもないが、台湾そして返還された香港（SAR）マカオを含めた、中国法を論じうるのは、今後の課題であるが、一九九七年の返還を前にして、香港で出版された、次掲は、法律については、Chap 2以外あまりふれられていないが、興味深い。

D.H McMillen & M.E.DeGolyer. One Culture, Many Systems: Politics in the Reunification of China; The Chinese U.Pr. H.K. 1993.

なお、帝国時代の中国法についての次の論文は示唆に富む。D.Bodde & C.Morris: Basic Concept of Chinese Law. in J.T.C Liu & Wei-ming Tu（ed）: Traditional China Prentice Hall 1970 なお、参照 Pitman Potter: Riding the Tiger: Legtimacy and Legal Culture in Post-Mao China 138 China Quarterly（1994）325.

Lubman の近著は種々の意味で示唆に富む。S.B.Lubman：Bird in a Cage, Legal Reform in Chana After Mao, Stanford U Press 1999 S.B.Lubman ed: China's Legal Reforms Oxford U Press 1996.

（31） マレーシアの法律制度については、Wu, Min Aun:The Malaysian Legal System, Longman 1990.

（32） インドネシアについては、かなり研究がある。先駆的なものとしては、

D.S.Lev: The Lady and the Bayan Tree: Civil-Law Change in Indonesia 14 A.J.Comp Law 282（1965）

ibid: The Transition to Guided Democracy, Cornell U Press 1966 ibid: Islamic Courts in Indonesia, U. California Press 1972

ibid: Judicial Institutions and Legal Culture in Indonesia in Culture and Politics in Indonesia Henry Holt ed. Cornell U.Press 1972（reprinted in Merryman etal.p528）

このほか人類学者ギアツ（一九二六―二〇〇六）の著作も参考になる。

Geertz: The Religion of Java Univ. Chicago. Press 1960

ibid: Islam Observed U.Chicago Press 1968（林武訳：『二つのイスラーム社会』（岩波新書、一九七三年）

ibid: Peddlers and Princes U.Chicago Press 1963.

（33） J.D.Legge: Indonesia 3ed. 1980 Prentice Hall 中村光男訳『インドネシア歴史と現在』（サイマル出版会、一九八四年）

（34） タイの法制度については、近年本格的研究がなされるようになってきた。

五十川直行「タイ民商法典の比較法的考察〈序説〉（一）―日本民法典との歴史的関連性」法政研究六二巻三～四合併合（一九九六）ジュリスト誌上「海外法律情報」に三五回にわたり飯田順三教授によるタイの法律状況についての報告が掲載されている（ジュリスト一〇一〇号～一二一六号（一九九二～二〇〇二））

Sarasin Viraphal: Law in Traditional Siam and China A Comparative Study, 65 J of the Siam Society 109（1977）（reprinted in Merryman 400）

（35） スリランカについては、調査のあと短いリポートを書いた。「法移植の問題とスリランカの対応」千葉正士編『スリランカの多

元的法体制』所収（成文堂一九八八）、「継受ヨーロッパ法の特色」日本法社会学会『続法意識の研究』（一九八四）スリランカには何人もの立派な研究者が出ているが、後継者がいない。拙稿「硯学の嘆き」ジュリスト七八八号（一九八三）参照

（36）外国からの法支援計画のインパクトを、ベトナムについて、歴史的な発展を含めて検討したものとして参照。Carol. V.Rose: The "New" Law and Development Movement in the Post　Cold War Era: A Vietnam Case Study 32 Law.Soc Rev.93（1998）（一一四頁以下に日本の支援についてもふれられている）.

日本でも稲子恒夫、鮎京正訓『ベトナム法の研究』（日本評論社、一九八九年）を先駆として、近年多くの研究がある。

（37）M.Gluckman（一九一一～一九七五）は、南アフリカ出身の法人類学者であり、いくつかの部族社会の法制度の研究で大きな業績をあげた。

（38）R・サイドマン（一九二〇～）は、ボストン大学教授、アフリカのほか、最近は中国法を研究しているという。

Seidman の論文は、以下の本にまとめられている。Law, State and Development, Crom Helm 1978, State and Law in the Development Process（with Ann Seidman）St.Martin.Press 1994.

（39）A.Allott 教授（一九二四～二〇〇二）は Journal of African Law の editor でいくつかの著書がある。

Allott: New Essays in African law（1970）ibid（ed）: The Future of Law in Africa（1960）ibid: The Limits of Law 1980.

（40）T.O.Elias: The Nature of African Customary Law.1956.

（41）Y.Ghai:op cit（注1）.

（42）J.A.Gardner：Legal Imperialism, Wisconsin U.Pr.1980.

（43）Karst（一九二九～）は、六〇年代にラテンアメリカ法（とくにメヒコ）の研究をしていた。K.Karst: Latin American Laud Reform 63 Mich.L.Rev.327（1964）ibid: Legal Institution and Development 16 UCLA L Rev281（1969）.

（44）Asian Values 論、すなわちアジアには西洋―欧米と違った価値観があり、そうした価値観を基盤とすべきであるとする。これについては、以下を参照。

J R Bauer & D A Bell: The East Asian Challenge for Human Rights, Cambridge U. Press 1999

M Jacobsen & O Brown ed: Human Rights and Asian Values, Curzon Press 2000

Y Ghai: Human Rights and Asian Values, 9 Pub Law Review 168（1998）

N.Englehart: Rights and Culture in the Asian Values Argument: The Rise and Fall of Confucian Ethics in Singapore 22 Human Rights Quarterly 548（2000）

T.N.Harper："Asian Values" and Southeast Asian Histories, 40 Historical Journal 507（1997）

〔付　記〕

横浜国立大学の国際法学研究科大学院で、開発専攻の学生と一緒に開発に関する論文を講読した経験をもとにして開発と法に関してまとめたもの。

一九八二年、千葉正士教授グループとともに、Sri Lanka における調査の経験をもとに開発途上国の法発展を考えようとしたもの。フィールドワークの経験が全く不足しているが、方向としては間違ってはいないと思う。開発と法については現在では安田信之、松尾弘氏らが精力的に研究されている。

16 F・ジェニーの新しい研究

Jaro Mayda: Fran'cois Gény and Modern Jurisprudence

（一九八三年）

一

フランスの代表的な自由法学者フランソワ・ジェニー（François Gény）の研究は、かつてはわが国でも広く紹介され、読まれたが、今日では必ずしも関心が高くはない。一九六四年に、ジェニーの最初の大作『実定私法における解釈方法と法源』の英訳(1)を公刊したマイダ教授による、本格的研究書『ジェニーと現代法理学』（一九七八年）が出版された。ジェニーに関する最初の本格的研究書である。二、三書評(2)も出ているが、簡単に本書の紹介を試みたい。そして、アメリカおよびわが国におけるジェニー研究をふりかえりながら、ジェニーの今日的意味をさぐることにしたい。

まず、ジェニーについて簡単にみておこう。一八六一年一二月一七日にストラスブールとナンシーの中間にある町バカラ（Baccarat）で生まれ、ナンシー（Nancy）大学に学び、一八八五年博士号を取得し、八七年に大学教授資格試験に合格した。一八八七年から三年間アルジェ大学に赴任し、九〇年にディジョン大学に迎えられ、一九〇一年までここで教えた。サレイユが、九五年までディジョンの教授でいたためこの対照的な二人の間には深い交友関係が結ばれ、ジェニーは大きな刺戟を受けた。一九〇一年母校のナンシー大学に迎えられ、三一年に七〇歳で退職するまで、民法を教えた。その後もナンシー大学で研究を続け九八歳の誕生日前日の一九五九年一二月一六日に世を去った。(4)

著書としては、二巻から成る『実定私法における解釈方法と法源』（八五六頁、以下「解釈方法」と呼ぶ）がディジョン大学時代の一八九九年に刊行され、一九一四年から二四年にかけて、第二の大著『実定私法における科学と技術』

（全四冊・一四一一頁）が刊行された。

なお、一九三五年には、ランベールの編集によりジェニー教授記念の法源論集全三巻（Recuil d'etudes sur les sources du droit en honneur de François Gény. 3 tomes）が公刊され、世界のそうそうたる学者が寄稿している（わが国からは杉山直治郎、田中耕太郎、小野清一郎の三名が寄稿）。

著者 Jaro Mayda は、一九一八年チェコスロヴァキアに生まれ、マサリク大学で法学博士の学位をとり、しばらくプラハの近くのピルセンで法律顧問をしたあと、アメリカに渡り、デニスン大学（オハイオ州）、オハイオ州立大、ウィスコンシン大学で、法律、政治学の講師をし、一九五七年からプエルトリコ大学に移り、一九五八年以来そこの教授をしている。その間一九六七年～八年まで、パリに留学し比較法研究所とパリ大学で研究をした。

二

次に本書の内容を概観しておこう。『ジェニーと現代法理学』は、三つのエッセイ（一〇三頁）と一二六頁の注から成る。第一は、「ジェニーのドクトリン」と題され、ジェニーの考え方の大要が、当時の背景のもとに簡潔に提示される。まず、ジェニーは、法理学における単なる脚注の人ではなく、真の古典である。法理学（Jurisprudence）というのは、法の理論であり、比較的新しい経験的学問であり、社会工学として、法の機能の有効性に寄与するものである。イェーリング、ホームズ、エールリッヒ、デューイと並んで、ジェニーが、経験的法理学を意識的にめざした、生産的（seminal）な思想家の一人であり、法における裁判官による法創造、政策形成の理論を展開した。

ジェニーが三八歳のとき出版した『解釈方法』を、当時の、概念法学、注釈法学の中に位置づけるが、この著作は問題を提起しそれととりくんだ、消極的なものでしかなかった。しかし一九一四年から二四年の間に公にされた『実定私法における科学と技術』（全四巻）は、より積極的に、自らの方法を提起したものである。まず『解釈方法』が、制定法の独占、解釈方法、法学方法の近代化、規定なき事例、法的安定性と社会変化、具体的正義、方法と理論といった各種の関連する問題について、大きな影響を与えたこと、この著作に対して、ブーランジェ、ランベール、クローチェ、M・コーエン[5]らが与えた高い評価が検討される。次に、「科学と技術」への反応は大きかったが、一様ではなく、ジェニーに対する批判が強かったことが、当時の状況の下に分析される。

最後に、ジェニーという複雑な事象を、きれいでまとまったかたちで要約するのは、難しいとしながら、次の四点をジェニーの特色とする。第一は、法律において、裁判官に中心的役割を与えた著者のうちもっとも明確かつ包括的であること、第二に、法秩序の至高の問題である、司法的裁量の行使についての的確な制約を提示したこと、第三に、適用すべき法規がない場合に、当為（ought to be）を発見する仕事を明確化したこと、最後に、ベルグソンの影響の下に概念的分析では欠けていることを、「統合的経験」という啓示的であるだけでなく創造的なものによって補完さるべきことを提示したことであるとする。

第二のエッセイは、「手ごたえのあるテスト（telling test）」と題され、スイス民法一条の変遷を扱う。スイス民法一条はジェニー自身が、自分の「自由な発見」を体現したものと考えていたものである。

まず、この一条が出来るにあたっては、ジェニーとスイス民法起草者フーバー[6]との交流があった。すなわち、ジェニーは、一八九九年に、『解釈方法』を出版するや、サレイユの示唆で、一部をフーバーに送った。フーバーは、それを読みおわるや自分自身の考えていたことを強化し明確化してくれたよろこびを、ジェニーに書き送った。すぐあと、フーバーはドイツのすぐれた私学学者リューメリンに「多分ジェニーから何かを、スイス民法典草案の序文に使える」と書き送っている。翌年フーバーによる草案が公けにされ、それを読んだジェニーは「草案一条二項の、自由で進歩的な形に大いに満足しており、何らの留保なしに賞讃したい」とフーバーに書き送っている。かくして、当初の案とはやや違ったが、「制定法または慣習法が欠けていれば、裁判官は、自分が立法者であったならば、立法したであろうようなルールに従って裁判すべきである」という、有名なスイス民法一条二項が制定され（一九〇七年）、一九一一年から施行された。

こうした経緯を前提に、その後裁判所がどのように、一条を適用していったかをフォローする。初期の段階では、裁判所は、かなり大胆に、法の欠缺を認め、一条を発動したが、それに続く時代においては、そうではなくなってきたことが、連邦裁判所の判決をたどって分析される。その際、スイスにおける解釈方法——主観的方法（立法者の意思に重きをおく）と客観的方法（法律そのものの意味を探求する）——が、ジェニーの考え方と対比して検討され、それぞれの方法を用いた判例が引用される。たとえば、一九二五年には「法文が問題解決に不十分な場合には、裁判官は、自分自身の判断に従って、補充すべきである」（四二頁）としていたが、一九四八年のスイザ事件においては「欠缺の存在は軽々に考えられてはならない。立法権能を司法的に行使することは、緊要の場合にのみ規定されていて、近代民主主義の基本原理である、権力分立の原理を侵すものになる。したがって、裁判官は、法律から規範が導き出されえないことに疑いのない場合にだけ新しいルールをつくることに進むことができる」（四七頁）へと変っていった。さらに一九五七年のシュフラゲット事件（数百人の女性が、女性にも参政権があるから選挙人名簿に登録せよと要求した事件）において、連邦最高裁判所が「法に欠缺があれば、裁判官は法律を補充する権能を有するが、法律を変更する権能はない。この権能は立法府に属する」とのべたところにより、大きな論議になった（四九頁）。

「ジェニーを超えて」と題された第三のエッセイは、ジェニーの考え方が、どの程度今日の法理学的省察と問題解決に、引き続き重要性をもつかを検討する。まず、ジェニーの開拓的な仕事の後何がなさるべきかであるが、その答えは、ジェニーとその後継者により何がなされたかにかかっている。自由な法発見がなされるためには、次の四つの法過程における重要な局面についての分析がなされなければならない。①裁判所による解釈権能の広さ、②法の欠缺、③判例法の形成、④解釈に関する統一的な理論および制定法と判例法の効用。そして、もしジェニーが英語に堪能で、ベンタム、オースティン、ホームズ、パウンド、グレイなどを批判的に理解していたら、ちがった「解釈方法」を書いていたかどうかが、興味ある問題である。また今日に生きていたら、おそらくジュリメトリクスやエレクトロニクス、データ・プロセシングの文献をひもといていたであろう（六七頁）。しかし、いずれにしろ裁判官の役割が中心的であり、エールリッヒもいうように、判決は、法の生命におけるキー・エレメントである。

ついでヨーロッパ大陸における法実務と学説の関係について検討し、実務家は新しい概念や問題解決に向けて、実験的な試みをしている。そうした際、法理学は、適切な導きを必ずしも与えてはいない。裁判官の権能と機能を探究することは、学説の仕事である。ジェニーはこのことを理解していたが、現在ではもっとも洗練された者ですら、これを看過している。

次に、立法者と裁判官による法形式を比較し、両者は必ずしも対立するものではなく、ドグマティクか、プラグマティクかの方法の違いである（七一頁）。また「難事件が悪法をつくる」という格言を検討すると、むしろ「難事件は悪法の結果である」ことが多い（七五頁）ことをミランダ事件（警察の尋問に関する）とフランス法におけるアストラント（間接強制）[7]を例に論ずる。

このようにして、経験的な法理学の操作的モデルを築く継続的な努力においてもっとも肝要なのは次の五つであるとして、それぞれについて検討する。

(1)　権力分立の原則は、現代社会の要請に合致する限り、実際と合致させなければならない。

(2)　権力の参与―分配についての現実的モデルのなかで、実際的で正当な操作的な線に沿って立法者と裁判官の動的な関係を再構成しなければならない。

(3)　右のテーゼで示した操作的なパラダイムは裁判過程の実例に照していくつかの方向で仕上げ、洗練されねばならない。

(4)　右のテーゼの線に沿った分析―綜合は、その過程の肝要な点、すなわち、政策決定力とこの権力の諸種の利用に焦点が絞られねばならない。

(5)　次の判決のために前の判決を利用することを説明する一連のフィクションは、先例拘束性の働きが、非遡及的ではなく、遡及的であるという確認された観察の上に築かれた普遍的で現実的な法理に、おきかえられなければならない。

こうした課題を前にするとき、ジェニーが一九二〇年前後に当時の学説に対してなしたのと同じ状況にあるといってよい。ゴールと方法においてジェニーとともにしうることは相当大きい。したがって、ジェニーの成果は、かくも長くたった今日の方が、むしろ直接に適用しうるということほど大きな賛辞はないであろう。合衆国においても、立法者と裁判官の関係、それに関連する方法的問題について、ジェニーこそが出発点であるといえるであろう。

以上が、本文であるが、このあと本書には、本文以上の質と量をほこる特異なノートがある。なかには、数頁に及ぶものもいくつかあり、たとえば、「自由な法発見」(libre recherche scientific) (note VII) とか、法理学 (jurisprudence) (note I) といった長大な注があり、いずれも、詳細な文献的調査にもとづく有益なものである。

三

このように、本書は、ジェニーを本格的に研究したうえ現代における法理学の状況に照らし、ジェニーがもっと研究されるべきであると主張するものである。

ジェニーが、アメリカに紹介されたのは、今回がはじめてではない。すでに、一九一七年に「解釈方法」の一部と、フランス民法百年記念の「フランス民法、一八〇四〜一九〇四年」の論文が英訳され[8]、かなり広く読まれている。しかし、ジェニーは、必ずしも大きな影響を与えているとはいえない。ただ、いわゆるリアリストに対する影響は、小さくない。何をもってリアリストないしリアリズム法学[9]というかは、必ずしも明確ではない。裁判官としては、ホームズ、カードウゾ、フランク、学者としては、ルウェリン、レーディンなどがあげられるが、いずれもが、ジェニーを読んでいることは興味深い。

まず、ホームズ判事であるが、ラスキに教えられて、ジェニーを（フランス語で）読んでいるが、方法論にはあまり関心はなかった。[10]カードウゾ判事は、おそらく、もっともジェニーをよく読んだアメリカ人であるといえるのであろう。『裁判過程の性質』[11]（一九二一年）の第一講では、ジェニーの「解釈方法」がふんだんに引用され、共感をもって、扱われている。物静かで、丹念な性格の二人は、おそらく、深く通じるものをもっていたと思われる。ジェニーのような純粋の学者の省察が、カードウゾのような経験豊かな裁判官に共感をもって読まれたというのは、ジェニーの洞察と思策の価値を物語るものといえるであろう。

代表的なリアリストのルウェリン[12]とフランク[13]も、ジェニーをしばしば引用している。もっとも、二人ともきわめて個性が強いため、ジェニーに忠実にというわけではないが、とくにルウェリンは、強い影響を受けたといわれる。

こうしたリアリストのほかにも、法哲学者や比較法学者への影響も大きい。とくにW・フリードマンは『法理論』[14]の中で、ジェニーを二七章「新しいリーガル・リアリズム」の中で、五頁余にわたってドイツの利益法学と並んで扱っている。フリードマンは、ジェニーを「法の新しい社会学的観念へのたたかいの最初のそして最重要のリーダーの一人」[15]であるとしている。

次に、アメリカの代表的な大陸法研究者であるドースン教授は、当然のことながら、ジェニーを研究し、とくに『法の神託』[16]の中で、ジェニーにふれている。ドイツ、フランスそして英米の裁判の問題をユニークな角度と該博な知識で研究した右の名著の視角は、まさにジェニーの影響なくしては考えられないといってもよい。

こうしたジェニー研究をふまえて、マイダ教授の研究が生まれたのである。[17]ジェニー研究が、やや下火になったかと思われた今日、大著の翻訳につづく、本格的研究書たる本書は大いに歓迎される。今後のジェニー研究の基礎となるといえるであろう。

ひるがえって、わが国ではどうであろうか。すでにジェニーの研究は大正時代に、中田薫[18]、牧野英一[19]、宮沢俊義[20]の諸博士により紹介されている。次いで、本格的フランス法研究者である杉山直治郎博士により、綿密な研究[21]がなされた。

その後も、福井勇二郎[22]、野田良之[23]両教授をはじめ、フランス法研究者には、多かれ少かれジェニーへのメンションがある。

戦後わが国では、アメリカのリアリズム法学に押され、あまりジェニーの研究はなされていない。わずかに、法哲学や法思想史で、自由法学者あるいは自然法研究者の一人として紹介されるにとどまっている。しかし、ジェニーの真骨頂は、まさに私法解釈論にあると思われる。戦後の法解釈論争から、判例研究方法論、利益衡量論にいたるまで、何一つジェニーによって論じられなかった問題はないといえる。わが国でも、エールリッヒと並んでもっともっと読まれてよいと思われる。そのためには、全訳でなくてもよいが、手頃で正確な訳がなされることを望みたい[24]。

(1) Gény : Method of Interpretation and Sources of Private Positive Law. tr. by Jaro Mayda.〔West〕1963.

(2) 本書には、これまで次のような書評がある。Shael Herman : 29. A. J. Com. L. 730 (1979).Roger Brownsmond : 43 Mod. L. Rev. 479 (1980).

(3) ジェニーの評伝としては、いずれも簡単なものであるが、次のものがある。
杉山直治郎・ジェニー『法律学辞典Ⅱ』『法源と解釈』(有斐閣、一九五七年)所収
野田良之・ジェニー「近代法思想史の人々」法学セミナー一九五七年四月号付録
稲本洋之助・ジェニー「法学者・人と作品」法学セミナー一九七四年六月号付録

（4）ジェニーの没年が、『岩波西洋人名辞典』（新版・一九八一年）では一九五六年になっており、おそらくこれを受けてであろう民事法小辞典（一粒社、一九八二年）も一九五六年としている。
（5）M. R. Cohen : Law and the Social Order（1933）.
（6）E. Huber（1849〜1923）については Theo. Guhl : Eugen Huber in Schweitzer Juristen der Ietzten Hundert Jahre（1945）Schröder : Eugen Huber in Deutsche Juristen（Kleinheyer-Schröder（hrsg.）1976）、後者には、最近の文献があがっている。
（7）アストラントについては、山本桂一「フランス法における債務の罰金強制について」我妻栄博士還暦記念論文集『損害賠償責任の研究〈下〉』（一九六五年）。
（8）Science of Legal Method（1917 rep. ed Keller. 1969）chap 1. Judicial Freedom of Decison, Chap 12. The legislative technic of modern civil codes（trans. by E. Bruneken）.
この本には、ほかにエールリッヒ、ヴルツェルらの論文が英訳紹介されている。
（9）鵜飼信成『現代アメリカ法学』（日本評論社、一九五四年）。
（10）ホームズ判事は、読書家のラスキから教えられるまでジェニーのことを知らなかったが、きっと好きになるとすすめられて読んでいる。（Holmes-Laski Letters ed. by Howe（1953）p.90.）翌一八年、ホームズはジェニーの『科学と技術』第二巻を読んで、触発され、「自然法」という論文を書きラスキの示唆で、「ジェニーを読んで示唆されて」と注に書いている（Howe ed. p.166〜7, "Natural Law" 32 Harv. L. Rev. 40（1918）also in Collected Legal Papers（1920）310.
（11）B. N. Cardozo : The Nature of Judicial Process（1921）守屋善輝訳『司法過程の性質』（中央大学出版部、一九六六年）カードウゾ判事とジェニーの間に個人的な交流があったかどうか興味があるが、これまでのところ確認できない。
（12）ルウェリンは、一九二〇年代にドイツへ留学しているが、おそらく、そこでジェニーを知ったのであろう、たびたび著作に引用している。（K. N. Llewellyn : The Common Law Tradition（1960）、Jurisprudence（1962）499 ff. ただし、ルウェリン研究の大著 William Twining : Karl Llewellyn and the Realist Movement（1973）には、ジェニーへのメンションは一カ所しかない。
（13）フランクは、本文引用の英訳によりジェニーを読んでいて、エールリッヒと並んで、裁判官の役割を明確化したとしている。（J. Frank : Law and the Modern Mind 305（1930））.
（14）W. Friedmann : Legal Theory 5 ed.（1967）.
（15）Ibid., p. 328.
（16）J. P. Dawson : The Oracles of the Law（1968）p. 394.

(17)　なおジェニー生誕百年記念論文集の書評を書いている。Mayda : Le centenaire du Doyen Gény〔Dalloz〕1963, 14 A. J. Comp. Law. 713 (1966).
(18)　中田薫「仏蘭西に於ける自由法説」法協三一巻一号四〇頁、二号七〇頁（一九一三年）『法制史論集第四巻』所収（岩波書店、一九六四）。
(19)　牧野英一『民法の基本問題・第二編』（一九二五年）第二章科学的自由探求。『科学的自由探究と進化的解釈』（一九二五）。前者は二〇〇頁以上に及ぶが、ジェニーの紹介というよりジェニーに託して、博士の見解を展開するものである。
(20)　宮沢俊義「法律における科学と技術」国家学会雑誌三九巻八、九号（一九二五年）『法律学における学説』所収（有斐閣、一九六八年）。
(21)　杉山直治郎「明治八年布告第百三号裁判事務心得と私法法源」法協四九巻九—一二号、五〇巻一号（一九三一〜二年）『法源と解釈』所収、これには「ジェニー博士の古稀を祝して」という副題がついている。
(22)　福井勇二郎編訳『仏蘭西法学の諸相』（日本評論社、一九四三年）。
(23)　野田良之『法における歴史と理念』（東大出版会、一九五一年）。「フランスにおける民事判例の理論」法協七五巻三号（一九五八年）。
(24)　ウェーバーの重要性は否定できないが、ウェーバー『法社会学』には三種の完訳がありながら、エールリッヒ、ジェニーにはないというのは、明らかに奇異だと思われる。

〔付　記〕

フランスの学者の中で、とくに好きなGényについての研究書が出たので紹介をかねて書いた。Gényは、考え方において、アメリカの裁判官Cardozoに似たところがあり、深い思考と省察は今日でも役にたつ。

17 〔書評〕オッコー・ベーレンツ著　河上正二訳著『歴史の中の民法――ローマ法との対話』（日本評論社、二〇〇一年一〇月）

（二〇〇二年）

一　はじめに

民法を学んでいると、「ローマ法以来の」とか、「ローマ法では」といったように、ローマ法への言及が珍しくはない。何故ローマ法なのか、何故ローマ法に言及するのかは、あまり考えられないまま読みすごすことも少なくない。わたしもごく最近までそうであった。

民法においては、何故ローマ法がそれほど重要なのか、それを考えさせてくれる本として、河上正二教授による『歴史の中の民法』を紹介して、現在、ローマ法を学ぶ意義について考えてみたい。

何故ローマ法ということについては、本書を読めばわかるように、現在の日本の民法が、古代ローマにおいて生み出された法に――概念、用語、考え方――、大きく依存しているからである。二〇〇〇年以上前に生まれた（つくられた）ルールが、今日においても、基本的に妥当することの意味は、きわめて重かつ大である。

本書は、河上教授の単著ではなく、ゲッティンゲン大学のオッコー・ベーレンツ教授の「ローマ法史講義案」（一九九九／二〇〇〇）をもとに、日本訳と、これに日本の読者（学生諸君）のために、豊富な注や補足的な解説をつけたものである。本書が河上正二〔訳著〕となっているのは、ベーレンツ教授のゲッティンゲン大学における講義案を日本の読者のために補説したうえ邦訳したものであるからである。原本と対比していないが訳文はわかりやすい。

二　本書の内容

内容を概観しておこう。全体は五つの部に分けられ、第1部「ドイツおよび他の近代法秩序へのローマ法の継受」は、ローマ法が、ドイツをはじめとするヨーロッパの国々にどのように継受されたかが概説される。河上教授による補講「『日本民法典』の生成」は、日本の民法典が、ヨーロッパ法を継受して制定され、ドイツの学説を継受して、展開され、日本的な法が生まれているのではないかが、示唆されている。

第2部「ローマ法の基礎」は、古代ローマ法が生まれる、王政時代（BC九〜六世紀）、共和政時代（BC五一〇年からAD二七年）において、ローマ法がどのように生まれてきたかが、農耕集落のなかで紹介される。ここで、今日にいたる所有物返還訴訟、自力救済、さらに最古の法典といえる十二表法などが紹介される。補講として加えられた、サビニアナ（制度思考）とプロクリアナ（原理思考）は、今日においてもみられる法的思考法の対立とその背景を示すものといえる。

以下の部分は、「人—財産—訴権保護」についての体系的分説として、古典期ローマ法が紹介される。第3部「人の法」では、「人」の概念、奴隷、婚姻、親子法、後見および監護について説明される。第4部は「各種の人の財産」として、物権法上の対象となる財産では、所有権、相続法、法律行為による所有権の取得、所有権の原始取得、制限物権、それに二つの補講として法律行為、ローマの地役権が説明されている。この部分は、ドイツ民法の規定と関連させて説明されている。次に、債務法上の対象となる財産は債権法とりわけ、契約が説明される。消費貸借契約、売買契約、使用賃貸借、用益賃貸借、雇用契約、請負契約、組合法、無償の支援的給付、不当利得、不法行為、過失なき責任、取引の行為規範的秩序としての債務法が説明される。補講として、古代ローマのワイン売買と危険負担、不法行為法とアクィリア法の訴権——受胎した雌馬打擲事件、イェーリンクと「契約締結上の過失」理論が加えられている。イェーリンクへの言及は、ベーレンツ教授とともに河上教授が研究されたゲッティンゲンにゆかりの法学者として、その著名な「契約締結上の過失」を紹介されたものである。

第5部は「訴権および司法上の権利保護の概要」として、訴権、権利行使、原状回復、執行が説明され、補講としてローマの「インミッシオーン」が加えられている。イミッションは、チーズ製造業者の家からの煙が、他人の建物に侵入する場合についてのウルピアヌスからの興味深い議論が紹介されているが、これは、今日でいういわゆる生活妨害行為そのものといってよいものである。

三　本書の特色

以上のように、本書の扱うのは、ローマ私法の全体というよりも、かなり選択的ではあるが、婚姻、売買、不法行為といった重要な領域は、カバーしている。ローマ法を学ぶ意義が現在の法制度の出発点を学び、それがどのように今日にいたっているかを理解することにあるとすれば、全体的である必要はない。ローマ法の全体を概説する本より、このようなかたちで、各種の材料を提示し、そこからローマの法に及んでいく手法は、きわめてユニークである。

たとえば、売買契約については、危険負担、他人物売買、原始的不能、瑕疵担保責任、そして、債務不履行責任といったように、現在の論点とされるものが、すべて問題になっている。もっとも婚姻のところでは、パン共用式婚姻とか、妻の「時効取得」といった珍しい制度が紹介されている。

訳者による補説、補講、「対話への誘い」といったコラムは、本書をわかりやすく、また刺戟的なものにする。ベーレンツ教授の材料に、実にピッタリ呼吸をあわせて、書かれている。おそらく、両者の信頼関係と対話の産物であろう。

それぞれの叙述が、あまり長くはないので（二～一〇頁内外）やや物足りないようにも思われるが、示された参考文献をもとに進んでいけば、より深い研究をすることもできるように配慮されている。

もう一つこの本を魅力的にしているのは、河上教授が丹念に集められた図版、写真のたぐいが、豊富に使われ、説明や議論をヴィジュアルにわかりやすくしていることである。たとえば、サビニ女性の略奪については、ルーブルにあるプーサンとダビドの名作の絵が掲げられ、当時の出来事をほうふつとさせている。適切な箇所に、適切な図を見つけるのは、とくに古い時代のものだけに容易ではないと思われるが——楽しんでおられる面もあるが——、労を多としたい。

実定法の基本的知識を備えていないと、本書の理解は難しいかも知れない。しかし、法律学の奥深さ、醍醐味をたっぷり味わうために、本書のようなレベルの本に、是非ともとりくんでほしい。他の法制度との比較（比較法）も大切であるが、それとともに、歴史的発展をたどることも重要である。

四　本書からさらに学ぶ人々への三冊

本書は、このように、これだけで味読し、思考する材料を与えてくれるものである。しかし、ここからさらに進んで、より広く、かつ深く、ローマ法を学んでみたいと思う人々のために、この場所を借りて、わたくしが最近愛読している三冊の本を紹介しておきたい。

中世以来のローマ法の展開を簡潔にたどった本として、**P. Stein**『ヨーロッパ史におけるローマ法』（一九九九）である。本書は、スタイン教授（ケンブリッジ大学　一九二六年生まれ）が、本文一三二頁で、要領よくまとめたもので、毎頁、そうだったのかと、膝を打ちたくなるほど含蓄のある本である。

Luig 教授により訳されたドイツ語のペーパーバック『ローマ法とヨーロッパ——ある法文化の歴史』（**Fischer** 1996）が出ていたが、最近英語版のペーパーバックが出て、大変近づきやすくなった。いずれ、日本語に訳されるであろうが（追記　屋敷二郎訳『ローマ法とヨーロッパ』（ミネルヴァ書房、二〇〇三））、日本の民法が、こうした歴史をふまえていることを理解するのに最良の本といってよい。

とくに、注目されるのは、スタイン教授が、教会法の影響を重視していること、およびふつう注目されていない、イギリス法へのローマ法の影響にふれていることである。いずれも、遠いことのように考え勝ちであるが、実はキリスト教会内で展開された教会法が、実に種々のかたちで、現代法に影をおとしていること、さらには、イギリス法にもローマ法が影響を及ぼしていることを、見事に描き出している。

現在の実定法へのローマ法の影響ということに関しては、R.Zimmermann :The Law of Obiligations 1990がある。この本は、ドイツの若きローマ法学者（レーゲンスブルグ大学――二〇〇三年からハンブルクのマックスプランク研究所）が、四〇歳に達する前にまとめた、本文だけで一一四二頁という大冊である。『債務法』という何げないタイトルであるが、副題「市民法の伝統におけるローマ的基礎」にあるように、現代法の系譜をたどるものである。この本は、贈与、売買、請負からはじまって、現在の各国の実定法が、ローマ法に起源をもつことが、実にあざやかに、解明されている。各章は長くないし、ラテン語が入ってはいるが、解説があるので、決して理解は困難ではない。

この本をいくつかの書評により知り入手した夏、二～三日を費して、三二章のすべてをチェックし、日本法についてあてはめてみたところ、扱われたほとんどの制度について、日本法が位置づけられることを知り、驚きかつ喜んだことがある。

この本は、著者が、ドイツで学んだあと、南アフリカのケープタウン大学に赴任し、そこで十数年、研究した結果、英語で出版されたものである。南アフリカは、オランダ領のときローマンダッチ法が持ち込まれ、イギリス植民地の時代にも、それとイギリス法が融合された、実にユニークな法制度をつくりあげた。アパルトヘイト廃絶後、ユニークなデモクラシーの国「虹の国」として再出発しているが、私法の面での法学のレベルは、きわめて高い。そこでの研究の成果が、この大著となったのである。

二〇〇〇年春、レーゲンスブルグにツィンマーマン教授を訪ね、古い都市の新しい大学で数日を過ごした。ひょろ長いといっていいくらい長身の教授は、入院のあとではあったが、いろいろ話をきくことができた。一つおどろいたのは、この本のあとも陸続として出版される著書、論文のすべてが、手書きで、秘書の手で、タイプ化されていると伺ったことである。

ＥＵが発足し、ヨーロッパの私法統一の動きがあり、ツィンマーマン教授はヨーロッパ法の共通のバックグランドに注目されるが、必ずしも楽観的ではない。この本は、ＥＵの法統一にとっても、有用な役割を果たすものといえる。

ついでにもう一冊、Jill Harries『後期古代における法と帝国』（一九九九）を紹介しておきたい。主として、刑法、公法を扱うが、「紛争解決」という章では、ローマにおいて紛争がどのように解決されていたかを興味深く描いている。たとえば、紛争に直面した人々が「法に頼る方がいいだろうか」と自らに問うたという記述もある。若い女性ローマ史学者によるものであるが、社会における法をヴィヴィッドに記述している。

五　ロー・スクールとローマ法を学ぶ意義

法科大学院をどのようにするか、どんなことを教えるのかが、現在、はげしく議論されている。法律家養成を目的とするからには、実定法中心になるのは、やむをえないであろう。しかし、本書に示されているように、法が長い歴史をふまえ、そのなかで練り上げられてきたものであることに思いをいたすとき、end-product としての現行実定法にとどまらず、法の発展を学ぶ機会が是非とも必要である。つまり、私法でいえば、ローマ法以来の法的思考の展開過程、法的推論、正当化の手法――どのようにしてある結論を根拠づけるのか――について二〇〇〇年の法伝統を理解し、身につける必要がある。

その際、出発点としてのローマ法、西洋中世におけるローマ法の展開をたどる西洋法史、そして、ローマ法に強く影響をうけた end-product としてのドイツ法、フランス法の理解が不可欠である。

たしかに、法をゲームのルール的に見て効率性中心に考えることで、大部分は足りるかも知れない。しかし、その背後にあるものの一端なりとも、理解しているのといないとでは、重みも説得力も異なる。

社会が、法の実用性にばかり注目している現在においてこそ、法の歴史をかえりみて、法についての思考を深めることが必要である。

法科大学院の発足が、将来の法律家に、法律学の深みを垣間見する機会を与えるものであってほしい。

そうした今日、本書のようにユニークな本がすぐれた実定法学者により出版されたことの意味は小さくない。河上教授も、正面きってはふれられていないが、この時期にこの本を用意されたことには、期するところがあってのことである。

ローマ法というと、固苦しく、遠い昔のことと考えないで、本書のような学問的な香りの高い本をひもといてくださる人々が、多からんことを願いつつ、労作の紹介を結びたい。

(『法条セミナー』四月号に池田真朗教授による見事な紹介がある。)

〔付　記〕

ローマ法が現代において持つ意味についてきわめて鮮やかなまとめをしている本の紹介。原本は公刊されていないが、訳者がきわめて要領良くまとめて解説を加えている。

このころから Zimmermann 教授（レーゲンスブルグ大学　マックスプランク研究所）と交流を続け、遅まきながらローマ法とその影響の勉強を続けている。

18　アメリカ憲法の二〇〇年

（一九八七年）

一　憲法制定会議

一九八七年は、アメリカ合衆国の憲法制定二〇〇年ということで、九月一七日には、憲法誕生の地フィラデルフィアで、大統領、最高裁長官、上下院議長列席のもとに記念式典が行われたほか、年のはじめから、いくつかの記念行事、記念シンポジウムなどが行われた（TIME, July 6.1987）。

一九八六年バーガー最高裁長官が辞任したのは、憲法二〇〇年記念実行委員会の職務に専念するためということであった。日本でも、二〇〇年記念のパネルディスカッションが行われた。

アメリカ憲法の制定とはいっても、一七八七年フィラデルフィアで開かれた憲法制定会議で、九月一七日に最終的な成案が得られたというにすぎない。憲法草案は、その後一三州の批准にまわされ、熾烈なたたかいと、はげしい論戦のあと、一七八八年ニューハンプシャーの批准を得て九州批准の要件をみたし、一七八九年五月四日正式に発効した。この憲法は、統治機構に関連する部分であるが、今日アメリカ憲法といえば必ず思い出される修正一条をはじめとするいわゆる人権宣言（Bill of Rights）一〇条は、一七九一年に修正条項として加えられたものである。「フィラデルフィアの奇跡」といわれる憲法制定会議は、五月一四日に招集され、G・ウォシントン議長のもとに五月二八日から九月一七日まで、七月三・四日（独立記念日）、七月二八日〜八月五日を除いて、日曜以外の毎日一三州の代表が集まって討議を重ね、修正と妥協を重ね、奇跡的にまとまったものである。その会議の模様は、ヴァージニア州代表で、会議においても中心的メンバーであったJ・マディスン（後に第四代大統領）により、克明に記録がとられ、今日会議の模様を知る貴重な手がかりになっている。六〇〇頁をこえるペーパーバックで入手できるが、当時三六歳のマディスンの非凡な才能を遺憾なく示すものである。翌年ニューヨーク州における憲法批准のために、A・ハミルトン、J・ジェイと共に書いた一連の論説『ザ・フェデラリスト』と並んで、マディスンの偉大さを示すものといえよう。

その資料を用いたカール・ヴァン・ドーレンの『グレート・リハーサル』（一九四八）という、憲法の成り立ちを物語風に書いた本があるが、会議の模様が、代表の人物スケッチとともにヴィヴィトに書かれている。革命の評価、連邦と州の関係等について各州の利害が対立し、代表の個人的見解が異なる中で、ほとんどまとまりそうにないと思われたのが、最終日の劈頭、八一歳のB・フランクリン（ペンシルヴァニア州）が妥協をすすめ、憲法草案の採択を訴えた演説（ただし、J・ウィルスンが代読）は、まさに圧巻といってよい。

このほか、この会議についてはM・ファランドによりまとめられた記録集がある。また、研究書として、C・ロシターの「一七八七年」（一九六六）とか、ホームズやJ・アダムスの伝記作家として名高いポーエン女史「フィラデルフィアの奇跡」（一九六六）といった本をはじめ、日本でいえば明治維新の本のように多く出版されている。なかでも有名な右にあげた本は、二〇〇年記念ということで再発行され、ニューヨークやボストンの本屋の店頭に並んでいた。

二〇〇年記念の出版はいくつかある。もっとも大規模なのは、憲法百科辞典（Encyclopedia of American Constitution 4 vols 二〇〇四年に第二版）である。憲法史の権威L・リーヴィ（Levy）が編集主任、UCLAの憲法教授カースト（K. Karst）、マホニー（D.J.Mahoney）が編集者となり二六二人の執筆者によるもので、憲法に関する重要項目、重要人物、主要判例など二〇〇〇項目を解説し文献目録もついた、レベルの高いものである。来日されたカースト教授は、数十項目執筆されており、大仕事だったといっておられた。もう一つ大きな著作は、シカゴ・ロー・スクールのP・カーランド教授とシカゴ大学の社会思想委員会のR・ラーナー教授の編集になる「ファウンダー（創始者）の憲法」（The Founders' Constitution 5 vols）という五巻の書物である。これは、エドモンド・バークからはじまって、アメリカ憲法の修正一二条まで関連する歴史的資料を収集したもので、歴史的研究に役立つものといえる。とくに、「主要なテーマ」と題された第一巻は、"We, the Peoble"ではじまる憲法の前文（Preamble）に出てくる、権力分立、両院制、権利、平等といったいくつかのキイ・コンセプトについて長文の解説を加えたもので、この巻だけでは、大冊にしては比較的安いペーパーバックで手に入る。

一九八六年最高裁長官になったレーンクイスト長官は、そのものずばりの『最高裁判所』という本をこの秋出版した。現役の長官自ら出版する意気ごみは、日本にはみられないであろうが、ヒューズ長官が最高裁判事をやめ、長官として返り咲く二年前に『合衆国最高裁判所』（一九二八）という本を出しているから、前例のないことではない。

二　変わらぬ憲法

二〇〇年を迎えた合衆国憲法は、前述の人権宣言のあとも、修正条項を加えるかたちで改正が行われ、今日までに二六の修正条項が加えられた。ドイツの行政法学者O・マイヤーの「憲法は変わるが行政法は変わらない」という有名なことばがある。憲法は政治に左右されるからたびたび変わるが、行政法は技術性があるから、あまり政治に左右されないことをいったものである。一九八七年までの二〇〇年で二〇回政治制度が変わったフランスと比較すると、まさに右のことばはもっともであるが、ことアメリカについては、二〇〇年で、十数回しか改正されていないというのは、注目すべきことであろう。もっとも解釈による変更は別であるが。

二〇世紀に入ってからの修正条項は、所得税に関する一六条以後の一一条にすぎない（その後一九九二年に修正二七条）。有名なのは一九一七年の禁酒条項（一八条）であるが、これは悪評高く、一九三三年の修正二一条で廃止された。

もっとも新しい修正条項は、選挙権の年齢を一八歳とする修正二六条（一九七一年）である。このあと一九七二年、男女平等を定める修正二七条（いわゆるＥＲＡ）が議会を通過し、各州の批准にまわされ、所定期間内に州の批准を得ることができず、期間が延長されたにもかかわらず三八州（五〇州の四分の三）に達せず、結局葬り去られたことが記憶に新しい。男女同権という、あたり前のことが何故憲法にならなかったのかが問題とされ、これに関する本も出版されている（M. Berry : Why ERA Failed (1987), J. Manbridge : Why We Lost the ERA (1987)）。

憲法に定めると、容易に修正されず、裁判所の司法審査にも服しないため、アボーション（堕胎）禁止とか、公立学校における宗教教育といった、これまで裁判上争われてきたことを、憲法の修正条項としようとする動きは、後を絶たないが、いまだ成功するにいたっていない。

三　憲法学の隆盛

憲法専攻ではないが、以前からアメリカの憲法には関心をもち、プライバシー権や名誉毀損との関係で、少しずつ勉強してきた。そして感じるのは、アメリカでは、憲法学が、法律学あるいは法学界で中心的地位を占めるにいたったということである。

以前は、憲法は、ロー・スクールでは、さして重要な科目とは考えられてはいなかったし、憲法といえば、法学者よりもむしろ政治学者（コーウィン、スウィッシャー、メイスン）または歴史学者（ビアド、クロスキー）によって研究されてきたといってよい。また、アメリカでは、日本のような憲法学者は憲法だけ、商法学者は商法だけを教え、研究するという専門化がないため、憲法は、契約法や商法、刑法を教える人が、副次的に教えるというかたちが多かったし、現在でもそうである。たとえば故サザーランド教授（ハーバード）は、商法と憲法を教えていたし、コックス教授（ハーバード）も本来は労働法の専門家である。イェールの家族法、精神医学のＪ・ゴルドシュテイン教授も、最近憲法を教えておられる。つい最近、最高裁判事に指名され、上院で承認を拒否されたR・ボーク判事は、イェール時代に反トラスト法と憲法を教えていた。(以下年齢と所属は一九八七年現在)

憲法を主専攻とする最初の学者は、ハーバードの大家P・フロイント教授ではないだろうか。そのあとに、コイパー教授(ミシガン)、エマースン教授(イェール)、ブラック教授(コロンビア)、ビッケル教授(イェール)、カルベン教授(シカゴ)が続く。

ところが、今はすごい。憲法学者が陸続として出ている。もっとも上の世代は、P・カーランド(前掲)、G・ガンサー(スタンフォード)、N・ドーセン(ニューヨーク)、P・ミシュキン(UCバークレー)、H・ウェリントン(イェール)らである。

次に五〇代の学者としては、カースト(前掲)、チョーパー(UCバークレー)、B・シュミット(イェール大総長)、F・マイクルマン(ハーバード)、T・サンダロー(ミシガン)、J・バロン(ジョージ・ウォシントン)、H・モナハン(コロンビア)らである。

四〇歳代の学者になるとものすごい。トライブ(ハーバード)、イーリ、ブレスト(ともにスタンフォード)、ブラジ(コロンビア)、ベネット、レーディシュ、ペリー(いずれもノースウェスタン)、ユードフ(テクサス)、タシュネット(ジョージタウン)、アッカーマン(イェール)、シャウアー、ボリンジャー(ともにミシガン)、ストーン(シカゴ)といった具合である。

しかも注目されるのは、憲法学者の中から著名なロー・スクールのディーン(学部長というより学長に近い)が何人も出ていることである。

右にあげた人でいえば、ウェリントンはイェールのディーンであったし、コロンビアのディーンをしていたB・シュミット、ハーバードからスタンフォードに移りディーンになったイーリ、ノースウェスタンのベネット、ミシガンのサンダロー、ジョージ・ウォシントンのバロン、テクサスのユードフといった具合に、著名ロー・スクールのディーンは憲法学者ばかりともいえる。

しかも、スタンフォードはイーリのあとブレスト、ミシガンはサンダローのあとボリンジャーと憲法学者のディーンが続く。

ディーンといっても、二年任期で順番制に近い日本の学部長と違って、短くても五年任期のディーンは当番制ではない。ファカルティにも学生にも人望があり、統率力がある人でなければならない。以前は、ディーンというのは、むしろ学者としてはあまり著名でない行政手腕のある人が少なくなかったように思う。ところが、最近はすぐれた学者が、ディーンになるケースがふえている。悪いことではないと思うが、ディーンがいかに大変かは、最近イェール・ロー・スクールを訪れ、ディーン・カラブレイジの忙しさをまのあたりにし、本人からも、勉強している暇がないという嘆きを聞かされたからよくわかる。だからこそ、カラブレイジ教授には、ディーンの重責から解放して、学問や教育に専念できる環境が与えられることが、学界にとってはいかによいかと思う(一九九四年に連邦控訴院裁判官になった)。偉大な学者で、度重なるディーンの誘いをことわって研究・教育に専念しておられる人を知っているが、もっともであろう。

四　憲法上の論点――平等、言論、プライバシー

こうした憲法学隆盛の原因としては、いろいろ考えられるが、何といっても憲法を武器として争われる問題が増加してきたことにあるといえよう。なかでも重要なのは次の三つである。

第一は、平等をめぐる問題である。人種による差別が一九五四年のブラウン事件をきっかけに、憲法問題として論じられるようになり、以来、今日まで人種差別立法のみならず、差別的慣行、契約などが、ことごとく憲法の平等保

護の理念に照らしてきびしく点検（scrutiny）されてきている。それは、教育、雇用、福祉などあらゆる分野に及び、まことにめざましいばかりの展開を見せている。しかも、単に平等違反かどうかを判断するにとどまらず、不平等な状態をどのようにして是正していくかといった方策の問題にまでおよび、アファーマティブ・アクションといわれる積極的な措置までが要求されるようになっている。たとえば、マイノリティの人々を優先的に入学させ、雇用し、昇進させるというように、マイノリティでない人々からいえば逆差別ともいえることが、単に是認されるだけでなく要請されている。こうした平等の実現ということにおいて、法律家とりわけ学者の果たした、想像力豊かな活動は特筆されるべきであろう。なかでも、この分野におけるガンサー、カースト、サンダロー教授らの業績は大きいといえるであろう。

人種差別より少しおくれて女性差別の問題が争われるようになった。右にふれたＥＲＡの批准運動と関連して、性的差別に関する訴訟が数多く裁判所で争われ、注目すべき判決がいくつも出ている。この問題については、人種差別禁止の理論が、いろいろなかたちで応用されている。以前司法省で公民権問題を扱っておられたインジャンクションの研究者フィス教授（イェール）は、フェミニズムの講義をされており、プリント教材を送っていただいたが、人種差別と性差別を対比しつつ考えていきたいといっておられた。

第二が、言論、表現の自由の分野である。おそらく、これほど、若い憲法学者をひきつけた分野はほかにはないといってよいであろう。今はなき、Ｚ・チェーフィ教授がパイオニアであるが、開拓者ともいうべきエマースン、カルベン教授らに次いで、文字通りそうそうたる学者が精力的に研究してきている。エマースン教授の大著『表現の自由の体系』（一九七〇）は、七五〇頁をこえる大著であり、表現の自由について体系的にしかも詳細に論じたもので、動きの早い分野ではあるが、今日でも十分に読むに値する文字通りの古典といえるであろう。エマースン教授は、一九六〇年代に来日され、そのセミナーに二、三回参加させていただいたが、もの静かななかに洞察を富んだ分析をされていく手腕はまったく憲法一筋の人という印象を受けた。その後も、もっぱら表現の自由に関して、名論文を発表されている。

エマースン教授につづくのは、おそらくカルヴェン教授であろう。力強いというのが、カルヴェン論文の感じであるが、妥協しない強力な表現の自由の弁護者であり、いくつかの論文は、今日も説得力をもつ。とくに、ニューヨーク・タイムズ対サリバン事件（一九六四）と、ペンタゴン文書をめぐるもう一つのニューヨーク・タイムズ事件についての論文は、表現の自由のチャンピオンの面目躍如である。陪審や、不法行為の研究家でもあった教授は、一九七四年六〇歳でなくなられたが、まことに惜しいと思う。

より若い世代の代表としては、ブラジ、ボリンジャー、ユードフ等があげられる。ブラジは、「チェッキング・ヴァリュー」（1977 Am.B.F.Res.J.964（1977））という大論文で著名である。言論制限の根拠をどこに求めるかについて論じた雄大な作品である。ほかにもいくつか表現の自由に関する論文を発表しているが、最近ミシガンから、コロンビアの市民的自由講座の教授になった。ふさわしい地位といえるであろう。

ミシガンにはブラジと好一対のボリンジャーがいる。まだ若いが、一九八六年『寛容な社会』（The Tolerant Society）という本を出して話題になった。ナチの強制収容所にいた人々を含むユダヤ系の人々の多く住むスコキー村（イリノイ州）で、アメリカ・ナチ党がデモをしようとしたのを、認めるべきか否かが問題になった事件（432 U.S.43（1977））を中心にして、「極端な言論」（extreme speech）が社会において持つ意味を検討した本である。まだこの本を読んでいないが、かつての同僚ブラジ教授の書評（87Col.L.Rev.387（1987））が、実に見事に内容を紹介している。三〇頁に及ぶ書評で、先輩ブラジが、自分の本であるかのごとく知りつくした内容を、ことこまかに紹介している。ここまで同情的、協働的で書評になるかと思われるが、ブラジは、ボリンジャーとの考え方の違いをはっきり論じている。美しい友情から生まれた学問的研究といえよう。

ユードフ教授『政府が言明するとき』（一九八三）は、政府の広報活動を扱うユニークなものである。政府のなすPR活動、図書館の本の選定など、政府を言論主体として把握することは、これまであまりなかったが、政府が積極的にPR活動をつづける今日、重要な問題である。欺瞞的商法に関する消費者への警告において、企業名を出すべきかという問題に関しても有益なものである。

このほか、レーディシュが『表現の自由』（一九八四）、シャウアーが『自由な言論』（一九八二）を出しているし、G・ストーンが、内容による規制に関する論文をいくつも書いている（最新のものとして、54 U.ChicagoL.Rev.46（1987））。言論、表現に関しては、わいせつ取締りをめぐる問題がある。表現手段がますます多様化し、内容が大胆になるとともに、規制が問題になり、数多くの判決がなされ、多くの論文が書かれてきた。また、コマーシャル・スピーチに関しても多くの論文が書かれ、はげしい議論がなされたし、名誉毀損、プライバシーも憲法上の問題として論じられている。

第三に、生命、家族をめぐるプライバシーに関する分野である。この分野はもっとも新しく、七〇年代に入ってからのことである。一九七二年にフロイント教授が、これからの憲法問題は、生命をめぐるものが中心になるだろうと話されたのを思いおこす。一九七三年のアボーションに関するロー判決以後の一連の判決、同棲、親子など、「家族の崩壊」に関して、ファミリー・プライバシーが論じられている。わたくしも、いくつかを紹介した（『私事と自己決定』日本評論社、一九八七）。

この分野では、何といってもトライブ教授の業績を上げるべきであろう。わたくし自身アボーション判決が出たとき、トライブ教授のクラスに出ていたので、論文を読むたび、機関銃のように早口の教授を思いおこす。名著とされる大きな大系『アメリカ憲法』（一九七八）をはじめ、まことに精力的に活躍されている。

アボーションといえば、イーリ教授をあげるべきであろう。イーリ教授は、ロー判決を厳しく批判し、それをもとにして『デモクラシーと不信』（一九八〇）という司法審査に関する著作を出版した。その問題提起の鋭さにより、広く読まれ、多くの憲法クラスで用いられている。

このように、今日注目される問題のほとんどが憲法に関連しており、わたくし自身も、いくつか興味のある問題を勉強しているうちに、憲法の分野に入りこんでしまったという感じである。すぐれた学者がやや憲法に集中しているというだけで、契約法とか不法行為法といった伝統的な分野に、優秀な人がいなくなったというわけではない。二〇〇〇年の憲法を生かすべく憲法学者のいっそうの活躍を、はるか海をへだてて祈りたい。

〔付　記〕

US憲法制定から二〇〇年の機会にアメリカ憲法の歩みと憲法学と憲法学者の活躍について触れた。以前憲法学者はそれほど目立った存在ではなかったが、近時は憲法訴訟が多くなり、華やかな活躍をしている。

19　二人の州裁判所判事　トレイナーとシェーファー

（一九八八年）

一　連邦裁判所と州裁判所

中央集権化されている日本の裁判所と異なって、アメリカの裁判所は、連邦と州の二本立になっている。各州が独自の裁判所制度をもっているほか、各州に連邦の裁判所が存在している。州の裁判所は組織、裁判官の資格など、州によって異なり、中間上訴裁判所がおかれている州とおかれていない州、さらには第一審裁判所を、Supreme Court と呼ぶ州（ニューヨーク）といったように、文字通り、州の自治の特色があらわれている。

これに対して、連邦の裁判所制度は、日本と似ていて、各州に一ないし四つの地方裁判所があり、いくつかの州をまとめて、一二の巡回区（サーキット〔ほかにフェデラル・サーキットがある〕）が構成され、ここに控訴裁判所がおかれ、その上に、最高裁判所がおかれている。

こうした複雑な裁判制度になっているために、ある事件をどこの裁判所にもっていくかという管轄（jurisdiction）の問題がきわめて重要で、連邦の裁判管轄についての科目はロー・スクールにおける必須の科目になっているくらいである。

州と連邦のいずれが重要かといったことは本来問題にならないが、一般には連邦の裁判が注目を浴びることが多い。日本でも、アメリカの判例といえばほとんどが、連邦の裁判である。しかし、両者は分業のかたちをとっていて、私法や刑法は一般に、州のコモンロー（判例法）の問題であり、連邦法のレベルの問題は少ない。

ただ、厄介なのは、連邦裁判所では、連邦法が、州裁判所では州法だけが問題になるわけではないことである。連邦裁判所で州法が問題になることもある。つまり、裁判管轄がどこかの問題のほかに、当該事件に適用される法が何であるかが、問題になる。複数の適用可能な法のうち、いずれを適用すべきかは、抵触性（Conficts of Law）の問題（日本でいう国際私法）として、これまた、ローヤーにとって不可欠の法領域になっている。

裁判官は、州裁判官は州知事により、連邦裁判官は大統領により指名される。州では選挙になっているところ、任期のあるところもある。約七〇〇人の連邦裁判官には、任期はないが、七〇歳をこえると、シニア裁判官として裁判をする負担が軽減され、引退しなくても、別の裁判官が任命される。

裁判官も、連邦裁判官の方が、州裁判官より著名であり、とくに連邦最高裁の裁判官は、これまで一九九〇年まで一〇三人しかいないだけあって（追記　二〇一〇年に一一二番目のケイガン裁判官が誕生した）、とりわけ知名度が高い。また控訴院の裁判官も、とくに、ＤＣ（ウォシントン特別区）巡回区や第二巡回区などの裁判官は著名な人々が多い。最高裁判事も、巡回区の裁判官とくに最近はＤＣ巡回区から任命されることが多い。たとえば、前の長官バーガー、その退官のあと任命されたスカリーア裁判官は、ＤＣ巡回区からの任命であり、また一九八七年レーガン大統領が指名したが、相次いで失敗におわったボーク、ギンスバーグの両裁判官もＤＣ巡回区であった。

第二巡回区は、ニューヨーク州、コネティカット州などを含むため格式が高く、Ｌ・ハンド、Ｃ・クラーク、Ｊ・フランク、Ｈ・フレンドリーといったすぐれた裁判官がいた。なかでも、Ｌ・ハンド裁判官は、最も高い評価を受け、いずれは最高裁判事になるべき人であるとされていたが、ついにそのチャンスに恵まれなかった。「何故ハンド裁判官は最高裁判事に任命されなかったか」という論文があるほどである。

二　トレイナー裁判官

こうした連邦の裁判官と比較すると、州の裁判官は目立たない。『アメリカ法の歴史』第二版（一九八五）で、L・フリードマン教授は、連邦裁判制度が、ますます役割と活力を増しているのに、州の裁判所や裁判官は、権限を失っていると指摘したあと（六八八頁）、州裁判官で、多大の名声をかちえた者は少ないが、例外としてカードウゾ裁判官と、トレイナー裁判官をあげている。

キャリフォルニア州最高裁判所裁判官をつとめたトレイナーは「一九五〇～六〇年代においてもっとも大きな名声をえた人であろう」とする。一九八三年、八三歳で亡くなったトレイナー判事は、たしかにキャリフォルニア州法の発展に多大な寄与をしただけでなく、アメリカ法の発展に大きな影響を与えた裁判官といってよい（追悼号 71 Cal. L. Rev. 1037（1983））。

トレイナー判事は、判決だけでなく、ロー・レビューに発表したあまたの珠玉論文があり、また、ロー・スクールの教授としても活躍した。一九八七年、トレイナー判事ゆかりのヘイスティング・ロー・スクール（サンフランシスコ）から、ヘイスティング・ロー・ジャーナルの別冊のかたちで、トレイナー・リーダー（The Traynor Reader）が出版され、これを入手できたので、トレイナー裁判官について紹介したい。

R・J・トレイナーは、一九〇〇年ユタ州に生まれ、キャリフォルニア大学に学び、ストレートAに近い成績でBA（学士）を得たあと、政治学を教え、キャリフォルニア・ロー・レビューの編集主任をしながら「合衆国憲法の修正——歴史的・法的分析」という論文でPhD（哲学博士）と法学士JDを同時に得るという離れわざをしている。一九三〇年から母校の教授として、主として税法を中心に研究と教育に専心した。一九二六年以来キャリフォルニア・ロー・レビューには、トレイナーの筆になる税法関係の論文やコメントが、二〇編近く載っている。

一九四〇年七月、当時のオルスン州知事はM・レイディン教授を、空席の最高裁判事に指名した。レイディン教授（一八八〇～一九五〇）は、長くキャリフォルニア大バークレー・ロー・スクール（ボールト・ホールと呼ぶ。当時、キャリフォルニア大のロー・スクールはバークレーにしかなかった）で、法理学を中心に教え、一〇冊余の書物も書いていた。しかし、当時州の司法長官をしていたアール・ウォーレン（後の連邦最高裁長官（一九五三～六九））が、資格委員会においてレイディンには司法の経験がないという理由でレイディン反対の決定的な反対票を投じたため、裁判所の経験がない、すぐれた教授というので、急拠四〇歳のトレイナーが指名され、ここにトレイナー裁判官が誕生した。以後、一九六四年ロー・スクールのクラスメートで同時に法曹界入りしたブラウン知事により長官に任命（昇任）され、一九七〇年に引退するまで、三〇年間、キャリフォルニア州法の発展に尽くし、キャリフォルニアにトレイナー判事ありの名声をほしいままにした。

トレイナー判事の、裁判上の見解については、これまでにも、何度もロー・レビューの特集で検討されている（13 Stann. L. Rev. 717（1961）53 Cal. L. Rev. 5（1965）. 44 S. Call. L. Rev. 876（1971））。とくに、在職二五年を記念するキャリフォルニア・ロー・レビューでは、司法過程、民事訴訟、法の衝突、家族法、税法、不法行為といった分野に分けて、トレイナー判事の見解が検討されている。

三　製造物責任法

わたくしの関心からは、不法行為に関するトレイナー判事の見解がもっとも注目される。なかでも有名なのは、製造物責任の法理を明確にした、エスコラ対コカコーラ事件である（24 Cal. 2d. 453（1944））。ウェイトレスが、ビン入りのコカコーラをケースから冷蔵庫に入れようとした際、ビンが爆発して、手をけがしたので、ボトリング会社を相手に損害賠償を求めた事件である。

会社側は、炭酸飲料をビンにつめるために気密構造を使っていたが、十分なテストをしたうえであり、これまでにほとんどの失敗はなかったと証言した。

キャリフォルニア州最高裁判所は、異常のあるビンは、合理的で実際的なテストによって発見できるとし、「事実そのものが物語る」という法理により、過失の推定をすることができるとして、原告の請求に根拠があるとした。古の判決においてトレイナー判事は、次のような同意見をのべた。

「私は結論に同意するが、製造者の過失は、本件のような事件において原告の被害回復の権利の基礎としては、もはやとり出されるべきではないと信ずる。私の意見では、製造者が検査されることなく使われることを知りながら市場に出した商品が、人間に損害を与える欠陥を有するときは、製造者には絶対的な責任が生ずることが認められるべきである。マクファースン対ビュイック事件は、本裁判所によっても認められている次の原則をうち立てた。すなわち、契約関係（privity）の有無と無関係に、製造者は、欠陥のある商品と法的な接触するにいたった、何人に対しても生じた損害について責任がある。

これらの事件においては製造者の責任の基礎は、製造過程における過失か、他から供給された部品の検査の過失によるものであった。しかし、過失がなくても、パブリック・ポリシーは、次のことを要求する。すなわち、市場に出る欠陥のある商品に内在する、生命と健康への危害をもっとも効果的に減少させうる場合には責任が認められるべきであるということである。製造者は一般の人々にはできないことだが、危害のいくつかを予期することができ、他の危害については、おきることに備えることができることは明らかである。欠陥商品により損害を蒙る者は、その結果に対処する用意はできていない。損害の費用と、時間と健康のロスは、傷害を受けた者には圧倒されうるような不幸であり、不必要なものである。何となれば、損害の危険は、製造者が保険に付することができ、ビジネスのコストとして、公衆の間に分配することができるからである。公衆に脅威となるような欠陥のある商品を市場に出すことをディスカレッジすることは公共の利益に合致する。そうした製造物が、それにもかかわらず市場に出たとすれば、それらのもたらすいかなる損害であれ、その賠償責任をたとえ製造物の製造にあたり過失がないとしても、市場に出したことに責任があるが故に製造者に課することは公共の利益のためになる。そうした損害がいかに間けつ的にしかおきないにしろ、いかに偶発的におきるものであれ、その発生の危険は、恒常的なリスクであり、一般的なものである。そうした危険に対しては、一般的で恒常的な保護があるべきであり、製造者は、そうした保護の提供にもっとも適した立場にある」。

この考え方は、何故欠陥が生じたか、ではなく、商品に不可避的に伴う欠陥については、それが発見・防止できたか否かと関連なく、製造者に責任ありとすべきであるとしたのである。この考え方は、ほぼ二〇年後、不法行為法の大家プロッサー（当時キャリフォルニア大バークレー・ロー・スクール教授（一八九八〜一九七二））の有名な論文「城砦への攻撃」（69 Yale L. J. 1099（1960））の強力な支持を得た。そして一九六三年のグリーンマン対ユーバ製造会社（59 Cal. 2d. 57（1963））において、トレイナー判事は、全員一致の意見において、この法理を展開した。

ユーバ社の製造した動力具を、広告文を読んで購入した原告が、注意書を読んだうえで旋盤として使用している間に、木片がとび前頭部をけがしたので、明示または黙示の保証違反とネグリジェンスを理由として、ユーバ社を訴えた。

原告勝訴の陪審判断を支持し、トレイナー判事は、エスコラ事件の意見を引用し「製造者は、市場に出した商品が欠陥の検査なしに使用されることを知りながら、人間に損害を与えるような欠陥を有することが証明されれば、不法行為法上厳格に責任がある」とのべた。

翌年、新しいフォードのブレーキ故障をめぐるヴァンダーマーク事件において（61 Cal. 2d. 256（1964））トレイナー判事は、三たび製造物責任の考え方を展開し、全員一致の意見を書いた。

キャリフォルニア州法で展開された製造物責任法はプロダクツ・ライアビリティとして、リステイトメント四〇二Aに結実し、各州の判例法で採用されほぼ全米における法として確立するにいたった。

今日では、やや行き過ぎとも思われる観もあるプロダクツ・ライアビリティは、このようにして、トレイナー判事の偉大な貢献によって生成した法理といってよい。

このあとも、キャリフォルニア州法が、ニューヨーク州と並んで、他の州法をリードし、コモンローの発展に大きな役割を果たすもので、トレイナー判事の与えたドライブ（動因）に帰せられてよい。

トレイナー判事の功績は、不法行為法の領域に限らない。たとえば、衝突法の領域においては、それまで支配的であった不法行為は不法行為地法により、契約は、契約のなされた場所の法によるとする考え方を捨てさり、関連する州の諸利益を比較、評価する利益分析におきかえた。この考え方はその後アメリカで、きわめて広く採用されるにいたったものであるが、トレイナー判事の与えたインパクトによるものであるとされている。

トレイナーは、教授時代から、亡くなる直前まで、一〇〇以上の論文を発表している。講演原稿も多いせいか概して短い（二〇頁内外）が、むだのない、おどろくほどの内容豊富なものばかりである。わたくしも、以前からいくつかをコピーしてファイルにまとめ、トレイナー論文集ともいうべきものをつくっていたが、右に紹介したトレイナー・リーダーには、そのいくつかが収録されているほか、これまで入手できなかった論文も収録されている。

とくに、よく引用されるのは「マジック・ワードでは正義を行えない」（**49 Cal. L. Rev. 615**（**1961**））、「欠陥商品と厳格責任の手法と意味」（**32 Tenn. L. Rev. 363**（**1965**））、**La Rude Vita, La Dolce Giustizia**（苛酷な現実と優雅な法）（**29. U. Chicago. L. Rev. 223**（**1961**））などであり、くりかえして読むに値する、示唆多く、含蓄の深い論文といえよう。

トレイナー判事については、ヴァージニア・ロー・スクールのJ・E・ホワイト教授が、『アメリカの司法の伝統』（一九七六）と『アメリカの不法行為法』（一九八〇）で、それぞれ二五頁、四〇頁をあてて、トレイナー判事の考え方を分析している。これによってもわかるが、「教授の裁判官」「裁判官の裁判官」といういい方も決して過言ではない。

四　シェーファー裁判官

トレイナー判事と並んで、州裁判所のベスト・ジャスティスにあげられる人として、イリノイ州の最高裁判所判事を二五年間勤めたW・シェーファー（一九〇四〜八六）がいる。トレイナー判事ほど、広く知られていないが、七五歳を記念とする特集（74 Nw. U. L. Rev. 677 (1979)）と、一九八六年になくなった時の追悼号（80 Nw. U. L. Rev. 1141 (1986)）によると、並び称されるトレイナー判事と種々の面で異なるものの、偉大な裁判官であり教育者、法律家であったことが知られる。

一九〇四年ミシガン州に生まれ、早く父をなくしたが、シカゴ大学に学び、一九二八年イリノイ州で法律家になった。その直後の大恐慌の下で、シカゴで弁護士をするかたわら、イリノイ州の民事実務法（Civil Practice Act 1934）の準備に尽力し、一九三四年からニューディール下のウォシントンで働いたあと、一九四〇年シカゴ大学と並ぶイリノイ州の名門のノースウェスターン・ロー・スクールの教授となり、証拠法、民事訴訟、連邦手続法、税法、代理、憲法などを教えた。この間もイリノイ州政府の仕事をしたが、一九五一年A・スティヴンスン知事（一九五二、五六年民主党の大統領候補）はイリノイ州最高裁判所の空席ができたとき、即座に迷うことなくシェーファーを任命した。シェーファー判事は二度再選されたあと、一九七六年に引退するまで、裁判官をつとめた。

このあと再び実務とノースウェスターンにもどり、各地で講演などをした。

シェーファー判事は、右の二つの特集を読んでもわかるが、トレイナー判事の場合と異なり、下した判決がほとんど引用されていない。右にもみたように、シェーファー判事が、主として民事訴訟を中心に活動したことによるものであろう。しかし、三冊の著書と、三〇編近い論文（74 Nw. U. L. Rev. 708（1979））のテーマは、「被疑者と社会」（ノースウェスターン大学のローゼンソール記念講演、一九六七）、「警察の尋問と自己負罪特権」といったように刑事法の分野にまで及んでいる。

特に注目されるのは、判例法の機能に関するものであろう。なかでも、「先例とポリシー」（シカゴ大学のE・フロイント記念講演（34 U. Chikago L. Rev. 3（1966））とか「判例の非遡及的変更」（（Prospective Overruling）42 N. Y. U. L. Rev. 631（1967））などは、しばしば引用される古典的なものである。わたくしが、シェーファーの名を知ったのも、「先例とポリシー」の論文によってであり、判例とポリシー・メイキングについて、かくも深い考察があることに感銘し、このイリノイ州の裁判官は、どんな人だろうかと思い、それ以来関心を持ってきた。

興味深いのは、トレイナー判事とシェーファー判事が互いに深い敬意を抱いていたことである。シェーファー判事は、トレイナー判事特集号に、「トレイナー判事と司法過程」という論文を書いている。トレイナー判事も、シェーファー判事七五歳記念号に、敬意に満ちた文章を寄せている。二人はかなり対照的な面をもつが、深い相互理解があったものであろう。

五　州裁判官の重要性

連邦裁判所やその判決がとかく注目を浴びるが、連邦の裁判権は、限られたものであり、日本の感覚でいう裁判所は、州の裁判所制度に近い。連邦の裁判管轄権は、連邦憲法、連邦制定法、州間の問題に関するものが主要なものである。そのためわが国にもよく紹介される基本的人権に関連する訴訟は、連邦最高裁による判決が下されることが多く、六月に閉廷した一九八七年一〇月期にも、いくつか重要な判決がある。

これに対して、州の裁判所には、民事にしろ刑事にしろ、もっと一般的な事件が扱われ、それらは法制度の基本をなすものであり、より重要な意味をもつ。

ニューヨーク州控訴院（最高裁判所にあたる）の裁判官（最後の六年は長官）であったガードウゾ判事が、三〇年近く勤めたあと、九〇歳で引退したホームズ判事の後任として指名されたとき「新しい仕事（連邦最高裁）の有用さの方が大きいかどうか、わたしにはわからない。多分、わたくしがこれまでいたところ（ニューヨーク州裁判所）の方が、より大きな機会があった。」とのべたというが、このことばは、州裁判所、とりわけニューヨーク州のようなビック・ステイトの裁判所の裁判官によるものだけに正鵠を得ているといえよう。もちろんカードウゾ裁判官は、ニューディール期の連邦最高裁において、顕著な活躍をしたが、わずか六年の任務であったためか、それほど目立つものではない。カードウゾ判事といえば、珠玉のような数冊の著書と並んで、ニューヨーク州の裁判官としてなした判決（たとえば、製造物責任に関するマクファースン事件（一九一六年）、損害賠償の因果関係についてのポルスグラフ事件（一九二八年））を思いうかべる。カードウゾ判事の前任者のホームズ判事も、六一歳で連邦最高裁判事に任命されるまでは、二〇年間マサチュセッツ州の最高裁判所の裁判官（最後は長官）であった。また、アメリカ法といえば、ストーリー（一七七九～一八四五）と並んで、必ずひきあいに出されるJ・ケント（一七六三～一八四七）もニューヨーク州の裁判官であった。

右にあげた裁判官は、いずれもスーパージャッジともいえる人々であるから、州であるか連邦かを問わないかも知れない。一九世紀に比べ、連邦政府の役割が格段に大きくなっているとはいうものの、基本的な法のつくり手（law-maker）としての、州裁判所と裁判官の活動にも注目が払われるべきであろう。

〔付　記〕

連邦の裁判所、裁判官と比べるとあまり顧みられることがない州裁判所の重要性を、二人の著名な裁判官を中心にまとめた。州レベルの司法が維持できている。

20 法の世界の女性

（一九八九年）

一　法を学ぶ女性

法の世界への女性の進出が目立ってきている。大学の法学部では、女性の比率が多いところでは半分近く、少ないところでも一割になっているという。

司法試験の合格者も、このところ着実に女性の合格者が増えている。二年間の司法修習後も、弁護士だけでなく、裁判官に一〇名近く、一九八九年には五人が検事に任官したことがニュースとして報じられた。

これまで、女性は法の世界において極端に過少代表（underrepresent）であったから、当然のことであり、もっと増えてしかるべきであろう。男女半々というのが fair-representation なのかどうかは問題になろうが、弁護士でいえば、七六〇名（一九八九年四月一五日現在、一万三八九一名の五・五％）の数倍いてもおかしくはない。

かつては、法律は女性の仕事とは考えられなかった。

一世紀以上前、アメリカ最高裁のブラッドリ裁判官は、イリノイ州の法曹界への入会を拒否されたことを不当であるとするM・ブラドウェルの主張を、つぎのようにのべて斥けている。

「男は、女の保護者、弁護者であり、またそうあるべきである。女性特有の、もって生まれた臆病さと繊細さは、明らかに、市民生活の職業の多くに適していない。神の秩序に基礎をおく家族構成は、事実の本性と相まって、家庭の領域は、女性の分野であり女性の役割に属することを示している。家族制度に関する利害と考え方の、同一性といわないまでも調和は、女性が夫とは別の独立したキャリアを持つという考え方と矛盾する。……女性の至高の運命と使命は、妻と母という高貴で恵み深い役割を果すことである。これこそが創造者がつくられた法なのである」(83 U.S. 130, 139. (1873))

要するに、家庭を守るのが女性のつとめであるから、男の仕事である法実務はするべきではないというものである。性による役割分化の考え方の典型であるが、わが国では、現在こういう考え方がまったく聞かれなくなったとはいえない。本音として、どこででも耳にしそうである。

ともあれ、日本でも、そしてアメリカではより一層法曹界への女性進出はめざましい。ロー・スクールでは、三分の一から二分の一が女性である。手元の数字では、一九八七年にイリノイ州の九つのロー・スクールに入学した者のうち、ロヨラ大学では女性が五〇%、二つの名門ロー・スクール、シカゴ大学では四〇%、ノース・ウエスタン大学も四七%をしめていて、最低でも三三%（北イリノイ大）である。

アメリカでは弁護士の数は七〇万人（一九八七年）ともいわれ過剰気味であるが、女性にとっては、依然として魅力ある職業ということであろう。たしかに法律家は、女性にとって働きやすい職業である。会社や役所勤めと比較して時間的な制約や差別的扱いも少ないし、一年単位で仕事を休むことができるから、結婚・育児とも両立させやすい。もともと、家事・育児は、女性がしなければならないことではないが、現状では、どうしても女性の側の負担になることを考えた場合の話である。

二　ロー・スクールの女性教授

学生だけでなく、ロー・スクールの教授陣にも女性が増えている。一九六〇年代後半以前には、女性教授がどれくらいいたかは不明で、いたとしてもごく少数であったとされる（Weisberg 30 J. Leg Ed. 226 (1979)）。今日も著名なのは、シカゴ大学のソイア・メンチコフで、後にマイアミ大学のディーンになった。UCC（統一商法典）とリアリズム法学で有名なルウェリンの夫人であったが、ルウェリン夫人としてではなく、商法のメンチコフ教授として今日も参照される業績を残している。

しかし、一九六〇年代後半から、ウーマン・リブ、女性の社会進出の風潮の中で、女性教授が増加し、今日では、トップクラスのロー・スクールをはじめ、ファカルティに女性のいないところはないといってよい。たとえば、ハーバードには、教授が五名、助教授が一名いる。八年間ディーンを勤めたヴォレンバーグ教授のマイノリティを増やすという努力の結果であるが、それでも全体のほぼ一割でしかない。イェール・ロー・スクールにも、教授が二名、助教授が三名いる。二人の教授はいずれも、格式高い名前つきのチェア・プロフェッサーである。コロンビアは、女性ディーンのブラック教授をはじめ四名いる。もっとも女性の比率の高いのは、ニューヨーク・ロー・スクールで、六〇人中一〇人近くいるという（Weisberg 230）。

女性の教授は、卒業したロー・スクールで教えるケースが多いことが指摘されている。アメリカでは、教授陣を、卒業生だけで固める（inbred（近親交配）という）といったことは、ハーバードやイェールですらみられないが、女性の場合には、その傾向があるという（Fossum 1980 A. B. F. Res. J. 903（1980））。女性は比較的働きにくいことによるという。しかし、最近では、女性教授も、かなり流動性が高くなっていて、実力ゆえによそに引き抜かれるケースも増えている。

女性の教師の特色は、テニュア（終身的地位）のある者が少ないことである。やや古い七〇年代の統計では、テニュアのある教授中に女性の占める割合は、一九七九年で一〇・五％（五一六人）にすぎない。それでも、一九七〇年の二・二％（六六人）と比べると、急増している（Epstein : Women in Law（1981））。

女性教授のもう一つの共通点は、その専門科目であり、家族法、女性問題、差別を研究し、教えている人が圧倒的に多いことが指摘されている。

キャリフォルニア（バークレー）のＨ・ケイ教授、ハーバードのＭ・グレンドン教授は、家族法の代表的学者としてあげられる。ケイ教授は、家族法の研究のほか性差別についてのユニークなケースブックを編集しているし、グレンドン教授は、比較法の大家ラインシュタイン教授の愛弟子だけであって、比較法的視野に立つ著書をすでに三冊も公けにしている。単に家族法にとどまらず、ロー・スクールの一年生の必修科目の一つであるプロパティ（物権法にあたる）も教えており、賃貸借法に関するすぐれた論文も書いている。女性のロー・スクール教授のトップクラスといえようし、一九八四年にハーバードに招かれたのも当然といえる実力の持主である。

性差別論では、Ｂ・バブコック（スタンフォード）、Ｓ・ロー（ニューヨーク大学）、Ａ・フリードマン（ラトガース大学）のほか、ラディカルなフェミニストとしＣ・マッキノン教授をあげなければならない。一九七九年に『セクシュアル・ハラスメント』を著して、職場における女性へのいやがらせを、性差別の問題として論じた。それが一九八六年の最高裁判決（477 U.S. 57（1986））でとり上げられたのは、マッキノン教授の功績といえよう。一九八七年には『無修正のフェミニズム』という題で、これまでの論文をまとめて発表し、性差別論に大きな反響を呼んでいる（すぐれた書評としてSun stein 101 Harv. L. Rev. 826（1988））。

家族法や性差別論において、女性教授が活躍しているのは、ある意味では当然のことである。つまり、家族法や性差別論においては、男性では気づかない、女性にしか見えない問題点があり、そういった点をとり上げて、女性の抑圧差別、不平等を衝くもので、男女平等論に大きな貢献をしたものといえる。

しかし、女性教授はすべて、家族法や平等論をしているわけではない。コロンビアのディーンのブラック教授は、アメリカ法史が専門であり、法史学会の会長でもある。また、Ｊ・レスニック（サザン・キャリフォルニア大学）、Ｌ・ブリルメイア（イェール）は民訴法の分野で注目すべき論文を発表している。ローズ＝アッカーマン教授（イェール）は、法と経済研究における指導的な学者であり、Ｄ・ロード（スタンフォード）は、アメリカの法曹についてのユニークな研究を続々と発表している。

研究だけではなく、行政面でも女性教授の活躍はめざましい。ディーンは、学部長というよりもロー・スクールの学長といってよいほど、重要なポストであるが、前述のコロンビアのブラックをはじめ、ＵＣＬＡのプラーガー、デューク大学のガンなど女性ディーンはもう珍しくない。かつては、ロー・スクールの女性スタッフといえば、学部長補佐やライブラリアンであったが、今やロー・スクールのトップに立つにいたっている。

三　シャーリー・マクレーンの損害

家族法や性差別論においては女性の視点が重要であるが、性別とは無関係と思われるような契約法においても、性差別が見られることをＭ・フルーグ教授（ノース・イースタン大学）が鋭く指摘している（34. Am. U. L. Rev. 1065（1985））。「契約を再読して——契約法ケースブックのフェミニスト的分析」と題する論文において、フルーグ教授は、広く使われているドウスン・ハーヴェイ・ヘンダースン編の『契約法』のケースブック（第四版一九八二年）を俎上にのせ、契約法において、性（gender）についての考え方が及ぼす影響を判例をあげて論じている。

その一つは、パーカー対二〇世紀フォックス事件（83 Cal Rptr. 737（1970））で、女優のシャーリー・マクレーンが、出演することになっていた二〇世紀フォックス社のミュージカル「ブルーマー・ガール」の企画がとりやめになったことによる損害を求めた事件である。一九六六年にシャーリーは、フォックス社と七五万ドルの契約金で、「ブルーマー・ガール」に出演することになっていた。ところが、フォックス社は、その契約を取消して、代わりにウェスタン風の「ビックカントリー、ビックマン」という映画の主役の座を提供してきた。しかしシャーリーは、これを拒否し、契約違反を理由として、損害を求める訴えを提起した。会社側は、シャーリーは、代わりに提供された映画に出て、損害を減少する義務があるとして争った。

この主張は、損害減少（mitigation of damages）ルールとして知られる契約法のルールで、契約法のリステイトメント（第二版）三五〇条にも「損害を受けた者が、危険、負担、屈辱なく回避できたであろう損害は回復できない」とされている。

キャリフォルニア州の最高裁判所は、「被用者は、違いまたは劣った（different or inferior）種類の雇用を引き受けてまで損害を減らす必要はない」として、ロサンジェルスで撮影されるミュージカルと、オーストラリアで撮影されるウェスタン風の映画は、異なっているうえ、後者はより劣ったものであるとしてこれを拒否したシャーリーの言い分を認めた。

この判決の理解には、フェミニズムの視点が重要だと、フルーグ教授は論ずる。というのは、「ブルーマー・ガール」のブルーマーというのは、一八五〇年代のフェミニスト、女性選挙権者であり、奴隷廃止論者でもあり、ブルーマーの発行した『リリー』という雑誌は、女性により、女性のために発刊された最初の雑誌であり、今日ブルーマーという名で呼ばれているズボン（女子の体育用の半ズボン）を広めた人として知られている。したがって、ブルーマーの役はシャーリーにとって、個人的な重要性をもつものであり、代わりのウェスタン映画とは違った意味をもっていた。しかもウェスタン映画における女性は、ふつうカウボーイの英雄に従属的な役でしかない。

しかし、ケースブックの普通の読者は、ブルーマーのフェミニスト的テーマの意味について知らないまま「違いまたは劣った」という意味を自分なりに解するにすぎない。こうした二つの映画の意義がわかれば「違いまたは劣った」という基準が、雇用の場において適用される際の複雑さを推測できる。フェミニスト的態度と社会史についての知見によれば、「違いまたは劣った」という基準の適用にあたっての有用な指針を与えうるのである。

しかも、このケースブックの編者は、このパーカー事件のところに、パーカー（シャリー・マクレーン）の一頁大の写真をのせている。その写真たるや、契約法のケースブックには異例のもので、ローカットのカクテルドレスを着て、サンダルばきの足をくんで、ほおに手をあてた、セクシーなポーズのものである。十数頁前には、法服を着た大裁判官のホームズの写真があり、これではセクシーなドレスや靴が、女性にとって力の源であるといわんばかりであると、フルーグ教授は批判する。さらに、シャーリー・マクレーンは、長年にわたる政治的な活動主義者で、公民権運動、ヴェトナム反戦にも積極的であり民主党大会の代議員にもなり、そのことを何冊かのベストセラーになった自伝的な本に書いているのである。こうした扱いでは、せっかくのパーカー事件についてのキャリフォルニア最高裁の判決の意味だけでなく、契約損害に関する重要なルールを誤解するもとになるとしている。

わたくしも、パーカー事件についてある論文を読んで、興味深い事件だと考えていたが、フルーグの論文で、これが論じられているのを見つけて読みなおすとともに、ドウスンのケースブック（三版）を見てみた。たしかにシャーリー・マクレーンの写真がのっていた。このケースブックは以前パラパラと見たことはあるが、問題の写真がのっていることには気づかなかった。ケースブックに写真を入れるというのは異例であるし、こんな写真では型にはまった男性中心主義の見方といわれてもやむをえないと思う。

おそらく、こうした視点からチェックしていけば、これまでの法や法律学の、意識せざる女性差別的傾向が看取されるであろう。

四　女性裁判官

ロー・スクールの教授だけでなく、裁判官に任命される女性も増えている。一九七〇年から一九八〇年の間、女性裁判官の数は六％から一七％に増えている。

その象徴ともいうべきは、一九八一年にレーガン大統領により、合衆国連邦最高裁判事に任命されたＳ・オコーナーである。レーンクイスト裁判官（現在の長官）とスタンフォード・ロー・スクールの同窓生（一九五二年卒）であり、保守的であるとして、はじめて好みのレーガン大統領によって任命されたものである。

しかし、その前段階として、すでに州のレベルではノース・キャロライナ州のシャープ最高裁判所長官のほか、一九七七年R・バードがキャリフォルニア最高裁長官に任命されている。

バードは、ネバタ最高裁裁判官の最初の女性ロー・クラーク、スタンフォード・ロー・スクールで教えた最初の女性、キャリフォルニア州政府の最初の女性閣僚を経験したうえ、最初の最高裁長官になったのである。もっとも、バード長官は、死刑反対をはじめとする見解が不評判で、一九八六年にリコールされ、翌年退任している。

連邦裁判官としては、最も格式の高いとされるウォシントンDC巡回区の控訴裁判所の長官のP・ウォルドをあげるべきであろう。イェール出身で、早くからすぐれた力量を示していた法律家であり、一九七九年に裁判官に任命され、一九八六年に長官になったが、当然の任命といえよう。また一九六八年にジョンスン大統領により、第九巡回区裁判官に任命されたS・フーフステテラーも、当時九七名の控訴裁判所裁判官の唯一の女性であり、控訴裁判所裁判官としては史上二人目であった（前掲 Epstein 240）が、カーター大統領により教育長官に任命された。

現在、ウォシントンDC巡回区には、もう一人R・ギンスバーク裁判官がいる。以前コロンビア・ロー・スクールの教授をしていて、先述のバブコック教授らとの先駆的な性差別に関するケースブックの編者であった。一九八〇年九月、女性裁判官の数を飛躍的に増大させたカーター大統領は、ギンスバークを裁判官に任命したのである。その際、コロンビアには、夫のM・ギンスバーク教授もいたが夫人とともにウォシントン（ジョージタウン大学）に移り、一度に二人を失ったとコロンビアの先生が嘆いておられたのを思い出す。（追記　一九九四年連邦最高裁判事に任命された）

このほか、イェールの商法のE・ピータース教授も連邦地裁の裁判官に任命されている。

五　フェミニズム法学

これまでの男性本位の法律学を、フェミニスト的なものにすべきだという主張が唱えられ、前掲のマッキノンのほか、S・ローなどもその趣旨の論文を書いている。しかし、女性のための法律学とは何か、女性法律家は、その役割を果たしうるかといったことが問題になる（Karst: Woman's Constitution, 1984 Duke L. J. 447（1984）は、男性側からのきわめてセンシティブな法における女性の分析である）。

たしかに、家族法やとくに雇用の分野における性差別については、女性の視点が欠けており、それが必要とされていることはこれまでに十分に示されている。また、前述のような契約法のチェックも、重要といえる。

その際もっとも問題なのは、妊娠、出産をめぐる法的問題である。極端にいえば、妊娠・出産を経験できない男性が、こうした問題を論ずる資格があるかということになる。現に、男性の発言には重みも、同情もないという女性の意見がある。しかし、出産できない男性には関係のない問題、とまではいえないのであろう。

出産というよりも、出産するか否かの決定の問題、つまり妊娠中絶は、女性のプライバシー権として議論されているが、この決定の重みは、まさに男性にはわからない問題といえるかも知れない。アメリカでは、この問題をめぐる一九七三年のロー判決の見直しということで、一九八八年開廷期にも最高裁で審理中で、賛成の女性の権利派（プロ・チョイス）、反対のプロ・ライフ派も、はげしいデモンストレーションをしている。十数年間認められ定着してきた中絶が、再び非合法とされることはないであろうと予想されるが、それでも、何らかの制限が加えられる可能性もないとはいえない。

その際、最高裁の唯一の女性裁判官のオコーナーが、必ずしもアボーション賛成ではないことが注目される。これに対しては、女性裁判官としての役割自覚に欠けるというきびしい批判もある。女性だからアボーションに賛成しなければならないわけではないであろうが、唯一の女性であればこそ、女性の立場を代弁することが要請されているのではないであろうか。

やや一般化していえば、法の世界に女性が進出していく場合、女性としてはいかなる立場に立つべきかということである。すべては、憲法と法に従って判断すべきだとはいうものの、法的判断解釈には、立場や態度が直接・間接に反映する（Epstein の書評、Menkel-Meadow 1983 A. B. F. Res. J189（1983）参照）。したがって、あらゆる問題において女性の側に立つというのは、いくら女性でも、法的には許されないであろうが、男性には気づかない問題をほりおこし、女性に対する不平等を是正するというのであれば、まさに必要とされていることであるといえる。

わが国の問題について、ふれることはできなかったが、アメリカ合衆国の経験に学びつつ、女性を保護する法律の正当性をはじめとして女性の視点からの法の点検は、これからの課題といえよう。法の世界への女性の進出は、その意味でも大いに歓迎されるものといえよう。

〔付　記〕

アメリカでは一九八〇年代に、ロースクールの学生の半数を女性が占めるようになった。アメリカにおける女性法律家の活躍を紹介し、法の世界への女性法律家の進出により、法の世界がどのように変わっていくかを考えようとしたもの。

二〇一〇 july ABAJ によると、アメリカでは女性裁判官は州レベルで二六%、連邦レベルで二二%に達している、それだけでなく、一八州では裁判所の長官（Chief Justice）が女性であり、また州の最高裁判所の裁判官の割合が五〇%を越えているのが三州（Wis Mich Tenn）四〇%を越える州が一六州ある。連邦最高裁はケイガン判事が誕生し、ついに女性裁判官が三分の一になった。日本でも女性裁判官は二〇%近くを占めるようになったが、最高裁の二人以外、長官クラスのポストについていない。女性がこのように多くなることにより、どんな変化が生まれかは未だ明確ではないし、調査も進んでいないが、思いもよらないところに影響が出てくると思われる。

21　一〇〇年を迎えたハーバード・ロー・レビュー

（一九八七年）

一　一〇〇以上の Law Review

一八八七年に創刊されたハーバード・ロー・レビュー（以下ＨＬＲと略す）が、一九八六年一一月から一〇〇巻目に入った。アメリカン・ロー・レジスターが、一九〇八年ペンシルヴェニア・ロー・レビューと改名して、一三五巻を出しているのを別とすれば、一〇〇年目を迎えた最初のロー・レビューである。一〇〇巻目を迎えてもとくに祝賀号というわけでない。いつもとかわりなく、第一号は一九八五～六年開廷期の連邦最高裁判所判決を扱っている。

日本でも一九八三年に、法学協会雑誌（東京大学）が一〇〇年を迎え、ＨＬＲより三年早い。戦中戦後の一九四五～四七年にかけて、用紙不足と混乱のため、極端にうすく、三年分で一冊という状態なのが残念ではあるが一〇〇年というのは立派である（なお法学論叢（京都大学）は一二〇巻になるが、これは一年で二巻の発行）。もっと長命の法律雑誌は、ドイツのＡｃＰ（Archiev für civilistische Praxis）であろう。これは一九八七年に一八七巻になる。もっとも、これも途中中断があるが、便利なのは、西暦と巻数がピッタリあわせてある（1987→187.）ことである。

このほか、イギリスのロー・クォータリー・レビュー（ＬＱＲ）も一九八四年に一〇〇巻に達している。これは、名前の通り年四回刊で、モダン・ロー・レビュー（一九八七年現在五〇巻）とともにイギリス法学を代表する雑誌である。

アメリカのロー・レビューは、ロー・スクールの数だけあるといってもよく、数え方にもより、正確にはわからないが、一五〇位あると思う。わが国の図書館でも、そのうち半分位を見ることができる。なかでもＨＬＲは、もっとも普及しており、ロー・レビューあるところにＨＬＲありといってよいほどである。

わたくしも、とりわけアメリカで一年間勉強した時以来、すっかりロー・レビューのとりこになり、日本の法律雑誌よりよく読んでいるのではないかと思うほどである。どのロー・レビューはどこの大学にあるということも、主要なものはほぼおぼえてしまった。もう二〇年以上になる、ロー・レビューとのつきあいから、ベスト・テンを選ぶと次のようになる。順序はつけないが、ハーバード、イェール、コロンビア、キャリフォルニア、ミシガン、ペンシルヴェニア、シカゴ、ヴァージニア、ノースウェスタン、スタンフォードである。スタンフォードが戦後の発行、シカゴが五〇年ちょっとというほかは、すべてが七〇年以上の歴史をもっている。一九八七年現在イェールは九五巻、コロンビアは八七巻、ミシガンが八五巻と、一〇〇年に迫っている。

このほかに、ニューヨーク、ジョージタウン、アイオワ、ミネソタ、コーネル、テクサス、ＵＣＬＡ、ウィスコンシンなども加えたいが、これらも、戦後発刊のＵＣＬＡ以外は六〇年以上の歴史をもっている。

ロー・レビューの評価は、ロー・スクールそのものの評価にもつながるかも知れないが、右のリストは、わたくしのものであって、普遍性を要求したり、賛成を求めるつもりはない。

こうした、ロー・スクールの出すロー・レビューのほかに、特殊な領域――たとえば国際法、比較法、家族法、都市法、医事法、環境法、法と経済――の法律雑誌（ジャーナルと呼ばれる）がある。もっとも、こうした特殊法のものも編集発行は、ハーバード、イェール、シカゴ、キャリフォルニア、といったロー・スクールのことが多い。

このほかに、日本でいう学会誌のようなものが比較法や国際法以外ないのは、アメリカの特色といえよう。

また「法学セミナー」や「法学教室」といった、学生向けの雑誌はないといってよい。

したがって、たとえば、家族法やメディア法に関する論文が、どのロー・レビューに出るかわからず、一〇〇以上のロー・レビューを絶えず注意していなければならない。もっとも、リーガル・ピリオディカルの索引が出るので、これによればさがすのにそれほど苦労はない。

発行部数が年一回、雑誌に出ているが、主要なものは、次の通りである。もっとも多いのは、ハーバードで一万一〇〇〇、イェールが四五〇〇、コロンビア三八五〇、ミシガン三五〇〇、キャリフォルニアが二五〇〇といった数である（一九八七年現在）。もっとも、有料部数は、この八〜九割程度である。

発行回数は、もっとも多いのが年八回（ハーバード、コロンビア、イェール、ミシガンなど）で総頁数は約二〇〇〇頁というからすごい。年六回が多くペンシルヴェニア、ミネソタ、キャリフォルニア、スタンフォード、ノース・ウェスタン、ニューヨークなど、年四回がシカゴ、ピッツバーグ、イリノイなどである。

二　ロー・レビューの特色――学生の編集

こうしたロー・レビューの特色はいろいろある。まず、論文の寄稿者は、そのロー・スクールの教授だけではないことである。つまり、イェール・ロー・ジャーナルの寄稿者には、イェールの教授もいるが、大部分は、コロンビアであったり、キャリフォルニアであったりというわけである。そしてイェールの教授はシカゴに、シカゴの教授がミシガンにという具合である。

もっとも、これは論文（Article）と書評（Book Review）についてであって、その他の Note や Comment は、すべて、そのロー・スクールの学生の寄稿になるものである。

学生が寄稿し、学生が編集するというのが、ロー・レビューの最大の特色であろう。編集に携わるのは、ロー・スクールの成績優秀者から選ばれるというのが普通である。ハーバードでは、一年の成績優秀者四〇名ということにしていたが、現在ではこのほかに、応募者からも論文試験でとっているという。編集者は、ハーバードでは約八〇名で、中から編集長（President）が選ばれる。この編集長になった者は、一〇年、二〇年後には、ハーバード・ロー・スクールの教授になっている者が多い。（追記　オバマ大統領はアフリカ系ではじめての編集長（一九九〇年））

昔のロー・レビューをみると、編集長に、P・フロイントとか、サックス（元学部長）、ヴォレンバーグ（元学部長）、カウフマン、リープマンといった、ロー・スクールの錚々たる教授の名が見うけられる。

HLRの九〇巻（一九七六〜七年）の編集長には、はじめて女性のスーザン・エストリッチが選ばれ、話題になった。彼女は、輝やかしい経歴ののち母校の助教授として迎えられ、一九八六年教授に昇進した。一九八五年にも女性が編集長になっているから、もう珍しくはなくなった。イェールでも女性編集長（Editor in Chief）が生まれている。多いところでは、ロー・スクールの学生の三分の一が女性といわれるから当たり前のことかも知れない。

編集長でなくても、編集者に選ばれた者は、その後ロー・クラーク（裁判官付の調査官）とか、名のある法律事務所への道が約束されるといわれる（田中英夫『ハーヴァード・ロー・スクール』一二一頁、日評選書、一九八二年）。

それでは編集者の仕事は何か。ノートやコメントを自ら書くのは編集というより執筆であるが、これも重要な仕事である。ロー・レビューの論文は、依頼原稿より、非依頼原稿（unsolicited article）が多いようである。こんなものを書いたから掲載してくれないかというので原稿がたくさん送られてくる。それらを読んで、のせるに値するか否かを判断するのが編集スタッフの仕事の一つである。

不法行為の大家プロッサーの製造物責任に関する「城砦への攻撃」（Prosser: The Assault upon the Citadel 69 Yale L.J. 1099（1970））はアメリカにおける製造物責任法発展のきっかけをつくった有名な（保険会社からは不名誉な（infamous）といわれる）論文であり（本書三一四頁参照）、頻繁に引用されるが、この論文は、もとはHLRに送られたという。しかし、HLRの編集部は、この大家の論文に注が多すぎるという（奇妙な）理由で掲載を断わり、（プロッサーが編集に抵抗したらしい。62 Ind.L.J.2（1986））そのためイェール・ロー・ジャーナルに掲載されたのだという。HLR編集者の判断の誤りだったというべきであろう。

掲載がきまっても、そのままのせるわけではない。編集担当者が判例文献の引用注の点検、編集上の加筆のみならず書き替えまでするといわれる。

ヘンリー・ハート（一九〇四～六九。イギリスの有名な法哲学者Ｈ・Ｌ・Ａ・ハートとは別人）は、後にハーバードの教授になり、サックスといっしょにつくった謄写刷の「リーガル・プロセス」（一九九五年に出版された）や、連邦裁判管轄のケースブックの著者として有名であるが、一九二九年ＨＬＲの編集長であったときこんなエピソードがあったという（Freund 82 Harv. L.Rev. 1591（1969）による）。

フィラデルフィアの弁護士から送られてきた株主の新株引受権に関する論文をハート編集長は適切に論文構成すれば公刊に値すると判断し、その論文をバラバラにして（tear down）、構成し直し（build up）、形式上も内容も全く形を変えたものにして、著者に承諾を求めるため送り返した。これを手にした著者は、当時のパウンド学部長宛にハートはその職からはずすべきだという怒りの手紙を送った。しかし、ロー・レビューは、学部長の管轄にあるわけではなく、学部長といえども、ロー・レビューという主権を侵すわけにはいかなかった。その間に編集者と著者の間で手紙がかわされ著者も一つ一つ徐々に説得され、ついに著者は、再びパウンド学部長に宛てて、ハート氏は、ハーバード・ロー・スクールの教授に任命されるべきであるという手紙を書くにいたったというものである（この論文は43 Harv. L.Rev. 586（1930）にのっている）。ハート編集長は、フランクファータ教授のもとで一年間研究をし、ブランダイス裁判官のロー・クラークを経て、ハーバード・ロー・スクールにもどった。

ここまでいくと編集というのもずいぶん広い活動になる。たしかに、アメリカのエディターは、わが国より広い権限をもっているようである。

三　最多引用論文

こうして公刊されるおびただしい量の論文は、文字通り洪水のごとくであるが、中には、しばしば引用され、きわめて高い評価を得ている名論文ともいうべきものがある。もっとも多く引用された論文についての統計が出ている（73 Calif. L.Rev. 1540（1985））。引用回数は、必ずしも高い評価と結びつかないかも知れないが、少なくとも肯定的にしろ、否定的にしろ、話題になったものであるとはいえる。引用回数は、シェパードのロー・レビュー用索引（Shepard's Law Review Citation）という便利なものにより、集計できるのだそうである。論文といっても、最近四〇年つまり、一九四五年から一九八五年に公刊されたものに限られる。この制限をはずせば、おそらく、ウォーレン・ブランダイスの「プライバシーの権利」が一位を占めるであろう。

最多引用論文のトップは、ガンサーの一九七一年度最高裁判所への序説（86 Harv. L.Rev. 1（1972））、第二位はウエクスラーの「憲法の中立性原理」（73 Harv. L.Rev.1（1959））、第三位は、右にふれたプロッサーの「城砦への攻撃」（前掲）である。以下五〇位までのリストがのっている。五〇の論文をみていくと、たしかによく引用されているものばかりであり、半分近くはわたし自身も眼を通した（読んだとはいえないかもしれないが）ものである。そしてよく考えてみると、読んだもののうちこのリストに上っているものは、いい論文であったという記憶のあるものばかりである。分野としては、憲法のものが多いが、刑法、行政法、法理論といったようなものものっている。

五〇論文を掲載されたロー・レビューで分けるとハーバードが二一、イェールが一二と群を抜いていて、あとはコロンビア、スタンフォード、ペンシルヴェニア、ミネソタが各二といった数字になっている。著者でいうと、トップが、右にもふれたハートの四編、次いでプロッサー三編、カラブレイジ、イリー、マイクルマンらが二編といった数字になっている。

数字ばかりでは面白くないから、いくつかについてみておこう。

まず、一位のガンサーの論文。これは以前読んだことがあり、今度コピーをとり出して読んでみたが、たしかに見事な論文である。ウォーレン・コートからバーガー・コートに代わり、ブラックとハーランが抜けたあとの最高裁を、主として、平等保護関係の判決を検討して分析するもので、その論調は名人芸（masterful）というにふさわしいもので、今日でも立派に読む価値があると思う。ガンサー教授は、わたくしがハーバード・ロー・スクールにいた年、スタンフォードからのビジティング・プロフェッサーとして教えていた。この論文の発表される前であるが、大学院生を中心とする小さな研究会で、ガンサー教授がこの論文の平等保護のモデルについて話されたのに出席したことを思い出す。あまりよくわからなかったが、その後廊下で会ったときには会釈するようになった。ドイツ生まれでアメリカに移住した教授は、ハーバードを出て、スタンフォードの憲法トリオ（イリー、ブレスト）の一人として輝やかしい地位を占めている。L・ハンド判事の評伝（一九九四年に出版された）と、最高裁の歴史を執筆中のためか、論文の数は多くはないが、ランキング一位にふさわしいと思う。

次にハートであるが、連邦と州法の関係を論じたもののほか、「刑法の諸目的」という論文（23 Law & Cont. Prob. 401（1958））が二七位にのっている。この論文は、どこかで抜萃を読んでいいものだなと思っていたが、数年前全体を読んでびっくりした。まことに驚くべきインスパイアリングなものであった。四〇頁で長いものではないが、実に内容豊富であった。このリストにのっているのを見て、評価が間違っていなかったこともうれしかった。ある裁判官が、この論文を犯罪学の数冊の本と同じくらい illuminating だと評したとのことであるし、ハートの師フランクファータ裁判官は、この論文を読んで「この論文は、わたしによろこびと啓明を与えるだけでなく、思弁への刺戟はとどまることはないでしょう。わたくしは、あなたの与えてくれた叱咤（spanking）をしかるべく考えます」と書き送っている。偉大な師の偉大な弟子というべきであろう（Freund 82 Harv.L.Rev. 1597（1969）による）。

他に思い出深いのは、右にもふれたプロッサーで、右の論文のほか、プライバシーに関する有名な論文（48 Calif. L.Rev. 383（1960））がある（三四位）。これも古典と呼ぶにふさわしい論文で、読み返すたびに必ず何か新しい世界、深い含蓄を教えられるものである。

年代順でもっとも古いのは一九四七年のフランクファータ裁判官の「制定法解釈の諸考察」（47 Colum.L.Rev. 527（1947））でハート論文と同じ二七位である。これも、法的な思考というのは、ここまで深く、見事なものかを思い知らされる名編である。いろいろな本に転載されているのもまことに当然と思われるものである。

四　論文の評価

もう一つ、レフ「非良心性と法典」（115 U.Pa.L.Rev. 485（1967））が二四位になっている。これも契約法における非良心性に関して頻繁に引用されるもので、なるほどとは思うが、この論文について、ドウスン教授が、非良心性に関する silliest なものであると書いておられたのをみてびっくりしたことを思い出す（89 Harv. L.Rev. 1041（1976））。一九八一年にレフ教授が急死したとき、レフをイェールへ引っぱってきたピータース裁判官（当時教授）は、この論文が発表されると同時にレフ教授への勧誘の手紙を出し、他（ハーバードとシカゴ）に先んじて、イェールへ呼んだと書いていたからである（91 Yale L.J. 230（1981））。ピータース教授によれば「研究の独創性、分析の繊細さ、提示の優美さ」にあふれたレフ教授の出世作ともいうべき論文が、最もばかばかしいという酷評を受ける。いったいいずれが正しいのだろうかと思う。酷評をしたドウスン教授には、ハーバードへ行くたびにおめにかかっていただけに、生前一度、この意味をきいておきたかった。しかし、ドウスン教授も今はない。ついでながらこの論文五〇位のリストに、何故ドウスン論文がのらないのか不思議に思うが、研究領域がアメリカ法というより比較法のため理解されることが少なかったからかも知れない。不思議といえば、憲法の大家フロイント教授の論文がリストにあがっていないのも寂しい。

フロイント教授のものは、どんな短いものであれ、必ずウーンとなるようなところのあるものだけに残念である。おそらく、あまりの大家で、もはや本格的論文を書かれなくなったからかも知れない。コロンビアの大教授ゲルホーン教授の論文もないが、同じことかも知れない。

ロー・レビュー論文については、ベリングという人の編集した『グレート・アメリカン・ロー・レビュー』(1984)という本がある。これは、一九六五年までの論文から、greatestを二二編選んで、リプリントした本である。この本は、「裁判所による和解へのアプローチ」(58 Nw. U.L.Rev. 750 (1964))の著者クーンズ教授が滞日中、自分の論文がのっている本だがと見せてくださった。たまたまクーンズ教授の論文を読んでいたので、話ははずんだ。その後クーンズ論文を読み直してみたが、やはりいいもので、あまり知られていないが名論文だと思う。

この選集には、右の引用ベスト五〇とダブるものがいくつかある。ウエクスラー、ハート、フランクファータ、プロッサーなどである。両方でリストにのっているのは正真正銘の名論文といえるであろう。ガンサーのは一九七一年だからはずれたものであろう。この選集では、ホームズの「法の道程」(10 Harv. L.Rev. 457 (1898))や、ウォーレン＝ブランダイス・プライバシー(前掲)など一九世紀のものから、パウンド、ルウェリン、ホーフェルドなど法理学的なものが多くのっている。

注目されるのは、経済学者コース(シカゴ大学(追記　一九九一年のノーベル経済学賞受賞者))の「社会的費用の問題」(3 J.L & Econ. 1 (1960))が入っていることである。この論文は、カラブレイジの諸論文と並んで、法と経済ないし法の経済的分析の先鞭をつけたものである。

同じ試みとして、ハーバードやコロンビアから、憲法、会社法、不法行為、法学入門、法理学といった領域ごとの古典的論文を一〇~二〇編集めたもの(Selected Essays)が出版されている。

こうした論文を見渡して気がつくのは、ほとんどが五〇頁前後で、一〇〇頁をこえたり、二回にわたったりするものはめったにないことである。長さや詳しさは名論文の要件ではないということであろう。

法律のごとく、改変のはげしい分野において、古い論文を読んでも仕方がないのではないかとも考えられる。わたくしも、新しいものでなければ意味はないと思っていたことがある。しかし、古典的な名論文を読んでみれば、この考え方がまちがっていることはすぐわかる。たしかに最新の情報は得られない。現在生きている判例かどうかも、わからない。しかし、そういうことなら、ほかにいくらでも調べる方法はある。名論文から得られるのは、それらとは異なった、考え方、視点、示唆といったものである。一つの論文を読むことによって、物の見方が以前とは同じではなくなっている。しかも、読むたびに新しいものを発見できるといってよい。わたくしも、右の五〇論文中の若干のほか、いくつか favorite ともいうべき論文のコピーをもっている。新しい本を三冊読むよりは、いい本を三回読む方がよいといわれた先人がいる。論文についても、あてはまると思う。

〔付　記〕

アメリカのロー・スクールの一つの特色は学生による Law Review の編集である。Law Review の歴史をたどりながら、どのようにして高いレベルの雑誌の編集と刊行が可能かを考えた。

Ⅳ その他

22 「法と経済」研究についての覚書

（一九八八年）

一　はじめに

「法と経済」（Law and Economics）または「法の経済的分析」（Economic Analysis of Law）と呼ばれる研究は、アメリカにおいて一九六〇年以来、法律学者、経済学者の間で、盛んに行われ、今日では、確立した分野になったといえる。Law Review や経済学の雑誌だけでなく、学際的な Journal of Law and Economics（一九五八年創刊 J.L.E.）、Journal of Legal Studies（一九七二年創刊 J.L.S.）に、続々と研究成果が発表されている。

また、パイオニアの一人といってもよい Posner の『法の経済分析』も一九七三年の初版以来、一九七七年の二版を経て、八六年に三版が出て、テクストブックとして広く使われ非常な売れ行きを示している。

アメリカにおける、「法と経済」研究については日本でもこれまで、翻訳を含めて、数多く紹介されてきた[1]。また、アメリカの成果をふまえて、オリジナルな研究成果が、法律・経済の両方から公けにされている。たとえば、浜田宏一『損害賠償の経済分析』一九七九、宮沢健一『現代経済の制度的機構』（一九七八）、平井宜雄『現代不法行為理論の一展望』（一九八〇）、同「法政策学」（一九八七）（簡単な紹介→本書23）、小林秀之・神田秀樹『法と経済学入門』（一九八六）などである。

したがって、わが国においても、「法と経済」は、ある程度の認知を得つつあるといってよい。しかし、アメリカと比較すると、わが国の研究は、いまだ紹介または応用の域を出ておらず、また関心を持つ研究者の数（層の厚さ）

も比較にならない。J.L.E. や J.L.S. のような専門誌も存在していないし、Posner のような（批判もあるが）定評のある教科書もない。したがって、日本における研究は、これからであるといってもよい。

アメリカにおける「法と経済」研究の成果については前述のようにかなり紹介されてはいるが、もとより全貌とはいえず、むしろかなり部分的なものであるように思われる。これは、「法と経済」研究の外延がどこまでかに関連するが、日本で紹介されているよりははるかに裾野が広いように思われる。

これまでのわが国における法と経済研究は、アメリカの研究の成果の紹介がほとんどで、いまだ法学部や経済学部において、授業科目として定着するにはいたっていない。せいぜい、関心のある研究者が、論文を書いたり、学会、研究会における発表をしているにすぎない。

しかし、国際化、国際経済の時代を迎えた現在、両者の密接な関連にもとづく研究は不可欠といってよい。とりあえずは、両者間のコミュニケーションから始まるべきものである。

そこで、以下では、アメリカにおける研究のうち、これまであまり紹介されてこなかった局面について、スケッチを試みたい。一つは、いわば前史ともいうべきもので、「法と経済」研究が盛んになる前の準備期の問題であり、他は、「法と経済」研究の一〇年ほどあとに、比較的若い世代の法律学者の間で盛んになってきた批判的法学研究（Critical Legal Studies——以下ＣＬＳという）との関係である。

そのあと、「法と経済」研究の中心的な考え方である効率性（efficiency）が、法律学において持つ意味を考え(2)、さらに、制約条件としての法というものについて、問題提起をしたい。

「法と経済」に関する文献は(3)、もはや主要なものさえとうてい眼を通すことができないほどの量に達し、また研究レベルも専門化して高度なものになっていて、容易に概観を許さないほどになっている。もっとも、なかにはくだらぬと評されるような研究もあるが。したがって、本稿も、きわめて不十分な渉猟と消化に基づくものではあるが、あえてこうしたかたちで発表しようとするのは、次のような事情にもとづく。

第一は、わたくし自身一九七〇年代から、不法行為法（とりわけ交通事故と製造物責任）を研究するなかで、とくにカラブレイジの研究を参照して、かれこれ二〇年近く、この問題を考えてきた。また、Posner や Epstein など、J.L.S. に発表される研究者の著作にも、折あるごとにあたってきた。

第二に、一九八二〜八四年に、環境科学特別研究の「法と経済分析」班に参加して、稲田献一、浜田宏一、岩田規久男、落合仁司氏らの経済学者、森島昭夫、平井宜雄、淡路剛久、小林秀文氏らの法律学者との研究会において論議をして、「法と経済」をいくらか勉強してきた。(4)

第三に、個人的な事柄であるが、これまでにカラブレイジのほか、「法と経済」研究者の何人か（Kronman Priest, Klevorick（以上 Yale）Trebilcock（Toronto））と交流する機会があり、この研究の意義について、話しあったことがある。必ずしも徹底的な話し合いをしたわけではないが、議論のなかで、単なる本や論文による以上のバックグランドに関する知見も得られたので、そうした経緯をわずかなりとも紹介したいと考えた。

しかしながら、これまで、「法と経済」については、まったく書いてこなかった。書くとすれば、より集中的に勉強したうえでとは思うが、現在のところ、そうしたことを研究計画に組み込む余裕はない。そこで、とりあえず、覚え書き的に、これまでの研究を基礎にしてとりまとめておこうとしたというのが本章執筆の動機である。

なお、以下では、専門の制約からいって、ロー・スクールないし法律の側からの研究を中心にする。経済学の分野において、法の研究がどのようにして行われているかについては、論ずる能力はない。

ただ、ロー・スクールにおけるとはいっても、法律家によるものには限らない。むしろロー・スクールにおけるエコノミストや哲学者による研究が中心になることは注目されてよい。(5)

法と経済についてのこれまでの殆どの研究は、経済分析を法学生に教えるかたちのものであり、法を経済学者に教えるものではない。

このことは Law Review に、経済の数式を使った論文が出るが、Economic Review に、判例分析（case analysis）が載るわけではないことからもわかる。しかし、法と経済を、経済学の新しい分野（マーケット）であると考えるのではなく、法律学にとっての意義を考えるのであれば、法律論の特質を生かした経済学的研究がもっと推進されるべきである。

なお、法と経済とパラレルに考えられるものとして、「法と社会」「法と政治」といったテーマがある。このうち、「法と社会」というのは、いわゆる法社会学として、確立した学問領域になっている。法が、単なる法律の条文としてではなく、社会において一定の機能を果しているものとしてみる場合、それがどの程度有効であり、また、法は社会の力によってどのような変容を受けるかといった研究がなされている。

法と社会の交流ということであれば、経済社会との関係もないわけではないが、これまで、経済構造と法の関係を論ずるものは、独禁法のようなものを例外とすれば、それほど多くはなかった。

次に、「法と政治」に関しては、法律学が古くから政治学と深い関係をもち、わが国の多くの法学部にあっては、法律学科のほかに政治学科が存在していることからもわかる。しかし、同じ法学部の中にあっても、法学と政治学は必ずしも密接な関連を持つわけではなく[6]、むしろ両者は独立の学問領域といってよい。

しかし、法とりわけ法律は、政治の所産といってもよく、また法の適用（司法）は、政治的要素も含んでおり、また、政治活動（政党、政治資金、選挙など）に対する、法的規制が強くなっていることからいって無関係どころか、きわめて密接な関係にあるともいえる。

しかしながら、政治と関係する法の分野は、一般にかなり狭いもので、法と政治の関係は、法と社会、法と経済ほど密接なものではない。

二　前史

「法と経済」研究（Law and Economics Studies）は、前述のように一九六〇年ごろから、始まったとされている。

たしかに一九六〇年は、法と経済研究の火付け役になったともいえるコースの「社会的費用の問題」がJ.E.L.に発表された年であり、カラブレイジの最初の論文「危険分配と不法行為法についての考察」が一九六一年に発表されていることからいって、法と経済研究の元年とするにふさわしいといえる。[7]

しかしながら、「法と経済」の関係についての研究には、ほぼ五〇年に及ぶかなり長い前史ともいうべき部分があることが忘れられてはならない。

法の議論に、経済学を導入しようとすることは、もっとも早くは、一九世紀末のシャーマン法による独占禁止法の問題におけるものである。そこでは市場占拠率とか、独占がもたらす弊害などにおいて経済学が不可欠なものであった。しかし、少なくともロー・スクールにおいて、経済学を教えるかたちはなかった。アメリカのロー・スクールは学部（アンダーグラジュエート）を終えたあとの大学院レベルにあるために、アンダーグラジュエートで経済学を専門（major）としている者が少なくないという意味では、経済学の素養は相当なものといえる。[8] またこうしたことが、ロースクールにおいて、法と経済学を教えたり、法律論に経済学を導入することに結びつくものといえる。

アメリカの場合、法律学以外の者が、法を研究することについては、日本とは異なる点がある。アメリカでは、法律研究の主要材料である判例は、専門家以外の者にとって、まったく歯がたたないものではなく、歴史家、社会学者、経済学者らも、研究対象としてきた。たとえば、法律家でない者による、一九世紀のアメリカ法史[9]は、珍しくないし、経済学者が、判例を材料として、経済史や経済的分析をする例も少なくない。

こうしたことが、たとえば、コモンズ（J. Commons 1862-1945）の『資本主義の法律的基礎』（一九二四）であるとか、イーリ（R. Ely 1854～1943）の『財産と契約』二巻（一九一四）といった今日でも読むに値する古典ともいえる著作となっているのである。[10]

経済学者として、法律に親近性のあったのは、ナイト（F. Knight 1885～1972）であろう。その著『危険、不確実性、利潤』（一九二一）（奥隅栄喜訳（文雅堂銀行研究社、一九五九））は、法律家にとって重要な著作といってよい。

(1)　ロー・スクールと経済学者

以下では、法と経済研究の先駆者として、ロースクールにおける経済学者を見ておくことにしたい。今でこそ、主要なロー・スクールは、ロー・スクール出身でない（通常はPh. Dを持つ）経済学者を、二～三人抱えており、珍しい存在ではない。しかし、五〇年前からロー・スクールの経済学者は珍しくはあったが、すでに何人かいて、それが、今日のような**Economist in Law School**の先がけとなっているのである。

まずあげられるべきは、ハミルトン（W. H. Hamilton 1881～1958）であろう。経済学を学び、経済学を教えたあと、一九二八年に、法的トレーニングがなかったにも拘らず、イェール・ロー・スクールの教授に任命され、二〇年間、そこで経済的観点に立った法を教えた。この間、ニューディール下の政府において数々の要職に就き、この経験を教育に生かした。一九四八年ロー・スクールを引退後、ウォシントンの大法律事務所に加わり、実務活動において活躍をした。

ハミルトンの著作として、もっとも重要なのは、集大成ともいうべき『産業の政治学』[11]（一九五七年）である。この本は、わが国にはあまり紹介されていないが、長年の経験と、広い視野に立ってまとめられたもので、古典的な地位を持つものといえる。

また、主として、税法の研究ではあるが、サイモンズ（H. C. Simons 1899～1946）があげられる。サイモンズは、自由企業体制の分析をして、何故レッセ・フェールが失敗し、経済活動への国家の介入が必要とされるにいたったかを、ニューディール初期において展開し、シカゴ・ロー・スクールの最初の経済学の教授となった。比較的早く逝去したため、影響力は大きくはないが、それでもシカゴといえば、必ず名をあげられる。[12]

さらにヘイル（R. Hale 1884〜1969）をあげるべきであろう。長くコロンビア・ロー・スクールの教授をしたヘイルは、法律、政治、経済の関係に関連した著作と教育に専心した。著作は、それほど多くはないが、なかでも『法による自由』（一九五二）は、法と経済、政治との関連を扱う、あまり知られていないが、重要な著作である。

さらに、バーリ（A. A. Berle 1895〜1971）も、「法と経済」研究のパイオニアとしてあげられてよい。バーリは、ミーンズとの共著『近代株式会社と私有財産』（一九三二）（北島忠男訳（文雅堂銀行研究社、一九五八））で著名であるが、もともとコロンビア・ロー・スクールの教授であり、政府においても（ブラジル大使を含め）活躍した法律家である。

こうした人々が、戦前からロー・スクールにおいて、法と経済研究をすすめていた。そして、一九六〇年以後の法と経済研究の学者は、多少とも、前述の学者の影響を受けてきたといってよい。

三　批判的法律学研究（ＣＬＳ）との関係

法と経済研究は、ほぼ一〇年おくれて盛んになってきた、法学者の間の批判的法律学研究（Critical Legal Studies——以下ＣＬＳ）と対比される。ＣＬＳは、主として、ハーバード・ロー・スクールの若い学者、なかでもＤ・ケネディ（一九四二年生）とＲ・アンガー（一九四七年生）により始められたものである。[13] その特色は、これまでのロースクールにおける法の教育・研究は、現代の資本主義を自明の前提として、ビジネスの役に立つ法律家を養成することにあったとして、これに対して、現在の法秩序を批判的な視点から検討しなおしていくべしとするものである。

日本におけるマルクシズム法律学に似たところがあるが、こうしたＣＬＳが、ハーバードを始めとして、スタンフォードとかウィスコンシンといった著名なロー・スクールで、かなり有力なものになり、学生の人気もかちえていることは、マルクシズムであると批判しても、きわめて注目に値するものである。

ＣＬＳは、ほとんどが法学者、とくに法学教授によるものであるのに対し、法と経済研究は、法学者、経済学者が相半ばするといってもよいものである。

また、アプローチからいえば、ＣＬＳは現状に対する批判の観点に立ち、体制そのものの再建までを目的として掲げるのに対し、法と経済研究は、現行の法をよりよく説明し、より効率的なものにしようとする視点に立っている。Fiss（イェール大学）が、法と経済研究は、「右」の運動であるのに対し、ＣＬＳは「左」の運動であるとしている。[14]つまり、片や法は効率性を目的とすべきである、とするのに対し、ＣＬＳは、法は政治であるとする。

こうしたＣＬＳの、政治的傾向のために、一九八四年には、デューク大学のキャリントンの「法と河について[15]」を発端として、ＣＬＳへの批判が一気に高まる。キャリントンは、ＣＬＳのように法についてのニヒリズムを教える学問は、大学には居場所はない、とする相当挑戦的なものであったが、その後の応酬[16]においてはむしろ、ＣＬＳを擁護する立場に立つものが——法と経済研究の学者を含めて——多かったことは注目される。

なお、法と経済研究の研究者に、Yale と Chicago の関係者が多いことは決して偶然ではない。Yale は、ハミルトン（先述）の時代以来、経済学への傾斜が見られたところであり、また Chicago は、サイモンズをはじめ、いわゆるシカゴ学派と呼ばれる人々が集まり Coase, Posner, Stigler といった、法と経済研究の代表的な理論家を生んでいる。また Yale と Chicago は、とりわけ Law School としては、親近性（人的交流）があることは注目されてよい。[17]この他に法と経済研究の盛んな Law School としては、ハーバード、スタンフォード、ヴァージニアが注目される。ヴァージニアは経済学者（公共選択）Ｊ・ブキャナンやタロックの影響であろうが、ゲッツ（法）とスコット（経）が契約に関して数式を応用した論文を発表している。

ハーバードは、シャベル、スタンフォードは、ポリンスキーという、若手の代表的な法と経済の研究者を擁している。[18]

このように、ＣＬＳと法と経済研究は、法学者の二つの潮流ともいえる。しかし、東部のロースクールを訪ねた感じからいって、この二つの潮流は、決して支配的というわけではなく、法学教育そのものは、きわめて伝統的なものである。したがって、いずれをも過大評価する必要はないといってよい。

四 法律論における効率性

「法と経済」において、最も中心的に論じられているのは、効率性（efficiency）という概念である。この概念は、経済学においては中心的な考え方であるが、法律学においては、これまで、少なくもあまり関心が払われてこなかった。効率性をとりあえず、「社会的資源を、ムダを省き、最も有効に活用（配分）することである」と、乱暴に定義した場合、法律の分野において、いかなる意味をもつかである。(18)

法において、効率性を論ずる場合にも、いくつかの視点がある。ドゥオーキン(19)は、効率性と同様に使われる「富の最大化（wealth maximization）」を叙述的（descriptive）と規範的（normative）という分け方をして論じている。規範的というのは、裁判官はある事件の判断において、富を最大化するような判決をしなければならないという意味である。叙述的というのは、ある事件における裁判官の行動（判決）の説明に関するものである。

以下では、効率性を三つの視点からみていく。

第一は、ある新しい法的機構（たとえば公害被害者補償のための負担金制度とか、製造物事故による被害の救済制度）のデザインにあたって、いかなるものがもっとも効率的かという視点である。こうしたシステム設計にあたっての効率性を問題にすることは、カラブレイジの『事故の費用』(20)（一九七〇）の主要な関心事であったし、公害や製造物責任をめぐる議論においても中心的なものといってよい。またポズナーの議論も、(21)とかく法律論においては看過されがちであった効率性というクライテリアの規範としての重要性を唱えるものといえよう。

経済学者が、法制度のあり方を論ずるときは、まさにムダのない効率的なもの（解決、制度等）という視点が中心といえる。

第二に、ある具体的な問題の（ad hoc な）解決にあたって、効率性を考えるといかなる解決になるかを問うものである。これも、効率性をクライテリアとして、解決を問うものであるが、システム設計と違うのは、具体的な問題についての論議であるという点である。システム設計にあっては、社会的制約は比較的少なく、いわば自由に描けるのに対して、具体的事件を論ずるにあたっては、法令や先例の制約のなかでの議論であり、自由に描く余地ははるかに小さい。もっとも具体的事例の解決は、先例としての意味を持つことになるから類似の事例の解決をも考慮に入れざるを得ないのであり、その意味では、システム設計の側面もあるといってよい。しかし、やはり第一のものとは区別されるべきであろう。

第三に、これまで行われてきた legal rule が、効率性を達成するようなものであったかという歴史的研究である。(22) これは、効率性というクライテリアが、過去の判断においていかなる地位を占めてきたのかを検討するものである。これには、効率性という基準が使われたか否かを問わず、現に定立されたルールが、効率性ないし富の最大化をもたらすようなものであったか否かを、事後的に検討する作業になる。

以上の三つに分けた場合、これまで法の議論においては、効率性は重要な意味をもってきたであろうか。おそらくは、否といってよいであろう。法律論においては、正義、公平、論理一貫性、安定性といった価値は、たしかに重要な役割を果たしてきた。たとえば、具体的事例の解決にあたっては、何よりも、与えられた判断基準の適用という、論理的な側面（三段論法）が重視され、極端な場合には、結果が妥当なものであるかどうかは、まったく問題外とされたこともあった。もっとも、基準の適用という場合にも、具体的事実を前提にして、何が公平な解決なのか、また先例との関係で、安定性を損うことはないかといったことは考慮されたといいえる。しかし、ある解決が、効率的であるか否かについては、ほとんど考えられなかったといってよい。

もっとも、第一のシステム・デザインにあたっては、とくに経済的負担との関係で、出来うる限りムダをなくそうとする考慮はなされるといってよい[23]。これは、システム設計は、裁判所によるというよりも、立法府ないしそれを支える行政担当者の手になることが多く、そのため、経済的、財政的な考慮がなされうるし、なされざるをえないという面がある。しかし、そうはいっても効率性のみを目的として、法制度をデザインすることは、まずないといってよく、周辺の制度とのバランス、制度目的を公平に達成しうるかなどといった考慮が、優先するというべきであろう。

効率性を以上三つの意味に考えるとしてこれらが、法律論においてもつ意味を考えることにしたい。

まず、これまでの法律論においては、効率性は、クライテリアとしての意味をもっていなかったことは確かであろう。

このことは、効率性ということが、法律論においては、きわめて目新しいことからいえるだけでなく、効率性の追求ということは法律家（裁判官・弁護士）の頭の中には、なかったといえる。たとえば、名誉毀損による慰謝料請求とか[24]、期間満了による借家の明渡請求とかいった、具体的事件を裁判するにあたっての基準として、損害を賠償させるのが妥当か、明渡を認めるのが妥当かを考えるわけである。その際、法の規定により、いかなる判断をすべきかを考えるが、いかなる判断が効率的かという考慮はまずなされない。いずれの当事者を、いかなる理由で勝たせるかの判断にあたって公平とか、先例との整合性は考えられても、判断が効率的であるか否かはおそらく考えられないであろう。たとえ、効率性ということが考えられるとしても、それは決して公平や正義の上位にたつものではない。

このように効率性が、法律論において重要な意味をしめていないとすれば、次に効率性を、法律論における基準の一つとして採用すべきかについて考えたい。

これについては、ドゥオーキンが、「富の最大化」の論文において徹底的に論じていてあらためて論ずる余地も、必要もないかも知れない[25]。しかし、わたくしなりに問題点を整理しておきたい。

まず、効率性を規範的なものとすべきであるというのは、ドゥオーキンによると「コモンロー裁判官は、社会的な富を最大にするようなかたちで判断すべきである」ということになる。

もしこうした要請を、法に定めるのであれば、まさにこの命題は規範的意味を持つものといえる。ところが、実際の裁判にあたっては、裁判官に与えられる判断基準は、法規、先例のほか正義、公平といった抽象的な基準であり、富の最大化といったことは基準にはなしえない。それだけでなく、何が富を最大化し経済的効率を高めるかについて、裁判官には、尺度がない。いかなる解決が、いかなる効果をもたらすかは、慎重な測定によるのであれば格別、そうしたものを持たない裁判官にとっては、まったくカンに基づくものでしかない。当事者の提出する効率性に関する議論を参考にすることも可能であるが、それの評価は、できないことが多い。そうだとすれば、裁判においての効率性の考慮は不可能に近いというほかない。

したがって、アカデミックな議論におけるものを考えるほかないであろう。

事故の費用においてカラブレイジの提起したのは、事故がおきた場合に、事故の被害を救済するシステムをどのように設計するのが最も効率的かという問題である。これまでの不法行為による被害者救済に関しては、より妥当な結果をもたらすのにはルールの変更をどうすべきか、ということであった。それに対して効率的なシステムという視点をとり入れたものである。これは、とりわけ自動車事故のように、これまでのあらゆる事故を、規模において、数的にも上まわるものであるものの処理にあたっては、これまでとは違った手法ないしアプローチが必要とされることを、敏感に感じとって、これを体系化したものであり、そうしたものとして、カラブレイジの貢献はきわめて大きい。

効率性は、これまでの法律論において考慮されていなかったわけではない。一般に法律問題の解決は、**multi-purposes**[26] の問題の解決である。たとえば環境規制といっても、何が何でも環境を保全すればよいわけではない。むしろ、環境へのマイナスを与えるような活動を、いかに環境へのマイナスを少なくしつつ実現するかの問題であるといってもよい。一九七〇年に、公害対策基本法第一条が改正され、それまであった経済との調和という文言の削除により、経済的なことをまったく考慮しなくてよくなったわけではない。削除の意味は、他の目的と並ぶ位置をしめるものではないということであるにすぎず、公害規制によりいかなる経済的打撃が生じてもよいというものではない。

これは、法における価値序列の問題と関連する。すなわち、どんな法律も、それなりの価値序列を定めており、これを、そうした序列は経済的に非効率であるから改めよとか、無視して問題解決にあたれというわけにはいかないのである。

たとえば、所有権という静的な秩序と、取引という動的な秩序に関しても、取引への信頼を保障する観点はあるが、決してそれに尽きるものではない。たとえば、制限能力者（未成年者、被後見人）の保護は、取引的視点より優先する（民法四条三項、一二条三項）ものとされているし、権利公示制度としての登記への信頼は、原則的には保護されない（民一七七条参照）という価値序列を採用しているのである。

五　制約条件としての法

法は、経済活動を規制するものとして登場する。経済活動に限らず、今日人間の社会的活動は、法の網の目の下にある。新しい事業の開始には、政府の許可ないし認可を、ときには複数得なければならないし、新製品（自動車、医薬品等）の販売についても、検査、認可が必要とされる。

ところが、経済学の議論においては、経済活動は自由であり、経済的な効率性を達成するためには、いかにすべきか、いかなる手法をとるかについて、ほとんど制度的な制約が予定されていない。もっとも、ある制約のもとにおける、効率性を問題とするかたちもなくはない（たとえば輸入制限下における問題）。

こうした制約をめぐる議論のギャップは、決して小さくはない。経済学における議論で、一定の効率的な解決が、数式を駆使して見事に出されている場合、たしかにその通りであるとは思うが、現実には、より多くの制約条件が存在していて、必要な修正をほどこして（mutatis mutantis）というだけではとうていカバーしきれないという感を深くする。表面的には、きわめてマイナーでネグリジブルと思われるようなファクターが、結論そのものを左右するほどの意味をもつこともある。

こうした問題について、経済的な分析が役立つというのかいわないのかが問題になる。もし、現実に役立つものだけをめざすものであるとすれば、経済学的な分析はなされても、なされなくても変わらないことになる。しかし、そう考えるべきではないであろう。つまり、抽象的なレベルにおける経済的な分析の成果を十分にふまえつつ、具体的な状況の下における修正を考えるということでよいのであり、当該の事件にあった解決が出てこなくても構わない。

このことはいいかえれば、具体的問題に対する処方箋を出すことは学問の役割とするところではないといいかえてもよい[27]。

次に、制約として法を考えるとしても、法は制約としてどこまで働きうるかという問題がある。いいかえると、ある目的（公害規制、犯罪防止等）を達成するにあたって、法は万能ではないということである。むしろ、法はこうした目的を達成するのに、きわめて無力であるといってもよい。したがって、ある法的な手法をどこまで有効に働らかせうるかについて考えなければならないということである[28]。

このことは、いくら刑罰をもってしても、犯罪がなくなるわけではないといったこと（交通違反や脱税の多さ）にとどまらない。環境規制も、一連の規制法により、たとえば大気や水質については、改善されてきているが、騒音（交通騒音）になると、一向に改善されないばかりか、むしろ悪化しているともいえる。

これは、騒音規制が手ぬるいというよりも、集積的なものであるため、ことの性質上騒音の規制は難しいということによる。

それでは、いかなる制裁手段を活用するのがもっとも効果的かであるが、これについては、やはり経験（歴史）に学び、法を守ることの心理的・経済的動機にまで立入った研究が必要とされる。

しかも制約手法としていかなるものも用いうるわけではなく、過度に人間の権利を制限するようなものを用いるわけにはいかないという制約が存在する。

六 む す び

これまでごく荒っぽくみてきた、法と経済研究について、まとめておきたい。端的にいって、法と経済研究、あるいは法の経済的アプローチは、いかなる意義をもつかを考えておくことにしたい。

第一に、効率性をクライテリアとする法へのアプローチは、これまでの法研究にない視点を提供するものといえる。これまでの法律論は、主として先例との比較によるバランス論であったといってよい。それは、先例があればそれを尊重することを前提としつつ、当該の問題と重要な点において似かよった事例をさがし、それらとのバランスの上に、妥当な解決をめざすものといってよい。したがって、論理というよりも、感じ、直感 intuition がたよりであり、決定的な基準によるものとはいえなかった。

ところが、経済分析の提供する視点は、いくたの前提に立つとはいえ、論理に訴えるもので、intuition や感じは、ほとんど意味を持たない。そうした rational decision を法の分析に持ちこんだものといえよう。もっとも、rational decision は logical ではあっても、法における価値は、必ずしも logical consistency だけではないが、それだからといって、無視してよいというわけではない。

次に、法律論に効率性を自覚的に持ちこむことの意義を考えなければならない。これまでの法律にも、efficient であるという視点がなかったわけではない。むしろ、ムダを省くとか、経済性といったことばであらわされるように、半ば自覚的にクライテリアとしてとり入れられていたといってよい。それを、法と経済研究においては、自覚的にとり入れ、最終的な結論を決するものではないにしても、効率性という視点からの結論を指し示すことには、重要な意義があるといえる。

とりわけ、具体的な事例の解決でなく、何らかの制度のデザインにあたっては、今日、効率性の視点は不可欠——唯一ではないにしても——のものといってよく、そうした意味における法と経済研究は意義深いといってよい。

第三に、法と経済研究は、法を経済的視点から見る法律学の一分野である。はじめにもふれたように、法と経済研究は、経済学にとってよりも、法律学にとって大きな意味をもつ。しかし、このことは、法律学者が、経済学を勉強すればよいというものではない。法律、法的コントロールが現代社会に不可欠のメカニズムである以上、その経済的側面は、経済学のプロパーな研究対象といってもよく、法の諸前提を十分に理解した研究がなされることは、有意義である。

最後に、規範論の問題を考える必要がある。法律論は、法解釈という作業のなかで、一定の結論を「～すべし」というかたちで示すものである。それは、解釈者によって異なりうるという意味で、主観的な決断であり、正しいか否かよりも、妥当かどうかではかられることになる。経済学的分析による場合には、結論は、むしろ論理的帰結として出てくるもので、決断というファクターはない。

これまでの「法と経済」研究は、責任ルール（不法行為）、契約、反トラスト、税、会社法、刑法、などの分野を中心に行なわれてきた。このほか行政、規制（環境、運輸、労働安全衛生）破産などの研究も行なわれ、着実な成果をあげている。

再三指摘したように、「法と経済」研究は法律学を根本からくつがえすものではないが、さりとて無意味なものあるいは経済優先主義と切り捨てるわけにはいかない。法律学に新しい視角を与え法律と経済のはざまを埋めるものとしての研究の進展が望まれる。

参考文献

以下に掲げるのは、これまでわたくしが読んで有益であると考えたもの、および本章で引用したものに限る。

「法と経済」研究に関するblbliographyとしては、次のようなものがある。

Veljanoski, C. G.（1979）, *Law and Economics Bibliography*, Trebilcock & Prichard,（1982）*Readings and Materials for Economic Analysis of Law*の巻頭、次掲のGoetz（1945）の巻末に四〇頁の文献があり、次掲Polinsky（1983）の巻末にも有益な文献案内がある。邦文のものとしては、オリヴァー『法と経済入門』（河上・武蔵訳）の巻末　小林秀之：（一九八三）民事訴訟の経済分析　判例タイムズ五〇一号、五〇二号参照。

（邦文）著書のみ

小林秀之：（一九八五）アメリカ民事訴訟法研究。
小林秀之・神田秀樹：（一九八六）『法と経済学入門』。
浜田宏一：（一九七九）『損害賠償の経済分析』。
平井宜雄：（一九七六）アメリカにおける「法と経済学」研究の動向。〔一九七六〕アメリカ法二。
――：（一九八〇）『現代不法行為理論の一展望』。
――：（一九八七）『法政策学』。
現代経済：特集・法と経済二四。一九七六 Autumn.

（英文）

Ackerman, B. : （1975） *Economic Foundation of Property Law.*

——; （1984） *Reconstructing American Law.*

Baker, C. E. ; （1975） The Ideology of the Economic Analysis of Law, 5 *Philosophy and Pub. Affairs* 3.

Becker, Gary ; （1976） *The Economic Approach to Human Behavior.*

Berle, A. A. ; （1954） *The Twentieth Century Capitalist Revolution.*

——; （1959） *Power without Property.*

Buchannan, J. ; （1975） *The Logic of Liberty.*

Buchannan, J. & Tullock, G. ; （1962） *The Calculus of Consent.*（宇田川璋仁訳『公共選択の理論』（一九七九年））

Calabresi, G. ; （1970） *The Costs of Accidents.*（小林秀文訳『事故の費用』（一九九三年））

——; （1975） Optimal Deterrence and Accidents, 84 *Yale L. J.* 656.

Carrington P. ; （1984） Of Law and River, 34 *J. Leg. Ed.* 222.

Coase, R. ; （1960） The Problem of Social Cost. 3 *J. Law Eco,* 1.

Coleman, J. ; （1988） *Markets, Morals, and the Law.*

Commons, J. ; （1924） *The Legal Foundation of Capitalism.*

Demsetz, H. ; （1973） Why Does the Rule of Liability Matter? 1 *J. Leg. St.* 13.

Dworkin, R. ; （1980） Is Wealth a Value ? 9 *J. Leg. St.* 191.

Ely, R. ; （1914） *Property and Contract* 2 vols.

Englard, I. ; （1980） The System Builders : A Critical Appraisal of Modern American Tort Law, 9 *J. Leg. St.* 27.

Epstein, R. ; （1973） A Theory of Strict Liability, 2 *J. Leg. St.* 151.

——: (1980) The Static Conception of the Common Law, 9 *J. Leg. St.* 253.

——; (1982) The Social Consequences of Common Law Rules, 95 *Harv. L. Rev.* 1717.

Fiss, O. ; (1986) The Death of the Law, 73 *Corn L. Rev.* 1.

Fletcher, G. ; (1972) Fairness and Utility in Tort Law, 85 *Harv, L. Rev.* 537.

Goetz, G. J. ; (1984) *Law and Economics—Cases and Materials.*

Hale, R. ; (1952) *Freedom through Law.*

Hamilton, W. H. ; (1957) *The Politics of Industry.*

Hansmann, H. ; (1983) The Current State of Law-and-Economics Scholarship 33 *J. Leg. Ed.* 217.

Journal of Legal Education, vol. 33 no.2, The Place of Economics in Legal Education.

Kairys, D. ; (1982) *The Politics of Law*.3rd 1998.

Kelman, M. ; (1987) *A Guide to Critical Legal Studies.*

Knight, F. ; (1921) *Risk, Uncertainity, and Profit.*

Kronman, A. ; (1978) Mistake, Disclosure, Information, and the Law of Contracts. 7 *J. Leg. St.* 1.

Kronman & Posner, R. ; (1979) *The Economics of Contract Law.*

Landes, W. M. & Posner, ; (1987) *The Economic Structure of Tort Law.*

Leff, A. ; (1974) Economic Analysis of Law : Some Realism about Nominalism., 60 *Va, L. Rev*. 451.

Macneil, I. ; (1974) The Many Meaning of Contracts. 47 *So. Cal L. Rev*. 691.

——; (1978) Contracts Adjustment of Long Term Economic Relation. 72 *Nw U. L. Rev.* 854.

——; (1981) Economic Analysis of Contractual Relation. 75 *Nw U. L. Rev.* 1018

McCloskey D. N. ; (1988) The Rhetoric of Law and Economics, 86 *Mich. L. Rev*. 752.

McKenzie, R. B. & Tullock, G. ; (1978) *The New World of Economics.*

Note ; (1981) An Eficiency Analysis of Vicarious Liability under the Law of Agency, 91 *Yale L. J.* 168.

North, D. C. & Miller, R. L. ; (1978) *The Economics of Public Issues* 4 ed.

Oliver, J. M. ; (1979) *Law and Economics - An Introduction.* (河上他訳あり)

Pennock, J. R. & Chapman, J. M. ; (1982) *Ethics, Economics, and the Law* NOMOS XXIV.

Polinsky, A. M. ; (1983) *An Introduction to Law and Economics.*

Posner, R. ; (1973) *Econnmic Analysis of Law* 1ed.

—— ; (1977) *Economic Analysis of Law* 2ed.

—— ; (1986) *Economic Analysis of Law* 3ed.

—— ; (2007) Economic Analysis of Law 7ed.

—— ; (1981) *The Economics of Justice.*

—— ; (1975) The Economics Approach to Law, 53 *Texas L. Rev.* 757.

—— ; (1977) Some Uses and Abuses of Economics in Law, 44 *U. Chicago L. Rev.* 281.

—— ; (1972) A Theory of Negligence 1 *J. Leg. St.* 29.

Priest, G. ; (1977) The Common Law Process and the Selection of Efficient Rules. 6 *J. Leg. St.* 65.

Rabin, R. ; (1976) *Perepectives on Tort Law.*

Rubin, P. H. ; (1977) Why is the Common Law Efficient?, 6 *J. Leg. St.* 51.

Schwartz, G. ; (1981) Tort Law and Economics in Nineteenth Century America, 90 *Yale L. J.* 1717.

Shavell, S. ; (1987) *An Economic Analysis of Tort Law.*

Symposium on Efficiency as a Legal Concern (1980) 8 *Hofstra L. Rev.* 485.

Tribe, L. ;（1972）Policy Science : Analysis or Ideology. 2 *Philosophy & Public Affairs* 66.

——；（1985）Consituttional Calculus : Equal Justice or Economic Efficiency. 98 *Harv. L. Rev.* 592.

（1） 平井（一九七六）のほか、小林（一九八三）、小林・神田（一九八六）など。

（2） これについては、Hofstra Law Review の Symposium（1980）で扱われている。

（3） 後掲 bibliography を参照。

（4） この研究の報告書は、「環境規制をめぐる法と経済分析」として公表されている。

（5） ロー・スクールを出ていない学者が、法と経済ばかりでなく、法律プロパーの領域を教えている。イエールでいえば、Klevorick, Hansmann, Coleman らである。

（6） 例外として、イエール・ロー・スクールにおける、指導的政治学者H・ラスウェル（一九〇二～一九七八）の存在があげられる。

（7） コースの論文は一九六〇年と印刷されているが、実際に公刊されたのは一九六二年になってからであり、カラブレイジの論文より早いわけではない。このことは、カラブレイジが後の論文の注で書いており、またわたくし自身本人から前年に発表されたコース論文を引用していないのは、コースの論文を参照できなかったからであると、聞いた。

（8） たとえば、法と経済研究のパイオニアの一人であるカラブレイジは、経済学を専攻した。

（9） 政治学者（Swisher, Mason, Murphy）、歴史学者（Crosskey, L. Levy）らによる最高裁の歴史の研究がとくに有名である。

（10） Commons や Ely の研究は、戦前、鳩山秀夫、我妻栄博士のような解釈学者によって利用されている。

（11） この書には、H・リーベンソール判事による見事な書評がある（68. Yale L. J. 614（1959））。

（12） サイモンズは、Posner（1973）や Hansmann（1983）によっても、先駆者の一人としてあげられている。サイモンズについては、14U. Chicago L. Rev. 1（1946）に追悼記事がある。

（13） ＣＬＳについては、Kelman（1987）に、その動向がまとめられている。ＣＬＳの bibliography として 94 Yale L. T. 461（1984）47 Mod. L. Rev. 369（1984）がある。とくに、代表者ともいうべき Ungar については、97 Yale L. J. 665, 757（1988）, 81. Nw. U.L.Rev 589（1987）などで検討されている。（本書 ***11***）

（14） Fiss（1986）2.

（15） Carrington（1984）.

(16)　34 J. Leg. Ed. No.3 (1984).

(17)　なお、カナダの動向も注目に値する。トロント大学のM・トレビルコックは、法と経済に関するワークショップを主催しており、ここにおける研究発表の成果は、種々のかたちで公表されている。

一九八三年に、このワークショップに参加した経験からいうと、それほどまとまった研究とはいえないが、かなり広い層の人々の参加による意欲的な研究がなされている。

(18)　なお、契約法に関してではあるが、I・マクニール（ノースウエスタン大学（一九二九―二〇一〇））の研究も、注目に値する。いわゆる法と経済の研究とはことなるが、マクニールの視野は、明らかに、伝統的法律学のアプローチとはことなる。とくに、契約に関する研究が多いが、契約を単なる法理の所産とみるのではなく、取引界において成立する経済的なアレンジメントと考え、経済的・合理的要因に着目して分析していくものであり、注目に値する。

(19)　Dworkin (1980) 191. 219.

(20)　Calabresi (1970).

(21)　Posner (1973).

(22)　歴史的なものとして、Posner (1972), Epstein (1982), Schwartz (1981) などがあげられる。

(23)　平井『法政策学』（一九八七）は、こうした試みの一つと評価できる。かんたんな書評ジュリスト九〇二。（本書 ***23***）

(24)　Posner は非財産的利益である privacy について論じている。Posner (1981) chap. 9 ~ 11.

(25)　Dworkin (1980).

(26)　環境問題における single purpose のあやまりを論ずるものとして Gilliam The Fallacy of Single-Purpose Planning in Revelle & Landsberg (ed), America's Changing Environment (1970) 67が興味深い。

カラブレイジは、『事故の費用』のはじめに「社会はいかなるコストを払っても生命を守ることに与していない」ということばで、始めている (p.17)。この意味は、自動車交通を前提としつつ、しかもそれによる犠牲者の補償をどのように達成していくかという現実に立つものといいえる。

(27)　Tribe (1972) 参照。Tribe (1985) は最高裁の efficiency 重視の傾向を批判している。

(28)　問題の簡単な概観として、拙稿「法を守らせる手法」法学セミナー一九八八年一一月号（『日常生活のなかの法』（日本評論社、一九九〇年））。

〔付　記〕

一九八〇年ころから盛んになってきたLaw and Economicsの動向のスケッチで、前史をたどり現在の研究を概観する。こうした傾向は一時かなり盛んになったが、最近は落ち着いてきている

とくに度々訪問したYaleではカラブレイジをはじめとして、「法と経済」研究をしている学者が多く、交流の中から学んだことをまとめたもの。「法と経済」というアプローチにより、これまでにはない洞察が得られるが、法律論において決定的意義を持っているとはいえない。

23 〔書評〕平井宜雄『法政策学』（有斐閣、一九八八年）

（一九八八年）

一　はじめに

法が、論理だけの世界のものではなく、社会における道具的（instrumental）なものであることを自覚した研究がなされるようになって久しい。論理一貫性、正義、妥当性といったクライテリアに加えて、法制度の効率性が問題とされるようになってきた。一九六〇年代以後アメリカの法学者、経済学者による「法と経済」「法の経済分析」といった動向は、こうした研究を強力に推進するものである。この研究の法学者側の代表者ともいうべきカラブレイジ教授（イェール大学）のもとで本格的な研究をされた平井宜雄教授が、研究成果の一端を法政策学というかたちに構成し、それを『法政策学――法的意思決定および法制度設計の理論の技法』として世に問われた。一九七六年すでに「法政策学序説」としてジュリストに連載された論稿があるが、本書は、これをもとに再構成したものである。法政策学という新分野を確立する本書刊行の意義は大きい。

二　内容の概観

本書の内容をひとわたりみておこう。全体は五章に分かれている。第一章法政策学の構想は、法政策学とは何かが、立法学、Rechtspolitik などと対比されて定義され、法律学における位置づけがなされる。

第二章法政策学の基礎概念では、法政策学において中心的地位をしめる決定、法的決定、法、制度といったキイコンセプトが定義される。第三章法制度設計の一般的評価基準では、本書において評価基準として用いられる効率性（efficiency）と正義（justice）について、経済学の成果（パレート最適、コースの定理、カルドア＝ヒックス基準）が明確に提示される。

第四章法制度設計の基礎理論では、市場的決定と権威的決定という概念が説明され、両者の関係が論じられる。第五章法政策学の技法では、以上のような法政策学を実際にどのように用いるかの技法が、学生のリポートである三つの事例研究とともに紹介される。

三　特　色

本書の特色と考えられる点を二、三指摘したい。

第一は、これまでの法律学を前提として、法政策学という新しい法分野の意義と必要性を明確に提示していることである。「法と経済」研究については、これまで、アメリカの研究の紹介、翻訳などがあるが、法政策学というかたちに体系化したものは、わが国ではじめてであるだけでなく、わたしの知る限り外国にもないユニークなものである。

第二に、法政策学の主要任務は、法制度の設計であるとされているが、法制度として考えられているのは、大規模なものではなく、最後に掲げられた学生のリポートのテーマ一覧表（二三二頁）からもわかるように割に小さな問題——たとえば、ドラフト制度、予防接種制度、タクシー運賃制度、禁煙席のもうけ方——である。

第三に、本書の主要部分で、経済学とりわけ厚生経済学の基本的な考え方が、きわめて要領よく提示され、法制度運用にあたっての関連性も見事に説明されている。こうしたミクロ経済学の成果が、法学者によってこれだけ明快に説明されていることは特筆に値する。

第四に、外国語の文献をあげないと断ってはあるが（はしがき）、最後にまとめられた注に引用された文献は、まことに豊富かつ適切である。叙述のすみずみまで、単なる紹介ではない本格的な研究に基づくものであることが如実にあらわれている。

四 感 想

最後に若干の感想をのべたい。このような問題作に対しては、数百字で片づけられるべきではなく、本格的な応接をするのが評者としての礼儀ではあるが、本誌の紹介のワク内での感想にとどめざるをえない。

第一は、法を道具的に考える手法が徹底してとられている。法を社会統制の道具視する考え方は新しいものではないが、一定の問題解決のために、ここまで法を手段視し、白紙に描くが如く、法を扱うというのは、少なくともこれまで法学者によってはなされてこなかった。

もとより、法は、単なる道具ではなく、歴史、沿革、周辺の制度との関連の中で考えられるべき、きわめて制約の多いものである。したがって、前掲のような問題すら、既存の法制度に〝はめこむ〟のには、きわめて種々の障害にぶつかる。この辺の問題についても著者の見解が示されていればと思う。

次に、法政策学が誰にとってのものかという点である。本書は「法と公共政策」という講義（ゼミ形式）の産物であるとのことからもわかるように、公共政策のデザインに携わる人々（立法者、公務員）を対象にしている。したがって、これまではなかった分野ともいってよい。しかし、本書は、こうした制度の設計者のみならず、裁判官や法実務家にとっても、有益な視点を与えるものといえるであろう。

〔付 記〕

法と経済の研究を利用しつつ、法の科学としての政策学を志す試みの評価。政策学という視点は新しいがそれほど賛同者は増えていない。

24 〔書評〕加藤新太郎『弁護士役割論』（弘文堂、一九九二年）

（一九九二年）

一　裁判官としての激務の傍ら、専業の学者も顔負けのペースで、論文を発表してこられた加藤裁判官が、このほど、弁護士に関する論文を本にまとめられ、『弁護士役割論』として出版された。一九八四年の論文のほかは、この二・三年の論文ばかりであり、一貫した問題意識のもとにまとめられたものであり、単なる論文集ではない。

これまでにも岩松三郎、松田二郎、村松俊夫といった戦前派の裁判官から、近藤完爾、鈴木忠一、倉田卓次といった裁判官（民事）が、健筆をふるってこられ、学者では及びえない実務的研究を公けにされてきたが、そのテーマは主として、民事訴訟の手続や証拠に関連するものであった。若い世代に属する加藤裁判官は、訴訟制度を支える弁護士をとり上げ、精力的に研究と思索を重ねてこられた点で、特色があり、裁判官の著作活動として新生面を開くものといえよう。

裁判実務の経験にもとづく観察と洞察にうらづけられた『弁護士役割論』の書評をおおせつかり、引き受けはしたものの、評者自身、弁護士の問題に関心をいだき、いくつか小さなものをまとめはしたものの、実務経験がないというだけでなく、弁護士について研究していますとさえ、とうていいえないことは重々知りつつも、わたくしなりに、この本をどう読んで、どのように感じたかをまとめてみたい。

二　まず、内容の紹介から入りたい。とはいっても、三〇〇頁を超える本書の内容は、きわめて豊富で、とうてい要約できるものではないが、何について、いかなる関心から書かれているかにしぼって見ておくことにしたい。

第一章「弁護士役割論の基本問題」は、本書をまとめるにあたって書き下ろされたもので、民事紛争処理過程における弁護士の役割の考察が目的とされ、現実に弁護士の果たしている役割ではなく、どのような役割を果たすべきかに重点をおくものであることが示され、弁護士の「役割」は、弁護士の「責任」を中核としつつも、よりふくらみのあるものであるとする。

次いで、弁護士には、公益的役割と、当事者の代理人としての役割があるとし、両者の意義と関係について、簡潔にまとめられ、「弁護士の当事者の代理人的役割の限界を画するものが、公益的役割である」というスタンダードを提示される。この考え方にたって、弁護士の誠実義務の性質にふれたあと、弁護士・依頼者関係をインフォームド・コンセントの法理によって規律していくことが相当であるとされる。

長くはないが、豊富な注（文献が網羅されている）にうらづけられた第一章に次いで、第二章は、第三章とともに本誌（判例タイムズ）五三六号に発表されたものに大幅に加筆したもので「弁護過誤訴訟の日米比較」と題され職責上の過誤を原因として弁護士に対して提起される訴訟について、アメリカと比較しつつ日本の問題が浮き彫りにされる。

まず、アメリカの弁護過誤訴訟についての統計的データにもとづき、一九七〇年代に入って急激に増加していることが示され、内容的にも単なる単純なミスから、専門的裁量判断にかかわるものが出てきていること、認容賠償金の高額化の傾向が指摘される。

こうした傾向の背景が分析され、弁護士数の増加とそれに伴う弁護士の質の低下、制定法、判例法の増加が、弁護過誤の増加をもたらし、これに、専門職神話の崩壊と消費者意識の高まり、激しい競争により同僚の責任追及を辞さなくなり、成功報酬が訴訟を容易にしたとされる。

こうした訴訟の増加が、責任保険料のアップ、強制保険化の動きをもたらしたほか、研修制度の採用、拡充の動向が紹介される。さらに、裁判官の役割が、単なるアンパイアからより積極的、後見的になっているとされる。

このようなアメリカと対比して日本における問題状況が、依頼者の不満、技能不足、ミス、不誠実、弁護士倫理違反、弁護士の意識などにつき、判例、調査、事例により紹介される。

こうした状況があるにも拘らず、日本では弁護過誤訴訟が少ないことを指摘し、その理由と考えられるものとして、裁判所の釈明義務をはじめとして、裁判所によってカバーされていること、弁護士会の綱紀、紛議調停などの代替システムにより、不満が吸収されていること、弁護士が、依頼者などに責任を転嫁していることなどをあげている。

まとめとして、アメリカとはことなるものの、今後弁護過誤訴訟は、「増えこそすれ、減ることはないであろう」（六六頁）とされ、自律作用、自浄作用としての意義をもつことを指摘する。

第三章「弁護過誤訴訟の課題」は、以上の分析を前提として、わが国の裁判例を、ほぼ網羅的に検討を加える。この章は一〇〇頁に及び、約四〇件の判例について、依頼者に対する責任、第三者に対する責任、執務上の義務に分けて、事例を紹介し、一件ごとにコメントを加えるかたちの丹念な整理がなされている。

第四章「不当訴訟と弁護士の責任」（ジュリ九七三号に発表）は、最高裁昭和63・1・26日判決を中心に、この判決の前と後に分けて、不当訴訟についての弁護士の責任と当事者の責任について、詳細な検討が加えられている。

第五章「弁論活動と弁護士の責任」（判例タイムズ七三四号に発表）は、仮処分申請にあたって差別的表現のある興信所作成の資料を提出したことが、相手方の名誉毀損になるかをめぐる京都地裁平成2・1・18日判決の評釈というかたちで、弁護活動の自由、あるいは自由な訴訟追行と相手方の人格権保護の問題にふれたあと、訴訟のなかでの名誉毀損が争われたこれまでの判決（約三〇件）を紹介（一覧）しつつ、名誉毀損が成立するかを論ずる。

これまで、あまり正面からとりあげられたことのない訴訟活動と名誉毀損という問題についての問題点を整理し、主として違法性に関する議論を展開している（なお、この章が名誉毀損に関するものであることはかなり詳細な目次からもわからない)。

第六章「弁護士報酬をめぐる紛争」(司研創立四〇周年記念号に発表)は、民事の弁護士報酬の算定基準と算定の実例、みなし成功報酬特約の問題を扱う。まず、弁護士報酬観として、報酬はプロフェッションへの謝礼から来るという古典的報酬観と、ビジネスへの報酬と考える現代的報酬観があるとし、現在では後者をとらざるをえないとされたうえ、報酬をめぐる紛争の背景が分析される。そのあと、報酬額が争われた判決が論評され、最後に、最高裁昭和48・11・30日判決を中心にして、みなし成功報酬特約の効力が、関係判決とともに論じられて、特約の効力は認めつつも、報酬額を制限すべき場合があるとされる。

弁護士報酬に関する問題を、きわめて要領よくまとめたもので、関係文献が豊富に引用され裁判例の概観のためにも、有益な章である。

第七章「真実義務と弁護士の役割」(判時一三四八号に発表)は、民事訴訟における真実義務を、近時有力になりつつある手続保障的訴訟観と対比させながら論ずる。

弁済された債務の証書が残っている場合に債権の存在を主張したり、賃貸借が存在しているとして後日仮空の契約書を作成したりするといったように、真実に反する主張とか訴訟がされる際に、真実義務違反の問題が生じてくる。うそをついてはいけないということからいえば、あたり前のことであるが、ドイツ民訴法一三八条一項のような真実義務の明文を欠くことから争いになる。

本章は真実義務についての学説上の争いを整理し、義務違反の効果、協働主義というドイツの考え方の紹介と批判、さらには弁護士の役割について考察したあと、実体的真実発見を目標とする民事訴訟の審理においては、訴訟当事者の真実義務を認めるべきであり、このための弁護士の役割が強調される。

第八章「和解における弁護士の権限と役割」(三ケ月先生古稀記念論集に発表)は、民事紛争の和解的解決の重要性を出発点として、弁護士は、和解をする権限があるかについて、最高裁昭和38・2・21日判決を中心にして、訴訟物との関係で、和解権限について判例と学説の対立を概観したあと、紛争解決という目的から、和解権限の範囲を広く考えて、手続の安定をはかるべしとされる。こうした考え方から、争いになる場合の各論的検討をしたあと、依頼者との間で和解権限について争いが生じた場合の、弁護士の責任の問題にも言及する。

今日、ますます重要性を増している和解的解決について、依頼者と弁護士の関係との関連にも注目して、問題状況を分析し省察を加えた論述であり、本書中でもとくにすぐれたものである。

第九章「和解的解決と弁護士の役割」（民研四〇五号に発表）は、前章を受けて、とくに起訴前の和解において、代理人が調停者としての役割を果たす場合、相手方との間に双方代理の問題がおこりうることを、弁護士法二五条との関係で論ずる。この問題についての大審院以来の判例の流れをたどり、交渉過程における弁護士の役割について論ずる。

三　本書は、体系的な体裁はとっていないが、それでも、弁護士の果たすべき役割に関して生ずる多くの問題にふれ、深浅の程度はあるものの、きわめて啓発的な議論を展開している。全体として裁判官らしい、中正を得た判例・学説の整理がなされていて教えられるところが多く参照価値が高い。とはいっても、実務にうとい故に、理解度には、まことにおぼつかない面もあるが、それでも、叙述は平明、議論は明解であるため、難渋したところはない。

以下で、本書の特色と考えられる点を、いくつか指摘し、それについての感想をのべることにしたい。

(1)　まず、本書は、裁判官から見た弁護士論である。つまり、裁判官として、弁護士はこうあってほしいという願望ともいうべきものが、根底にあり、それが議論の基礎になっている。著者が裁判官である以上、当然すぎることであるが、そのために主として法廷（準備手続も含めて）における民事の弁護士像が、うかがわれる。弁護士にとって、法廷の活動は、重要なものではあるが、まったく法廷とは関係なくもっぱらオフィスで活動している弁護士もいることからいうと、やはり、限られた役割という感じがする。この点は、弁護士の実際活動についての法社会学的研究を待つべきであろう（そうした試みの一つとして六本佳平教授のもとにまとめられた日弁連調査「弁護士業務の経済的基盤に関する実態調査基本報告」（自由と正義増刊一九八一年）がある）。

さらに、本書では、主として民事事件における弁護士が登場するが、他の半身である刑事における弁護活動と重ねあわせた場合に、どうなるかを知りたいという感じもする。

弁護士の活動実態と関連するが、本書では、主として、判例が材料とされている。しかし、弁護士をめぐる争いのうち裁判にまでなるのは、ごく一部であり、必ずしも、日常的、あるいは典型的なものではないとすると、判例分析によることとは、どうしても、迫力を欠く面がある。裁判官としては、いかんともしがたい制約ということになろうが、懲戒事件（「自由と正義」に発表され、事例集が公刊されている）などを材料とすることはできるであろう。

さらにいえば、こうした判例を網羅的に集めて研究する手法は、学者のみならず、実務家によっても、広く行われ、それ自体貴重な成果であるが、裁判官に望みたいのは、やはり裁判官でなければできないような実務経験をふまえた省察（たとえば戦前の三宅正太郎判事、戦後の近藤完爾判事、倉田卓次判事）であることも付け加えておきたい。

(2)　次に、わたくし自身関心を持っている弁護過誤訴訟については、アメリカとの対比で、日本には訴訟が少ないことが示され、その背景が分析されている部分は、日本の問題を考えるにあたって、新しいとはいえないがきわめて有益である。

ただ、この部分の分析は、アメリカの弁護過誤訴訟が、いまや質量ともに膨大になり大きく変貌していることをふまえると、これでよいのかは、問題になろう。しかし、日米比較を主目的としているものではないから、日本の問題を照らし出すためのアメリカのデータという意義はある。

わたくし自身、アメリカの弁護士倫理・法律家の役割を断片的ではあるが、学んできたことからいえば、日本の問題は、いまだ生成期にあるという感じがする。アメリカは建国前から三〇〇年近く法律家によりつくられ、法律家が支えてきた国家であり社会であるといってよいから、その法的伝統の厚みと深さは、日本とは比較にならない「すごい」といえるほどのレベルにある。しかし、弁護士の活動をめぐって生じてくる問題には、共通の面がある。したがって、こうした法的伝統、法文化の差異は、十分に意識しつつも、やはりより立入った比較研究がなされるべきであり、アメリカ法を学んでおられる著者は、裁判官であるという利点も加えて、そうした比較研究をされることを期待したい（たとえばアメリカでは訴訟に関しては免責特権があり、名誉毀損は成立しない）。

なお、本書で利用されているアメリカの文献のほかに、ウォーターゲイト事件以後、弁護士倫理をより包括的に扱う文献（ケース・ブック、ロー・レビューの論文）が、山をなすほどあって、比較研究には事欠かないことをＰＲしておきたい。

日本において、弁護過誤訴訟が少ない原因として、他の手続によってカバーされていることを指摘されていて（五三頁）、それはあたっていると思うが、やはり、指摘されているようにアメリカのように平気で訴える（三三頁）のに対して日本においては、同業者（同僚）を訴えることに対する躊躇があるように思われる。こうした同業者への配慮（collegiality）をどう評価するかは、一つの問題であるが、もう少し言及がほしいところである。

(3)　もう一つ、わたくしにとって興味のあるテーマは、不当訴訟をめぐる部分である。昭和六三年の最判をめぐって、第四章で論じられており、その整理や問題状況の把握は簡にして要を得ていてまことに見事である。しかし、不当提訴についての、当事者と代理人の役割についてふれられてはいるが（一八二頁、和解との関連で二九〇頁）もう少し分析されてもよいように思う。

たとえば、代理人としては、不当提訴を防止するために、どのようにして依頼者を説得すべきか、また代理人として、依頼者の意向にそったままだという弁明が許されるかといったことについても、アメリカ法においてなされているような分析があったならばという欲ばった注文もしたくなる。

(4)　なお、みなし成功報酬についても、特約そのものについての批判があり（来栖三郎『契約法』五四五頁、本書二二頁）委任契約解除の自由を制限する面があることも、検討されてよかったと思う（拙稿「契約からの脱退」現代契約法大系第二巻所収　著作選集第2巻*20*）

(5)　最後に、全体的な感じとして、本書では弁護士をめぐるドロドロした利害対立に、あまりふれられていないように思う。キレイゴトばかりが扱われているというわけではないが、日頃の弁護士とのつきあいからの感じでは、弁護士の活動にはもう少し暗いというか、ダーティな面があるように思われる。やや誇張していえば、弁護士は、何らかの意味でキレイゴトではすまない問題と直面し、多かれ少かれやましさのようなものを持って仕事をしているように思われる（ラートブルッフ（倉田訳）のことばを借りれば「なにか疚しい気持をもつ法律家こそが良い法律家なのだ」（倉田卓次『裁判官の戦後史』一五〇頁））。裁判官としては、書きにくい事情もあるかとは思うが、やはり、こうした問題についてこそ、弁護士の役割を論ずる場があるように思う。この点は、本書を受けて、弁護士の側からの研究を期待すべきであろう。

一つ注文がある。本書は、裁判官によるものだけに判例は実によく検索され、ほとんどもれはないとは思うが、本書への引用にあたって、各章ごとに判例に番号がふられ、番号で引用されている。しかし、番号がとんだり、重複（二章と五章、三章と六章）があるほか、突然一〇〇番台が出てきたりしておどろく。判例索引があるから、全体を通し番号にした方がよかったのではないかと思う。

四　あれこれ、批判めいたこともものべてきたが、本書は、民事紛争をめぐる弁護士の役割について、包括的にまとめられた研究書であり、弁護士にとってはもちろん、およそ司法制度に関心を持つ人々にとって、大いなる参照価値と多大な示唆に富む書物であるといってよい。

裁判官が、弁護士の研究をするというのは、一見奇異に思われるが、決して（表紙カバーのホガースの「弁済のおごり」の絵から想像されるような）弁護士批判の書ではなく正当な理解にもとづくものであり、今後も基本的な研究書として利用されるであろう。著者も本書を一里塚とされ、今後も研究されるというから（「はしがき」）、願わくば、本書に呼応して弁護士のなかから、そして学界から、弁護士のあり方について活発な研究と議論がなされることを期待したい。

〔付　記〕

裁判官として、弁護士に接している裁判から見た弁護士の職務と責任を考えるもの。裁判官ならではの観察がある。本書は二〇〇〇年に新版が出た。その後著者は『コモン・ベーシック弁護士倫理』（有斐閣、二〇〇六年）を出版された。

25 〔書評〕小杉丈夫『アメリカ社会と法律』（商事法務研究会、一九九五年）

（一九九二年）

国内ではもちろん、国際的にも活躍されている小杉丈夫弁護士が、寸暇を惜しんでこれまでの著作を二冊にまとめられ、このたび立派な本として発刊された。このうち、第一巻の『アメリカ社会と法律』の方を紹介し（第二巻は『法律業務の国際化』）、若干の感想を述べたい。

本書に収録されたのは、「アメリカ社会と法律」という二一回の連載（判例タイムズ）が中心である。年代でいうと七五年〜七八年のものがほとんどで、その他ジュリスト、法学教室等に発表されたものである。テーマは弁護士報酬、ロー・ファームの経営とビジネス・ローヤー、弁護士広告、弁護過誤等である。

第一章では、「旅立ち＝裁判官から弁護士への途へ」と題し、裁判官としてアメリカ（ハーバード・ロー・スクール）に留学したあと一九七四年に退官して弁護士になり、その後田中英夫先生のもとに、アメリカでの法学教育のお手伝いをされたときの美しい師弟関係の様子がまとめられている。

そのあとニューヨークのミルバンク・ツィードという大ロー・ファームにおけるトレーニーとしての生活のなかから学んだアメリカ法のトピックが、本書収録の論文としてまとめられている。

「弁護士報酬の社会的機能」と題された第二章は、報酬規定の独禁法違反事件、敗訴者負担の問題、タイム・チャージ、弁護士費用保険による弁護士の利用といった問題が扱われる。「ロー・ファームの経営とビジネス・ローヤー」と題された第三章は、アメリカにおけるロー・ファームの経営、特にパートナーシップの仕組み、弁護士の専門化の必要性、企業法務、補助者との関係、会社取締役と弁護士業務の両立、外国銀行の法務部等が扱われる。「アメリカ弁済活動のダイナミズム」と題された第四章では、弁護士広告、公益弁護士、医療制度と法律、弁護過誤、パートナー昇進と性差別のほか、弁護士活動からの日米の法文化の比較が論じられる。「技術革新、司法、警察」と題された第五章では、陪審裁判見聞記、ビデオテープ裁判、日米警察制度等が扱われる。「法学教育の改革」(第六章)では、アメリカにおける日本法教育、サマー・クラーク、アメリカ人への日本法講義の経験等が、最後の「外国人弁護士の活動とその規制」(第七章)では、外国人弁護士問題、外国法事務弁護士の問題(英文)等が扱われる。

以上のように、弁護士、ビジネス法務を中心とするテーマが、簡潔で、わかりやすく書かれており、アメリカ法の生きた姿をうかがい知ることができる。しかも、単にアメリカではどうかというにとどまらず、日本における問題に結びつけられていて、第二巻とともに今日の問題を考えるのに参考になるものが少なくない。

二、三の感想をしるしておこう。

第一は、所収の論文は、学術論文というよりは、比較的短い紹介的なものであるが、生きた実務的関心からするものが多いため、問題点がより端的かつ明確にとらえられ、論じられていて、学問的にも有用である。Law Review の本格的な論文が利用されていないことも欠点というよりは、メリットといえる。

第二は、七〇年代のものが多く、やや古くなっている法や問題点がみられ、いくつかは、付記のかたちでフォローアップがなされている。すべてをアップ・トゥー・デイトにすれば相当な加筆が必要とされる以上やむをえないであろう。ただアメリカ最高裁の判決の引用だけは、USリポートに統一してほしかった。あらためて通読してみて本書で扱われた問題は、どういうわけか不思議にも、あまり古く感じない。アメリカの七〇年代の問題が日本でやっと論議されるようになったということであろうか。

著者と入れかわりにハーバードで学んだ筆者は、著者とは以来二〇年以上親しくしていただいているが、これからも実務家ならではの視点から、われわれの蒙を啓いて下さることを念じ、著作集一・二巻に続くものが世に出ることを願っている。

〔付 記〕

実務家として、実務的視点からアメリカ法の動向を追う論文を集めた書物の紹介批評。学者の論文とは違ったテーマや視点がある。

このあと、著者は著作集第三巻『アジアの時代の法』(商事法務研究会、一九九九年)を出版された。

初出一覧

法律学・法社会学・比較法　山田卓生著作選集　第1巻

Ⅰ　法解釈・法源論

1　法解釈の主観性
……加藤一郎編『民法学の歴史と課題』来栖三郎先生古稀記念論文集（東京大学出版会、一九八二年）

2　法的ルールの個別的適用……加藤一郎先生古稀記念『現代社会と民法学の動向下』（有斐閣、一九九二年）

3　公法と私法……編集代表 星野英一『民法講座1　民法総則』（有斐閣、一九八四年）

4　日本における判例拘束性……新井正男先生古稀記念論文集 法学新報 第一〇三巻第一一・一二号（中央大学法学会、一九九七年）

5　民事法の正義と刑事法の正義……法曹時報第四九巻第六号（財団法人法曹会、一九九七年）

Ⅱ　法社会学

6　日本における法社会学研究の現状
……ジュリスト増刊『理論法学の課題—法哲学・法社会学・法史学—』（有斐閣、一九七一年）

7　法社会学と法解釈学……碧海純一編『法学における理論と実践』（学陽書房、一九七五年）

8　私法の法社会学……日本法社会学会創立三十周年記念日本法社会学会編『日本の法社会学』（有斐閣、一九七九年）

9 法社会学——一九六〇年の出発……日本法社会学会五〇周年記念事業『法社会学への出発』（日本法社会学会創立五〇周年記念事業実行委員会、一九九七年）
10 アメリカにおける法社会学の展開……宮澤節生・神長百合子編集代表石村善助先生古稀記念論文集『法社会学コロキウム』（日本評論社、一九九六年）
11 アンガー——自由主義法批判と社会変革〔石田眞報告へのコメント（日本法社会学会）〕……日本法社会学会編「シンポジウム法の社会理論と法社会学」法社会学第四四号（有斐閣、一九九二年）
12 〔書評〕石村善助『法社会学序説』……法律時報第五六巻第八号（日本評論社、一九八四年）
13 〔書評〕六本佳平『法社会学』……法学セミナー三八五号（日本評論社、一九八七年）

Ⅲ 比較法

14 法文化の比較……比較法雑誌 第二五巻第二号（日本比較法研究所、一九九一年）
15 開発と法——開発途上国の法の研究のために……横浜国際経済法学 第一〇巻第二号（横浜国立大学国際経済法学会、二〇〇一年）
16 F・ジェニーの新しい研究 Jaro Mayda:François Gény and Modern Jurisprudence……比較法雑誌第一六巻第四号（日本比較法研究所、一九八三年）
17 〔書評〕オッコー・ベーレンツ著 河上正二訳著『歴史の中の民法——ローマ法との対話』……法律時報第七六巻第二号（日本評論社、二〇〇二年）
18 アメリカ憲法の二〇〇年……法学セミナー三九六号（日本評論社、一九八七年）

19 二人の州裁判所判事トレイナーとシェーファー……法学セミナー四〇五号（日本評論社、一九八八年）
20 法の世界の女性……法学セミナー四一四号（日本評論社、一九八九年）
21 一〇〇年を迎えたハーバード・ロー・レビュー……法学セミナー三九〇号（日本評論社、一九八七年）

Ⅳ その他

22 「法と経済」研究についての覚書……エコノミア九八号（横浜国立大学経済学会、一九八八年）
23 〔書評〕平井宜雄『法政策学』……ジュリスト九〇二号（有斐閣、一九八八年）
24 〔書評〕加藤新太郎『弁護士役割論』……判例タイムズ七八七号（判例タイムズ社、一九九二年）
25 〔書評〕小杉丈夫『アメリカ社会と法』……ＮＢＬ五六八号（商事法務研究会、一九九五年）

山田卓生著作選集 第1巻

法律学・法社会学・比較法

2010年(平成22年)8月25日　第1版第1刷発行
8601-4:P408　¥10000-012:050-010

著　者　山　田　卓　生

発行者　今井 貴 渡辺左近
発行所　株式会社 信 山 社
〒113-0033　東京都文京区本郷 6-2-9-102
Tel 03-3818-1019　Fax 03-3818-0344
henshu@shinzansha.co.jp
笠間才木支店 〒309-1611 茨城県笠間市笠間 515-3
笠間来栖支店 〒309-1625 茨城県笠間市来栖 2345-1
Tel 0296-71-0215　Fax 0296-72-5410
出版契約 2010-8602-1-01010　Printed in Japan

印刷・製本／亜細亜印刷・渋谷文泉閣
ISBN978-4-7972-8601-4 C3332 分類324.025-a021民法
8601-01011:012-050-010

法律学の森シリーズ
変化の激しい時代に向けた独創的体系書

新　正幸　憲法訴訟論〔第2版〕　本体八、八〇〇円
大村敦志　フランス民法　本体三、八〇〇円
潮見佳男　債権総論Ⅰ〔第2版〕　本体四、八〇〇円
潮見佳男　債権総論Ⅱ〔第3版〕　本体四、八〇〇円
潮見佳男　契約各論Ⅰ　本体四、二〇〇円
潮見佳男　契約各論Ⅱ　（続刊）
潮見佳男　不法行為法Ⅰ〔第2版〕　本体四、〇〇〇円
潮見佳男　不法行為法Ⅱ〔第2版〕　（続刊）
潮見佳男　不法行為法Ⅲ〔第2版〕　（続刊）
藤原正則　不当利得法　本体四、五〇〇円
青竹正一　新会社法〔第3版〕　本体三、八〇〇円
泉田栄一　会社法論　本体六、八八〇円
小宮文人　イギリス労働法　本体三、八〇〇円
高　翔龍　韓国法〔第2版〕　本体六、〇〇〇円

信山社

広中俊雄 編著

日本民法典資料集成

第一巻 民法典編纂の新方針

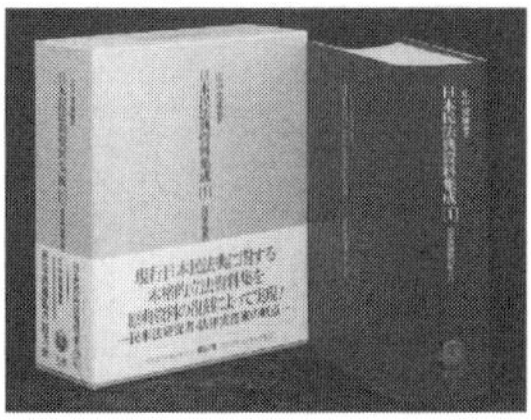

来栖三郎著作集Ⅰ～Ⅲ

各一二、〇〇〇円(税別)

《解説》安達三季生・池田恒男・岩城謙二・清水誠・須永醇・瀬川信久・田島裕・利谷信義・唄孝一・久留都茂子・三藤邦彦・山田卓生

■Ⅰ **法律家・法の解釈・財産法** 財産法判例評釈(1)〔総則・物権〕◆A 法律家・法の解釈・慣習◆法の解釈適用と法の遵守／法律家／法の解釈と法律家／法の解釈における制定法の意義／法の解釈における慣習の意義／「法における擬制」について／いわゆる事実たる慣習と法たる慣習◆B 民法・財産法全般〔契約法を除く〕◆学界展望・民法／民法における財産法と身分法／立木取引における「明認方法」について／債権の準占有と免責証券／損害賠償の範囲および方法に関する日独両法の比較研究／契約法と不当利得法 ＊財産法判例評釈(1)〔総則・物権〕

■Ⅱ **契約法** 財産法判例評釈(2)〔債権・その他〕◆C 『契約法』につらなるもの◆契約法／契約法の歴史と解釈／日本の贈与法／第三者のためにする契約／日本の手附法／小売商人の瑕疵担保責任／民法上の組合の訴訟当事者能力 ＊財産法判例評釈(2)〔債権・その他〕

■Ⅲ **家族法** 家族法判例評釈〔親族・相続〕◆D 親族法に関するもの◆内縁の法律関係に関する学説の発展／婚姻の無効と戸籍の訂正／穂積陳重先生の「自由離婚論」と穂積重遠先生の「離婚制度の研究」〔講演〕／養子制度に関する二三の問題について／日本の養子法／中川善之助「日本の親族法」〔紹介〕◆E 相続に関するもの◆共同相続財産に就いて／相続順位／相続税と相続制度／遺言の解釈／遺言の取消／Dowerについて◆F その他、家族法に関する論文◆戸籍法と親族相続法／中川善之助「身分法の総則的課題」〔新刊紹介〕 ＊家族法判例評釈〔親族・相続〕付・経歴・著作目録

信山社